XUNZHAO
YIYI

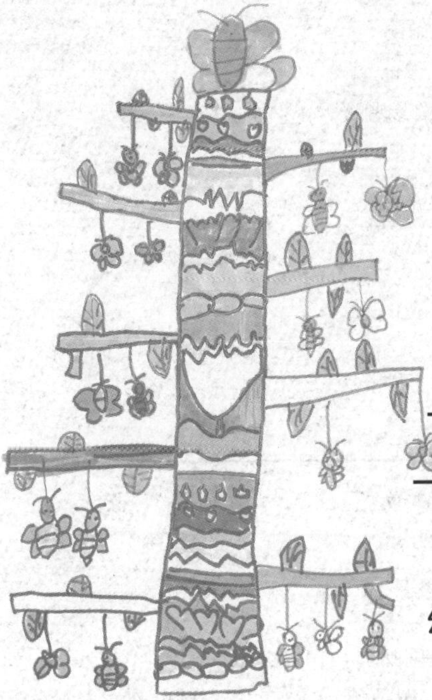

寻找意义

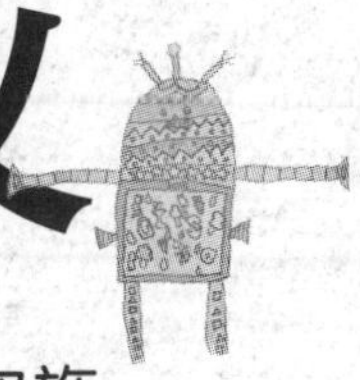

幼儿园自主性课程的构建与实施

编　　著：吕凤清
编　　委：刘湘丽　张文燕
参与编写：黄少仪　林　敏　周静熙
唐妙红　白锦红　张淑敏
罗颖敏　林　桃　蔡少娟
陈达珍　张少蘋

南京师范大学出版社

图书在版编目(CIP)数据

寻找意义:幼儿园自主性课程的构建与实施 / 吕凤清编著. —南京:南京师范大学出版社, 2021.5

ISBN 978-7-5651-4806-4

Ⅰ. ①寻… Ⅱ. ①吕… Ⅲ. ①学前教育—教学参考资料 Ⅳ. ①G613

中国版本图书馆 CIP 数据核字(2021)第 043096 号

书　　名	寻找意义:幼儿园自主性课程的构建与实施
编　　著	吕凤清
责任编辑	彭艳梅
出版发行	南京师范大学出版社
地　　址	江苏省南京市玄武区后宰门西村 9 号(邮编:210016)
电　　话	(025)83598919(总编办)　83598412(营销部)　83598312(邮购部)
网　　址	http://press.njnu.edu.cn
电子信箱	nspzbb@njnu.edu.cn
照　　排	南京凯建文化发展有限公司
印　　刷	南京玉河印刷厂
开　　本	787 毫米×960 毫米　1/16
印　　张	25.75
字　　数	370 千
版　　次	2021 年 5 月第 1 版　2021 年 5 月第 1 次印刷
书　　号	ISBN 978-7-5651-4806-4
定　　价	58.00 元
出 版 人	张志刚

序：小禾青青，春阳暖暖

广州市第一幼儿园关于课程的开发、利用及改革进行了六十余年，常葆生机、从未停歇。历代“一幼”人秉着育人初心，专注于促进幼儿的身心发展，于时光沉淀中凝练出了幼儿园的核心文化——青阳文化。在园所特色文化的熏陶下，我们构建出园本课程——青苗课程。青苗课程是基于幼儿发展核心素养构建的课程。作为亲历者，我深谙青阳文化的内涵与“一幼”人的育人初心，但每次入园，我总能发现青苗课程的新鲜元素，感觉耳目一新。

本书详细介绍了广州市第一幼儿园青苗课程的探索实践。在理论篇，我们能完整看到青苗课程的文化内涵、教育理念、体系、基础性课程、自主性主题活动和特色课程，能深入领会在暖暖阳光照耀下“小青苗”如何茁壮成长。本书凝聚着“一幼”人精耕细作的课程探索、实践心血，是研究型教师共同体的卓越成果。青苗课程历经两次体制调整，深深根植于青阳文化沃土，确立以“三自教育”（自然、自主、自立）为核心的课程理念，实现了课程与文化的深度契合。在实践篇，我们着重展示了自主性主题活动，详细介绍了大、中、小班三个年龄段形式多样、内容丰富、方法多元的自主性主题活动。每个主题都是源于幼儿的兴趣，主题实施网络图直观形象地向我们展示了课程的整体架构，主题活动列举为我们提供了广阔的视角和启发性的思路，主题故事案例更是突出了幼儿作为主动学习者与发展者的形象，我们从中亦可感受到幼儿在游戏中自然而然学习的宽松氛围和欢乐体验，感受到幼儿获得的各种经验皆与他们健康快乐的成长息息相关。在课程故事篇，我们描述了在课程实施中所发生的一些案例故事，这些“故事”具体地、情景性地、生动地记录了教师的经验世界、教师的成长轨迹。在案例描述与分析中，我们看到了幼儿的成长，看到了教师的思考。

本书的理念、设计与实践经验值得幼教同行细细品读。学前教育是个体终身发展的奠基阶段，“一幼”的每一个幼儿就是一株青苗，一个生机勃勃的生命，一个生长和创造的生命。有意义的幼儿园课程基于幼儿的生活，必将促进幼儿的发展，让我们于暖暖春阳中见证青青小禾的美好成长！

目　录

理论篇
基于幼儿发展核心素养的青苗课程建设

一、幼儿发展核心素养的内涵

学生发展核心素养，主要是指学生应具备的、能够适应终身发展和社会发展需要的必备品格和关键能力。幼儿发展的核心素养主要是指幼儿在学习、生活中逐步形成的能够适应其和谐发展的必备品格与关键能力。幼儿教育阶段需要培养的素养很多，我们发现，无论是欧盟、经济合作与发展组织（OECD），还是其他各国的素养框架都反复强调“自主学习（发展）”“积极主动”“互动（沟通）”“人际交流”“表达”等对个人和社会发展的重要价值。核心素养的形成是一个动态发展的过程，具有阶段性，是不同阶段持续发展的结果。核心素养的内涵比知识和技能更加丰富，比能力的含义更宽泛。幼儿园教育是基础教育的重要组成部分，围绕幼儿的核心素养构建课程，能有效地促进幼儿的整体发展。

二、基于幼儿发展核心素养的青苗课程研究与实施

六十余年的历程沉淀出我园的核心文化——青阳文化。青，意指孩子，孩子就像是一株株破土而出的青翠小苗；阳，意指教师，教师是撒播阳光的使者，他们用生命的阳光普照着稚嫩的幼苗，“一株青苗、一缕阳光、一片爱”的青阳文化意指以幼儿为主体，以“爱”为核心，实施知时、顺时、适时的师幼和谐共赢的教育。

在新的社会发展背景和教育改革形势下，我园以青阳文化为指导，基于青苗的特性，构建、实施基于核心素养的青苗课程，以培养“全面发展的人”作为核心目标，实施契合“自主发展”要求的自主性主题活动，培育和发展幼儿的核心素养，让青青小苗得到足够的滋养，从而健康成长。

(一)基于幼儿发展核心素养的课程设计原则

幼儿是课程的主体,核心素养的培养是幼儿园课程设计与实施的最终目的,围绕幼儿发展核心素养构建课程,能有效促进幼儿的整体发展。我园基于幼儿发展核心素养的课程设计,重视知识、能力与态度的整合,重视与幼儿生活情境的整合。首先,课程强调以幼儿为学习主体,其次,课程以幼儿核心素养为主线进行设计,将幼儿核心素养与各领域课程目标、教育理念进行统整,促进幼儿获得丰富的学习经验。最后,课程以幼儿的问题为导向,引领幼儿在发现问题、探索问题、研究问题和解决问题中不断发展核心素养,并让幼儿始终保持积极的学习状态,发展幼儿自主学习的能力。

(二)基于幼儿发展核心素养的课程理念

我们的课程观在先进教育思想的指导下,结合核心素养对自主发展的要求,树立了自然、自主、自立"三自一体"的青苗课程理念。

自然,一是指借助大自然的资源,为幼儿创设自然的成长环境,一花一草一木一石,阳光、空气、土壤、大树,这些自然元素给幼儿带来了巨大的快乐,让幼儿在自然环境中享受自然,幸福成长;二是指顺应自然,遵循幼儿的天性,尊重其个性,遵照自然发展规律,创设有准备的学习环境,让幼儿在"享受自然"的自主活动中获得全身心的发展;三是指实施自然教育,自然教育是认识自然、珍惜自然、敬畏自然的一种教育。我园利用自然资源进行自然教育,充分挖掘自然资源的教育价值,让幼儿感受到自然对人的影响,让幼儿在与自然环境的交融中获得身心健康、和谐发展。

自主,指能依自身的意志行事,不受他人干涉。自主性是人的素质的基本内核,包括个体的主体性、主动性、上进心、独创性、自信心等,同时也包括自我控制、自律性、责任感等。我园强调的自主是指幼儿根据课程的发展进行自我探索、自我选择、自我建构、自我创造知识,最大限度地发挥学习的主动性,通过感知、体验、实践、参与和合作探究等活动方式,自主发展、自主成长。具体体现在幼儿自主选择游戏材料、自主选择游戏场地、自主选择合作伙伴、自主设计游戏方法等，在自主的游戏活动中充分发挥自己的自主性。

自立，对幼儿而言，首先要从内心认为自己是一个能够独立的人，相信自己、认可自己。其次，幼儿自立包括拥有自我服务、自我管理的能力。自我服务能力是指幼儿有独立照料自己生活的自理能力及劳动习惯。自我服务有助于增强幼儿的体质和提高协调能力，促进幼儿手部肌肉的发展，帮助幼儿养成独立的好习惯，提高其自信心；自我管理能力是指幼儿对与自身生活有关的事进行管理，包括对生活、学习活动等的管理，幼儿尝试自己安排活动，与同伴共同制订规则，整理、管理自己的物品，掌握简单的生活技能等。自我服务能力和自我管理能力是幼儿个人成长与发展的重要保障，是幼儿学习和成长的重要基石。

“三自教育”强调以自然为魂、以自主为基、以自立为果，为每个幼儿提供充分、和谐、健康、快乐发展的受教育机会与条件，注重发展幼儿的自主性和能动性，为幼儿一生的发展奠定基础。

（三）基于幼儿发展核心素养的课程结构

我园课程主要包括三大项目内容：一是种子课程（基础性课程），包括基础部分的生活活动、体育活动、自主游戏活动、学习活动，以及拓展部分的文化节日活动、家长文化活动等；二是萌芽课程（自主性课程），主要是基于问题的自主性课程；三是成长课程（特色课程），我园的特色课程包括健康特色课程、艺术特色课程、环境特色课程。

（四）基于幼儿发展核心素养的课程实施

我园根据课程理念和目标，构建了以整合、开放为特点的课程内容。根据幼儿与周围环境相互作用过程中获得的直接的、整体的经验，将课程内容进行整合，以幼儿参与的多种活动设计、组织课程内容。同时，充分注意不同活动之间的相互作用与渗透，增强课程内容与生活的联系，充分利用信息技术和各种教育资源，从不同的角度运用多种方式、方法，发挥课程的整体效应，关注课程的动态生成。

1. 基础性课程的建设与实施。

幼儿在园一日生活的各项活动都是幼儿园的课程，即课程内容来源于幼儿生活，一天中每一个环节和细节都是养成教育的内容。基础性课程所包括的生活活动、体育活动、自主游戏活动、学习活动具有不同的教育价值。我园在基础性课程的实施过程中支持幼儿在生活中提高自我管理的意识和能力，保证幼儿能充分地进行户外活动和体育锻炼，给予他们充足的自主游戏活动时间。这些活动以游戏为基本活动方式，灵活运用集体、小组和个别的学习形式，引导幼儿主动学习、自主发展。

2. 自主性课程的建设与实施。

经过实践研究，我园开展自主性课程一般有“三个时期”和“五个步骤”。萌芽期：幼儿通过自主性活动，获得对活动主题有价值的经验，从而激发出对相关事物的学习兴趣和动机；发展期：鼓励幼儿对提出的问题通过查找资料、阅读、体验、实地参访等多种方式进行探究，并尝试运用绘画、拍摄等多种方法进行记录、学习；统整期：教师和幼儿一起探寻并获得经验，体验学习的乐趣。每个自主性活动都有五个步骤：开题活动、收集资料、探究活动、实地参访、结题展示。

我园在实践过程中，小班开展的典型的自主性主题活动有“水果缤纷乐”“可爱的动物”“彩色的世界”“甜甜的糖果”“春天来了”等；中班开展的典型的自主性主题活动有“汽车大世界”“交通工具”“大树，你好”“快乐种植”“多彩的服装”“袋子”等；大班开展的典型的自主性主题活动有“房子”“购物街”“我长大了”“文具王国”“小书虫”等。每个年龄段开展的主题活动并不固定，以幼儿兴趣为主，跟随幼儿的脚步，支持幼儿的发展。

3. 特色课程的建设与实施。

(1) 让幼儿具有身心健康的特质——健康特色课程。

我园健康特色课程包括体育和心理健康两部分。在体育方面，以体育游戏方式促进幼儿积极锻炼，创设的“体育 wa—sa 课程体系”使我园户外一个小时具体体能项目得以高效组织。在晨练活动中保持主题情景式早操活动创编和组织，在体育教学活动中采用递进式体育游戏的有效设计和组织，在日常户外体育活动中采用经典体能游戏进行设计和组织，在户外区域体育活动中采用关键体能区域的混龄混区的方式有效开展。与此同时，开展赤足、远足、足球、篮球等特色体育活动，使幼儿进行综合的体育锻炼，成为体力、心力、胆力全面发展的阳光儿童。

在心理健康教育方面，从幼儿的情绪、个性、专注力、合作等方面培养他们良好的心理品质，开展多种形式的心理健康教育活动，如心理主题活动、团辅活动、特殊需要儿童的辅导活动等，对孤独症谱系障碍和动作发育迟缓等有特殊需要的幼儿以沙盘游戏、感觉统合训练等方式进行有效的、针对性的干预和辅导，并尝试运用融合教育和随班就读的方法和策略，如启动学前“融爱行——艺能智多星”融合教育项目，为有特殊需要的儿童的发展助力。

（2）让幼儿具有保护环境、好奇探索的特质——环境特色课程。

环境特色课程主要是充分利用环境优势引导幼儿在大自然中学习、游戏，从而陶冶幼儿的情操，培养幼儿的观察能力。开展种植、观察、垃圾分类与减量、低碳出行等活动，初步构建了完善和系统的环境特色课程。把身边的科学问题以互动的形式入手，创设了光能、电能、声音、垃圾分类的应用墙；在科学宫创设了趣味科学游戏环境，激发幼儿对科学现象的好奇心和探究的欲望；将“垃圾分类回收日”“每周绿色小主播”“每月绿色优质班”“每学期生态规章评选”“每年的环境嘉年华”等“一日一周一月一期一年”的环境教育系列活动融入园本绿色课程体系，帮助幼儿从小树立与自然和谐相处的生态文明意识。

（3）培养品貌同美、自主自信的幼儿——艺术特色课程。

作为广州市首批艺术教育基地，多年来我园教师积极研究、不断探索，将游戏融入各种不同类型的艺术活动中，如音乐活动，在积极培养幼儿的音乐兴趣的同时，激发幼儿对音乐的创造性和表现力。每周一节游戏化歌唱活动、一次“主题表演”活动、一次“大型音乐联区”活动，每月一次“广场音乐会”，每学期一次“艺术节”的“五个一”艺术活动，形成了“一周一月一期”精彩纷呈的、润物细无声的艺术特色课程。

(五) 基于幼儿发展核心素养的课程评价

幼儿园课程评价是幼儿园课程设计、开发和实施中的重要环节,它贯穿于课程发展的全过程,课程评价包括对课程内容的评价、对教师的评价和对幼儿的评价等。我园在实施课程评价时注重以人为本、过程、多方参与、促进幼儿发展、质评与量评相结合。在评价方法上,我园使用《幼儿学习环境评量表》(ECERS-R)对幼儿学习环境进行自查与评价;利用“课堂评估评分系统”(CLASS)评估课堂中师幼互动的质量;对幼儿采用学习故事、个案追踪、《学前儿童观察评价系统》、经典量表和每个月幼儿发展评估表相结合的方式进行评价。总之,综合运用各类评价方法对课程进行评价,以帮助幼儿获得更好的发展,促进教师专业化成长。

目前,我园园本青苗课程体系和核心素养之间逐渐建立起内在的、紧密的联系,能比较充分地体现我园青阳文化的内涵,基本能满足幼儿核心素养发展的需求。我们将进一步完善基于幼儿发展核心素养的园本青苗课程的结构、内容、实施与评价方式,使课程建设更加完善,使幼儿更加自然、自主、自立,使每一株“青苗”最终都能成长为枝繁叶茂的参天大树!

实践篇
自主性主题活动

一、小班：我爱我家

▶ 主题活动由来：幼儿的兴趣

每一年的九月是小班新生入园时间，幼儿刚刚接触幼儿园这个新的、陌生的环境，必定会感到恐惧和不安，因此我们经常可以看到这样的情景：有的幼儿一到教室门口就紧搂着家长的脖子又哭又闹，不愿意独自留在幼儿园；有的幼儿来园，但情绪经常表现得不稳定，不愿意参加活动……这些幼儿都表现出了不同程度的入园分离焦虑。

在熟悉的环境里，小班幼儿容易产生安全感和归属感。为了缓解幼儿的分离焦虑，在开学初期，我们将教室布置得像温馨的家，提前收集每个家庭的全家福照片和幼儿的相关物件、玩具等，将物品摆放在教室，把照片悬挂起来，布置了心形墙面“我爱我家”，把班级布置成一个“家”，幼儿每每看见自己的“家人”在班上，分离焦虑情绪立刻得到了缓解，看着自己的全家福，他们三三两两地围在一起相互介绍着家人，不时地指着家人的照片说“这是我妈妈……”“我最喜欢我的××，因为……”等等。

于是主题活动“我爱我家”便诞生了，以“家”为切入口，为幼儿营造一个充满家庭气氛的幼儿园环境，让每一个幼儿逐步消除分离焦虑，减少在新环境中的恐惧感，解决小班幼儿的入园适应问题，使他们尽快适应新的环境，并快速融入幼儿园集体新生活中。

▶ 主题实施网络图：跟随幼儿的脚步

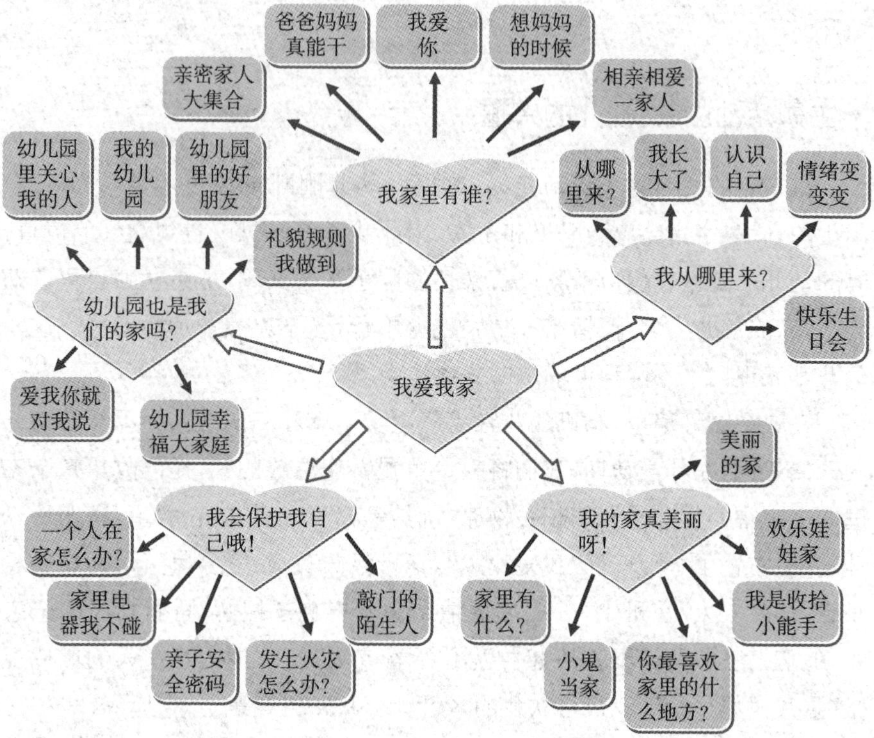

▶ 主题活动预期目标：着眼于幼儿的发展

健康

1. 了解远离危险等粗浅的常识和方法。

2. 遇到困难时不害怕，知道遇到麻烦时要找值得信赖的人帮忙。

3. 初步养成良好的生活习惯，在家和幼儿园时自己的事情能自己做。

4. 喜欢户外活动，在走、跑、跳、投、钻、爬的游戏活动中，能比较平稳地控制自己的身体。

语言

1. 能用简单的语言清楚地表达自己的想法，体验分享的快乐。

2. 会使用礼貌用语，能主动与人打招呼。

3. 能注意倾听他人讲话，并用自己喜欢的方式表达自己的需要。

4. 喜欢听故事、儿歌，愿意跟读儿歌、复述故事的一部分或短小的故事。

社会

1. 知道自己是家庭成员之一，培养爱家及爱家人的情感。

2. 愿意接纳同伴的不同想法，初步学习在活动中与同伴讨论、分享、合作，提高交往能力和协作能力。

3. 了解家庭成员的姓名、称呼及与自己的关系，初步了解父母的工作。

4. 感受家人和身边熟悉的成人对自己的关爱，初步懂得尊重为自己服务的人。

科学

1. 熟悉家中的主要物品，能说出其名称，了解它们的用途。

2. 能主动参与活动，大胆地尝试和探索。

3. 愿意与父母一起通过多种途径，收集并整理有关资料。

4. 初步感知生活中数学的有用和有趣，尝试按大小、形状、颜色等进行简单的分类活动。

艺术

1. 尝试用各种废旧材料制作和装饰作品，快乐、大方地参与制作活动。

2. 会用搓、团圆、压扁、黏合等方法表达自己的理解。

3. 能根据音乐较合拍地进行演唱和表演等。

▶ 主题活动列举：支持幼儿深入学习

活动一：我家里有谁？

活动来源

孩子们在一起时，经常会说："爸爸妈妈放假和我一起去儿童公园玩。""这条裙子是我姑妈送给我的。""今天是奶奶来接我放学哦！""外公在家经常做好吃的饭菜给我们吃。"在孩子们的心中，父母及家人是他们最亲密的人。他们非常渴望了解自己的亲人，于是就有了"我家里有谁？"这个活动。

活动目标

1. 愿意向同伴介绍自己的家人，能说出家人的姓名。
2. 尝试用较完整的语言介绍自己的家庭成员。
3. 萌发爱家人的情感。

活动组织形式

小组活动。

活动准备

家庭成员调查表、全家福照片、温馨的背景音乐。

活动过程

1. 自由分享。

2. 个别分享：请幼儿说说自己的家中有些什么人？他们叫什么名字？自己是怎样称呼他们的？

3. 小结：每个小朋友都有一个幸福的家，我们大家都要珍惜、爱护自己的家。

活动建议

在活动过程中，可以请幼儿各自选择一个家庭角色，进行角色扮演游戏等。或者请某个家庭来园进行活动，让幼儿直观地看到家庭中的角色分工。

活动二：爸爸妈妈真能干

活动来源

在晨间活动时，孩子们陆续回到幼儿园，他们讨论着："今天是我爸爸送我回来的，可是他要去上班了，不能陪我了。""我是妈妈送我回来的，她也要上班，她要回公司做好多事情……"一谈到爸爸妈妈去上班的事情孩子们就滔滔不绝，非常感兴趣。

活动目标

1. 对爸爸妈妈的职业有初步的了解。
2. 围绕爸爸妈妈的职业谈话，能用较恰当的语言表达自己的情感。
3. 加深对爸爸妈妈和其他长辈的情感。

活动组织形式

小组活动。

活动准备

每个幼儿的爸爸妈妈工作照片各一张、相关职业视频若干。

活动过程

1. 创设情境，引出话题。

观看照片,看看叔叔阿姨的工作环境、穿的衣服,猜猜他们是做什么工作的?

2. 自由交谈,大胆讲述。

(1) 引导幼儿与旁边的小朋友自由交谈。

(2) 鼓励幼儿大胆地在大家面前介绍自己爸爸妈妈的工作。

3. 拓展谈话范围。

引导幼儿说说其他家人,如爷爷、奶奶、叔叔、舅舅、阿姨等。

4. 小结:爸爸妈妈工作都很辛苦,希望小朋友们在家里要懂得关心爸爸妈妈,做一个讲道理的好孩子。

活动建议

收集家长工作中的一些视频,通过观看视频知道爸爸妈妈上班很忙,回家后仍然继续忙碌,感受父母等长辈的辛劳。在条件允许的情况下,可以请孩子亲自到实地去看一下爸爸妈妈的工作,真实地感受各个职业的辛劳。

活动三:亲密家人大集合

活动来源

在"我爱我家"小天地里,挂着每个孩子的全家福,他们经常在这里向伙伴介绍自己的家人:"我家有5个人,爷爷奶奶、爸爸妈妈和我……"跟随孩子们的兴趣,我们开展了活动"亲密家人大集合"。

活动目标

1. 尝试用"我家里有××、××和我"的句子进行讲述。
2. 感知和理解家人数量的多和少。
3. 体验数学在日常生活中的用处。

活动组织形式

小组活动。

活动准备

一张大的记录表、若干贴纸。

活动过程

1. 以谈话的方式引起幼儿的兴趣。

“你家里有几个人？他们分别是谁？”

2. 出示记录表，幼儿操作。

（1）介绍记录表。

（2）引导幼儿根据不同的家人人数，分别在相应的格子里贴上贴纸，最后引导幼儿进行统计，看看哪个家庭的人数最多。

3. 小结分享。

活动建议

活动前可以将“全家福”照片收集起来办一个展览“我的家”，活动后可以将照片投入区域活动中，巩固比较数量的多、少和一样多。

活动四：我爱你

活动来源

自由活动时，正凝喝完水后来到我身边抱着我说：“张老师，我好爱你哦！”其他孩子看见了也纷纷来到我身边要求“爱的抱抱”，还有的孩子说：“张老师像妈妈一样，我好喜欢她……”小班孩子以具体形象思维为主，爱本身是一个非常抽象的概念，他们还比较难理解。于是结合“我爱你”音乐律动活动，让孩子们直观地感受爱，并引导他们用自己喜欢的方式把爱有多少表达出来。

活动目标

1. 通过律动表演，体验相亲相爱的情感。
2. 能把自己的情感大胆地表露出来。
3. 愿意用不同的方式表达对家人、老师和同伴的爱。

活动组织形式

集体活动。

活动准备

贴纸、心形棒每人一支，课件《关心我们的人》、歌曲《我爱你》。

活动过程

1. 歌曲欣赏、活动导入。

(1) 歌曲里大家都说了什么？为什么要对他们说“我爱你”？

(2) 你想对谁说？什么事情让你感受到他们对你的关爱？你爱他们吗？

(3) 爱要勇敢地说出来哦，请你大声地说出来。

2. 歌曲再体验。

(1) 除了爱自己的家人，你还爱谁呀？

(2) 鼓励孩子对同伴、老师说“××，我爱你”。

(3) 欣赏歌曲，老师对每个孩子说“我爱你”。

3. 律动《我爱你》。

孩子手持心形棒找到老师或好朋友一起唱歌，并把自己的心形棒送给对方，让孩子进一步感受与老师、与同伴的爱。

4. 分享表达“我爱你”。

（1）爱除了说出来还可以怎样表示呢？身体动作也是表达自己的爱的一种方式。

（2）同伴之间互相表达“我爱你”。

5. 总结：我们很爱我们的家人、老师和好朋友，爱，要大声地说出来哦。

活动建议

可以适当地加入好玩的音乐游戏，创编更多好玩的歌词不断丰富游戏，鼓励孩子回家后勇敢地表达对家人的爱。

活动五：我从哪里来？

活动来源

区域活动时，有几个孩子在娃娃家进行活动，玩着玩着他们一起讨论：“我是从哪里来的？”“是妈妈生的吗？”……他们的话题也引起了其他孩子的兴趣，大家都七嘴八舌地讨论起来，于是开展了活动“我从哪里来？”。

活动目标

1. 了解自己是从哪里来的。
2. 通过扮演游戏，感受妈妈怀孕的辛苦。
3. 能大胆进行实践活动，并用完整的语言表达自己的感受。

活动组织形式

小组活动。

活动准备

怀孕妈妈的图片若干、有一定重量的物品若干、视频。

活动过程

1. 出示图片，导入活动。

(1) 提问：你们知道自己是从哪里来的吗？

(2) 出示妈妈怀孕的图片，请幼儿仔细观察图片上的妈妈有什么不一样。

2. 倾听故事《肚子里的家》。

3. 扮演游戏：我来做妈妈。

请幼儿把一个有一定重量的物品挂在肚子上，扮演怀孕的妈妈。

4. 分享小结。

请幼儿分享扮演的感受，感受妈妈怀孕的辛苦。

活动建议

在条件允许的情况下，可以邀请怀孕的妈妈来现场参加活动，让幼儿更直观地了解怀孕的妈妈是什么样的。

活动六：快乐生日会

活动来源

户外活动时，斯年小朋友对小伙伴说那天是他的生日，其他小朋友听到后纷纷上前给他送上生日祝福，有的小朋友甚至给了斯年一个大大的爱的拥抱……在这么有爱的环境中，我们开启了“快乐生日会”。

活动目标

1. 能说出自己的年龄，感受自己的成长。

2. 积极参加生日会，在活动中大胆表现自己。

3. 与同伴分享过生日的快乐。

活动组织形式

集体活动。

活动准备

生日蛋糕模具、当天过生日幼儿的照片、生日歌曲。

活动过程

1. 对比照片，回忆幼时。

请幼儿观看自己小时候的一组照片，说说自己的生日、年龄、小时候的趣事。

2. 试穿小时候的衣物，感知生长变化。

请幼儿试一试自己小时候用过的物品和穿过的衣服，感知自己的生长变化。

3. 介绍当天过生日的幼儿，观看他的成长照片。

4. 庆祝生日，分享快乐。

活动建议

为了让活动更丰富，建议让过生日孩子的父母制作一小段关于孩子成长的视频，或者录制一段父母对孩子的祝福视频等，让孩子体会家人深深的爱。

活动七：美丽的家

活动来源

每次孩子们谈起自己的家时都特别开心，话题也非常多，有的说“我的家很漂亮，很舒服，我最喜欢躺在沙发上和妈妈做游戏”，有的说“我的房间有很多很多好玩的玩具娃娃”……就这样孩子们决定一起来介绍一下自己

“美丽的家”。

活动目标

1. 能大胆介绍自己的家。
2. 通过介绍,进一步加深对家的认识。
3. 感受家的温馨,知道要爱护自己的家。

活动组织形式

小组活动。

活动准备

关于家里不同地方的图片若干、音乐。

活动过程

1. 同伴间自由介绍自己的家。

2. 个别分享,互相交流。

(1) 提示幼儿说出家里有什么?这是什么地方?有什么特别之处?

(2) 提醒幼儿要安静地倾听同伴讲述,不插嘴,不玩耍。

3. 小结。

知道要爱护自己的家:不到处乱扔东西,玩完的玩具收拾整齐,不在墙上乱画等。

活动建议

可以提供小型家具、餐具、家庭里角色扮演的衣物及用品,布置成娃娃家游戏区,就像自己的家一样,通过游戏进一步认识自己的家。

活动八：小鬼当家

活动来源

区域活动时，娃娃家里发生了这样一件事：轩轩是“家里”的小主人，馨雅去他“家里”做客，轩轩只顾着做自己的事，冷落了来做客的馨雅，馨雅对这次“做客”体验十分不满意，她还把这件事分享给其他的小伙伴，于是大家就讨论起来：怎样做才能把“客人”招呼好呢？于是我们开展了有趣又好玩的语言活动“小鬼当家”。

活动目标

1. 积极参与活动，能初步安排自己“家里”的事情。
2. 知道做小主人的一般常识，能使用礼貌用语待客。
3. 能大方地表现自己，有初步的交往能力。

活动组织形式

集体活动、小组活动或者个别活动。

活动准备

邀请大班哥哥姐姐进行情境表演，娃娃家相关的物品。

活动过程

1. 创设情境，引出活动主题。

“哥哥姐姐来我们班做客，我们该怎样招待他们呢？”

2. 观看情境表演，观察学习如何招呼客人。

(1) 请两个大班幼儿分别扮演小主人和小客人，幼儿观察。

(2) 提问：“小主人是怎样招待小客人的，她对小客人说了什么、做了什么?”

3. 尝试表演,分享小结。

(1) 鼓励幼儿和同伴一起轮流扮演小主人和小客人。

(2) 总结表演情况,表扬表演得好的幼儿,并提出建议。

活动建议

可以适当加入绘本故事《小熊家的客人》等,引导幼儿学习基本礼貌用语。在娃娃家延伸游戏中,引导幼儿热情礼貌地招待客人,并迁移已有的知识、经验。

活动九:亲子安全密码

活动来源

有一天放学,家长们都在门口排队等着接孩子。轮到我们班时,璐璐没有等老师叫名字就迫不及待地走了出去,其他孩子看见了纷纷叫住她,说这样做很危险,万一被陌生人带走了怎么办?借着这个机会,孩子们一起讨论相关的“亲子安全密码”。

活动目标

1. 通过角色扮演,知道与家人走失或遇到陌生人时应如何处理。
2. 在同伴中大胆表达自己的见解。
3. 感受与同伴合作表演的乐趣。

活动组织形式

小组活动。

活动准备

笔、纸若干,角色头饰若干。

活动过程

1. 设置场景,共同讨论。

场景一:和爸爸妈妈上街,走丢了怎么办?

场景二:陌生人来敲门,只有自己在家时应该怎么办?

2. 自由分组,商量角色。

3. 合作排练,分组表演。

4. 分享小结。

活动建议

可以请幼儿园里幼儿不太熟悉的老师或者工作人员来扮演陌生人,设置一些与幼儿实际生活非常贴近的情境,帮助幼儿了解生活中可能遇到的一些问题和情境,通过真实的模拟活动,共同分析判断,让幼儿懂得在生活中不要轻信陌生人的话,更不要跟陌生人走。

活动十:发生火灾怎么办?

活动来源

班上定期会有工作人员来检查消防设备,这一天,检查设备的叔叔又来了,孩子们看见了都围过去,问叔叔在做什么。叔叔耐心地给他们解答,还告诉孩子们发生火灾时要怎么做。

活动目标

1. 了解火灾的危害,树立防火意识。

2. 学会发生火灾时的基本自救方法和逃生技能。

3. 通过消防体验游戏,获得成功感。

活动组织形式

集体活动。

活动准备

湿毛巾、灭火器、防毒面罩、视频。

活动过程

1. 谈话导入，讨论：发生火灾时，你该怎么办？

说说火的用途？如果使用不当，火会给人们带来什么样的后果？

2. 观看视频，寻找答案。

观看视频《着火了怎么办》，寻找答案。

3. 情景模拟，学习消防知识。

进行情景模拟游戏，学习火场自救的方法和报火警的正确方法。

4. 总结问题，提升经验。

总结在消防模拟游戏中遇到的问题，再次加深对火灾自救、逃生方面的常识和方法的认识。

活动建议

组织幼儿参加全园性的消防演习活动，让幼儿学会遇火不惧怕、不慌张，提高幼儿防火自救的能力。

活动十一：幼儿园幸福大家庭

活动来源

户外活动结束后回教室的途中，我们经过幼儿园的厨房门口，遇见了正在摆放牛奶的叔叔阿姨们，孩子们问道："老师，厨房的叔叔阿姨搬的这些牛奶是给我们喝的吗?”我点点头,他们又说:“这么多牛奶,他们一定搬得很辛苦!”借着这个话题,我对孩子们说:“厨房的叔叔阿姨这么关心我们,你们有什么想对他们说的吗?”

活动目标

1. 初步了解幼儿园里关心和帮助我们的人的辛苦劳动。

2. 会用恰当的方式表达对关心自己的人的感谢。

3. 体会幼儿园工作人员的辛苦,懂得尊重他们以及他们的劳动。

活动组织形式

小组活动或者个别活动。

活动准备

手工作品若干。

活动过程

1. 以谈话引起幼儿的兴趣。

“除了班上的老师会关心和帮助小朋友外,幼儿园里还有谁关心你们呢?”

2. 引导幼儿讲述幼儿园里关心自己的人。

(1) 幼儿园里漂亮的花是谁种的? 他每天做什么呢?

(2) 我们每天吃的美味的饭菜是谁做的? 他们叫什么呢?

3. 讨论:我们可以怎么关心他们呢?

给关心自己的人送祝福,送上幼儿自己制作的手工作品。

4. 小结。

活动建议

提前和幼儿一起自制手工作品,如手工花、小挂饰等,让幼儿带上作品到幼儿园不同工作岗位的地方,将手工作品送给工作人员或老师等。

活动十二:相亲相爱一家人

活动来源

“我爱我家”主题活动的开展已经渐渐接近尾声,孩子们很期望向爸爸妈妈分享他们的成长趣事,于是我们向家长们发出邀请,让他们一起来参与主题活动的结题仪式,我们的亲子活动就这样开始了。

活动目标

1. 大胆尝试利用生活中的废旧物进行创作,有初步的废旧物再利用的环保意识。

2. 乐意、大方地参与集体制作活动。

3. 通过亲子创意制作,体验制作成功的喜悦。

活动组织形式

集体活动。

活动准备

活动PPT、废旧物(鞋盒、纸巾筒、酸奶瓶、吸管、纽扣、瓶盖等)、若干手工纸、剪刀、糨糊、双面胶。

活动过程

1. 活动导入:我的家人。

(1) 欣赏:废旧物做成的“全家福”。

引导幼儿仔细观察,自己去发现制作“全家福”的原材料。

(2) 观察材料:鞋盒、纸巾筒、酸奶瓶、吸管、纽扣、瓶盖等,引导幼儿利用这些废旧材料和爸爸妈妈一起制作“全家福”。

（3）请家长老师介绍“全家福”的制作方法。

2．亲子制作。

（1）家长和幼儿一起制作完成“全家福”。

（2）教师巡回指导和帮助家长们一起完成作品。

3．作品展示。

主题故事案例：我们的故事

故事：男孩女孩

在“美美卧室”里，云腾坐在梳妆台前不停地翻找着柜子里的项链、头饰，选中了一条长项链后他往脖子上一戴便开始在镜子前左看看、右看看，欣赏起来。站在他旁边的彦彤时不时地望向柜子里的饰品，又看了看云腾，她已经等了好一阵子了……

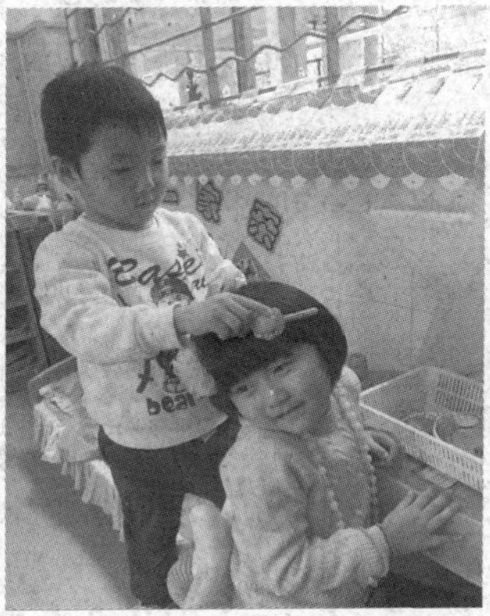

终于，彦彤拍了拍云腾的肩膀，嘟起小嘴巴抗议道：“你可以了没有啊？我等了好久了！”云腾看了彦彤一眼，回答道：“你可以玩别的啊，我先来的！”“可是你是男孩子，男孩子不戴这些项链的！”云腾想了想，站起来从脖子上取下项链，顺手拿着一个头饰往自己的头上戴。“喂，你是女孩子吗？你是男孩子啊！女孩子才化妆的！”彦彤一边笑一边说。云腾也跟着笑了起来,对彦彤说:“我叔叔是个化妆师,他也会帮那些阿姨化妆的哦!我长大了也想做个化妆师。”听完云腾的话,彦彤没有再说什么了,只是静静地看着云腾把一样又一样饰品往自己身上佩戴……

过了一会儿,云腾对着镜子里的自己笑了,取下各种饰品后他转身对彦彤说:“要不我来帮你化妆吧!”彦彤开心地坐在梳妆台前,望着镜子里的自己,而云腾便将饰品一件件地往彦彤的身上、头发上装饰起来……

在这里发生了什么样的学习:

云腾,老师觉得你的想法很有趣哦!确实不是只有女孩子才能玩“扮靓靓”的游戏,你按自己的意愿坚持玩游戏,收获了快乐。你是个会思考,有自己想法的孩子,平时肯定很关心身边的人吧!你还知道叔叔的工作是什么,真是个爱观察的孩子。化妆师真是个很棒的工作呢,你现在就有了自己的梦想,真的很不错,瞧,你和伙伴一起游戏的时候,你真像个小小的化妆师呢!

彦彤,云腾玩游戏那么久,你一直耐心地站在旁边等,真是个有礼貌的孩子!你还主动和小伙伴协商,提出自己的意见,虽然云腾刚开始的时候没有接受你的建议,但是你能尊重小伙伴的想法,依然耐心地等待,真的是个友好又关心他人的孩子,所以最后你和云腾一起游戏时玩得多开心啊!

下一步学习的可能性:

云腾,你知道吗?其实化妆师的工作也不容易哦,它需要你细心的观察、认真的思考以发现更多美的东西,所以为了实现这个梦想,你还需要更认真地学本领,多做一些尝试哦,一起加油吧!

彦彤,下次,你的化妆师帮你化妆时,你也可以提出自己的一些想法哦,这样或许能更漂亮呢!

故事:我爱我的弟弟、妹妹

在“美美卧室”里,玥彤一直坐在玩具娃娃的小床上,双手时而轻轻地拍着玩具娃娃,时而整整玩具娃娃身上的被子,将被角往玩具娃娃身下塞了又塞。好长一段时间，玥彤都没有离开……

 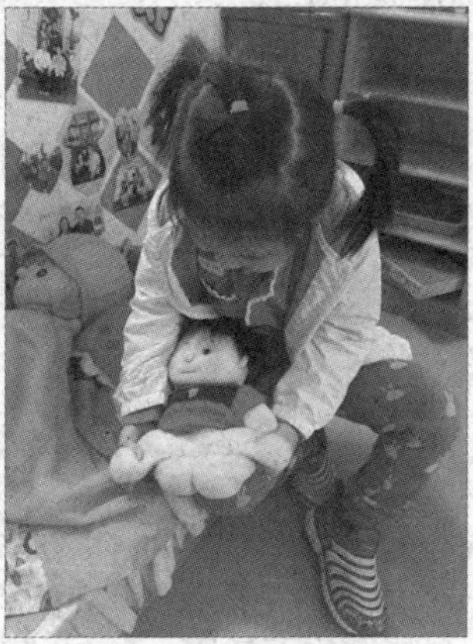

这时，昱至也来到“美美卧室”，她走了一圈，问玥彤：“你在这里做什么?”玥彤看了她一眼，伸出食指放在小嘴前做了一个“嘘”的动作，轻声地说：“宝宝睡着了，你不要这么大声说话!”昱至睁大眼睛，嘟着小嘴说：“我弟弟睡觉的时候我说话很大声也没有吵醒他!”玥彤有点生气，站了起来，两手叉腰，对着昱至喊道：“你不关心你弟弟！不是好姐姐!”面对玥彤的指责，昱至低声地说道：“我在家里还会帮着妈妈照顾弟弟呢!”说完昱至就自己坐下来整理宝宝的衣柜了。玥彤在昱至面前走来走去，昱至都没有再和她说话了。这时，玥彤不再走动了，站到昱至的旁边，和气地说：“我也会照顾妹妹！要不我们一起照顾宝宝吧?”昱至答应了，两个孩子就这么玩了起来。玥彤抱起“宝宝”，分开他的两条腿，嘴巴发出“嘘——嘘——”的声音，对昱至说道：“宝宝拉完尿了，你去给他冲奶粉吧!”昱至兴奋地答了声：“好啊！我再煮点吃的给他吧。”她开心地往“香香厨房”跑了过去。

在这里发生了什么样的学习：

玥彤，你真是一个有爱心的好孩子，瞧你把“宝宝”照顾得多好啊，会帮他盖被子，把被角塞好，怕他着凉了，真是个细心的姐姐！这应该是你在家里观察妈妈照顾妹妹时学到的本领吧，你是那么的会模仿、会学习，真棒！

昱至，老师喜欢你能主动地对小伙伴提出自己的想法，表达不同的意见，这可是一个很大的进步哦！当玥彤责怪你的时候，你并没有和她计较，还能够告诉小伙伴你其实也会照顾弟弟的,这能够帮助小伙伴更好地理解你,这个办法真好!

下一步学习的可能性:

玥彤,我很高兴看到你和昱至一起玩得那么开心,你知道吗?友好会让你获得更多的朋友哦!期望你能和小伙伴通过更好的协商来解决问题,从而获得更多的友谊!

昱至,瞧,因为你的友好、宽容,最后你和玥彤玩得多开心啊!下一次,你可以更勇敢些、大声些,告诉小伙伴你的意见和想法哦!

故事:修补材料的唯唯

唯唯今天在“美美卧室”里帮忙整理衣柜,他顺手拿起衣服便挂了起来,嘴巴里还数着“一件、两件、三件……”不一会儿衣柜里就挂满了衣服。这时,操作盘里剩下的衣服已经不多了,但是唯唯没有继续下去,他拿起衣服左看右看,终于还是把求助的目光投向了我,小声地对我说:“老师,这个坏了!”我还没来得及回答,他着急地接着解释:“不过不是我弄坏的!”我笑着摸了摸他的头,拿了透明胶座走过去,开始修补操作的材料。整个过程唯唯都没有离开,也没有多说一句话,一直盯着我的一举一动。我问他:“你想试试修补这些材料吗?”唯唯显得很兴奋,可是却不给我回应,我继续着手上的修补工作,唯唯蹲了下来,盯着透明胶座看了又看,还拿起透明胶座,小手摸了摸透明胶座上的转轴。我介绍:“这个叫透明胶座,它是我们经常会使用的工具哦!”于是,我尝试着一边修补图片材料,一边给他讲解怎样使用透明胶座把透明胶切割下来,怎样修补材料。唯唯突然小声地说了句:“这个是不是也可以用来修补图书呢?”“是呀,你很聪明哦,还发现了它可以用来修补图书!”唯唯脸上终于露出笑容了,我再次问他:“你要不要试试?我可以教你!”这一次唯唯点了点头,并从我手里拿过了透明胶座,慢慢地试了起来。在整个区域活动的过程中,唯唯拿着透明胶座,把所有的衣服图片都检查了一遍,图片有一点点和小衣架黏合不紧的,他都重新修补了。

在这里发生了什么样的学习：

唯唯，你真是一个充满好奇心，又愿意学习新本领的孩子，而且你擅长用你的小眼睛观察周围的事情，你留意到老师曾经用透明胶座修补过图书是吗？你还会开动小脑筋，一直坚持、有耐心地动手尝试解决问题，谢谢你那么热心地帮助我们把区域里的材料修补好了！

下一步学习的可能性：

唯唯，我很高兴当你遇到问题的时候愿意来找我一起解决，我很愿意做你的朋友哦！所以，你可以更勇敢地和我或者和小伙伴分享你的想法吗？这样你会获得更多的朋友哦！

▶ 活动效果评价：我们的思考

“家”是幼儿熟悉和喜欢谈论的话题，幼儿不仅乐意交流各自的“全家福”和“家中一角”照片，还经常在餐前餐后和自由活动时间指着调查表主动向同伴介绍自己的家人，显得很开心。幼儿通过与家长一起收集资料、填写调查表、拍照等，在无形中增加了对家人的认识和关注。当“爸爸妈妈的工作是什么？”的问题被提出来后，幼儿不仅积极地在回家后向父母了解他们的职业，而且请父母用照片的形式介绍他们的职业，并带回来分享。通过分享和交流，幼儿认识了一些平时较少接触的职业，如“公务员、企业老板、家庭主妇”等；通过观看 PPT，幼儿还认识了各种各样的房子，甚至一些奇特的房子，进一步拓宽了视野。

随着活动的深入开展，结合家长提出的建议，我把重点放在培养幼儿的自理能力和观察幼儿在家的表现情况上，运用每周奖励一次贴纸的形式，请家长观察幼儿周六、周日两天在家里的表现情况，并在周一回园后与幼儿一起评价，奖励相应的贴纸，这个评价活动得到家长的支持和配合，家长们反馈说幼儿很重视这个活动，他们在家的表现明显有了进步，越来越懂礼貌，自理能力方面也有较大的提高。

在整个活动中，幼儿不仅认识自己与家人的关系，了解父母的工作特点，体会父母的辛苦，感受家庭生活的快乐，也逐渐懂得要尊敬和关心身边的每个人。

可以说，在整个活动中，幼儿能围绕自己感兴趣的事情主动探索，积极地交流分享，大胆地参与活动。在这个过程中，幼儿解决问题的能力、语言表达能力和交往能力等都有了很大的提高。同时也带给教师很多启发，如果自主性活动能贴近幼儿的生活，能引起幼儿的共鸣，那么幼儿就能以小主人的姿态出现在探索活动里。

附：环境创设图片参考

我的小手真能干

我爱我家

爱书吧

我爱我家

二、小班:绿野“鲜”踪

主题活动由来:幼儿的兴趣

有一天早上,皓皓在从幼儿园大门往班级走的路上捡到了一个小阳桃,他把它拿回班级和小伙伴们分享。小伙伴们好奇极了,追着皓皓问:“你是在哪里捡到小阳桃的呢?”皓皓指了指远处说:“就在那棵树下!”“皓皓,你带我们去找吧!”“老师,老师,我们一起去找吧!”这件事引起了幼儿的兴趣,就这样我们开始了在幼儿园里寻找阳桃树的故事,也开启了和植物做朋友的快乐旅程……

《幼儿园教育指导纲要(试行)》(以下简称《纲要》)和《3—6岁儿童学习与发展指南》(以下简称《指南》)提出,教育的内容要来源于幼儿的生活、贴近幼儿的生活,并选择幼儿感兴趣的事物。植物是幼儿在日常生活中最为熟悉的事物之一,他们喜欢大自然,尤其喜欢和动植物做朋友。小班幼儿的有意注意初步形成,但仍以无意注意为主,处于直觉行动思维到具体形象思维的过渡阶段。他们对可见、可触摸、可操作、可体验的事物感兴趣,更多地依靠感官进行探索和学习。我们应该利用幼儿园里的自然环境,创设更多的探索机会,满足幼儿的好奇心和求知欲,通过与大自然中的动植物交朋友,引导幼儿尊重生命、关爱生命,萌发人与自然协调发展的意识,形成良好的个性品质,为其以后一生的发展奠定良好的基础。

主题实施网络图:跟随幼儿的脚步

主题活动预期目标:着眼于幼儿的发展

健康

1. 有愉悦、稳定的情绪,愿意参与集体或小组的关于植物的探索活动。
2. 感受探索大自然植物世界的快乐,知道必要的安全、卫生常识。
3. 喜欢玩各类关于植物的游戏,有一定的动作协调性和灵活性。

语言

1. 能大胆表述自己对大自然中植物的疑问,认真倾听他人的发言。
2. 乐于与伙伴谈论关于植物的各种话题,简单讲述自己在探索植物秘密的过程中的发现和想法。

3. 喜欢关于大自然的故事、儿歌等，能理解其大致内容。

4. 喜欢自然类的图书，养成正确的阅读姿势和方法。

社会

1. 积极地参与活动，能在探索植物的过程中和伙伴友好地交往、分享。

2. 愿意动手探索植物的秘密，有好奇心，乐于思考。

3. 能与父母一起通过多种途径，收集并整理有关植物的资料。

4. 体验和老师、父母、伙伴等一起学习的乐趣，促进亲子、同伴间的交流和增进感情。

科学

1. 喜欢大自然，感受大自然的神奇与有趣，爱护植物。

2. 对大自然和植物世界充满好奇心，喜欢质疑与探究。

3. 了解关于植物构造、生长等基本知识，激发进一步探索的欲望。

4. 能在探索植物世界的过程中初步养成较强的观察力、比较能力，尝试解决问题。

5. 喜欢并运用各种感官，动手探究，体验数学的有用与有趣。

艺术

1. 初步感受并喜欢自然中的各种美。

2. 喜欢运用植物叶子、枝丫等进行创作，有初步的审美能力。

3. 喜欢参与表演活动，能大胆地表现自己。

▶ 主题活动列举:支持幼儿深入学习

活动一:幼儿园里的果树

活动来源

皓皓带来的小阳桃吸引了孩子们,孩子们要皓皓带领大家一起去幼儿园里寻找更多的阳桃。于是,我们开始了幼儿园里的果树寻宝活动。

活动目标

1. 会用自己的方法记录幼儿园里果树的品种、数量。
2. 了解幼儿园里有哪些果树。
3. 对植物感兴趣,关注身边的植物。

活动组织形式

小组活动。

活动准备

笔、纸、记录表、垫板等。

活动过程

1. 激发兴趣、提出问题:幼儿园里有哪些果树?哪些果树会结果实?
2. 提出活动要求与注意事项。
3. 师幼一起去户外探索,观察并用幼儿自己喜欢的方式进行记录。
4. 分享“我的发现”,小结活动。

活动建议

可以在了解常见果树种类的基础上开展相应活动,根据幼儿已有经验和需要设计记录表。

活动二：水果印画真好玩

活动来源

孩子们终于在滑梯旁边找到了阳桃树，在树下发现了许多阳桃，但是它们有点烂了，孩子们问道："阳桃还能不能吃？""里面会不会有虫子？""我们可以切开看一看吗？"当阳桃被切开后，大家惊喜地发现了"星星"。"星星"好美啊，我们把它印画下来吧。阳桃切开是"星星"，那么其他水果呢？它们会是怎样的？可以用来印画吗？于是游戏就这样开始了。

活动目标

1. 了解印画的方法和技能，能将阳桃横切面的"树叶"印在"树枝"上。

2. 有一定的观察能力，发现不同的水果横切面是不一样的。

3. 喜欢创作，感受印画游戏的趣味性。

活动组织形式

小组活动。

活动准备

画纸、垫板、抹布、各种颜料、各种水果的横切面等。

活动过程

1. 户外拾果，讨论：捡回来的阳桃可以吃吗？

2. 切开阳桃，观察、讨论阳桃的横切面。

3. 观察常见水果的横切面是怎样的，能将横切面与相应的水果一一对应。

4. 幼儿自主印画，教师辅助。

5. 分享、小结活动。

活动建议

选择一些“不能吃”的水果进行活动，将环保的意识传递给幼儿。

活动三：种子也会旅行？

活动来源

孩子们在户外活动时偶然发现了草地上的“蒲公英”，“吹”蒲公英成了他们快乐的游戏。那些“白色降落伞”会飞到哪儿去？它们是蒲公英的什么？有什么用呢？我们开始寻找答案，并发现大自然中的植物是通过很多不同的办法来传播自己的种子的。

活动目标

1. 了解植物种子的主要传播方式有哪些。

2. 了解几种有代表性的种子以及其传播的媒介、方式等。

3. 对植物产生探索的兴趣，愿意积极地参与活动。

活动组织形式

小组活动。

活动准备

蒲公英等多种植物的种子、PPT《关于植物种子的传播》、故事《种子的旅行》等。

活动过程

1. 观察户外活动中发现的蒲公英。

2. 讨论问题：蒲公英的“白色羽毛”是什么？谁帮助它们飞翔？

3. 查找资料，了解更多的关于植物种子传播的知识。

4. 分享并提升经验。

活动建议

寻找有“特点”的种子，让幼儿通过多种途径进行探索，如凤仙花、苍耳种子等。

活动四：蜗牛是植物的朋友吗？

活动来源

快乐游戏时，植物角里的孩子们发现一盆长寿花快要死掉了，他们在为长寿花做体检时发现它的身上竟然有好几只蜗牛，而且这些蜗牛还紧紧地吸在叶子上，很难取下来。蜗牛到底是在和小植物做朋友，还是在吃小植物呢？这个问题引起了孩子们的兴趣。

活动目标

1. 初步了解蜗牛是以植物为食的，并且蜗牛的分泌物会阻碍小植物的生长。

2. 学会观察，能简单讲述自己的发现。

3. 体会探索活动带来的乐趣，敢于质疑。

活动组织形式

个别活动。

活动准备

“植物角”里的各种植物、蜗牛、彩色纸张、白色饲养盒等。

活动过程

1. 提出问题：在照料小植物的过程中发现了蜗牛。讨论：蜗牛是小植物的朋友吗？

2. 观察蜗牛，发现蜗牛有黏液，讨论：蜗牛吃什么？

3. 饲养蜗牛，发现蜗牛吃叶子。

4. 讨论：原来蜗牛不是植物的好朋友，要不要杀死它呢？

5. 小结活动。

活动建议

用菜叶饲养蜗牛，并引导幼儿观察蜗牛是以什么为食物的，从而更好地理解蜗牛对植物的“伤害”。引导幼儿观察蜗牛爬过后留下的“痕迹”，帮助他们了解那是什么，知道其会导致植物腐烂生病。

活动五：水果大食会

活动来源

水果餐的时候总有一些孩子提出不喜欢吃香蕉或者雪梨等，那大家都喜欢吃什么水果呢？我们邀请了保健医生来说说水果的营养，大家知道了原来水果对我们的身体健康成长有重要作用，而且不同的水果有不同的作用。所以，孩子们决定把自己喜欢的水果收集起来，一起开个分享大会。

活动目标

1. 了解常见水果的名称和味道。

2. 学习与他人交往的礼貌用语，能大胆地表达自己的想法。

3. 愿意与他人进行分享，感受与伙伴交往的快乐。

活动组织形式

集体活动。

活动准备

纸、笔、幼儿带来的各种水果等。

活动过程

1. 分享:说说“我喜欢吃……”。
2. 分组商量水果购买计划,讨论幼儿带来幼儿园分享的水果。
3. 亲子购买水果后,介绍带来的水果。
4. 水果大食会,品尝各种水果,分享水果的美味。

活动建议

事先与家长沟通,可以结合水果的营养价值进行相应的活动,引导幼儿知道多吃水果对身体好。

活动六:水果宝宝也会游泳?

活动来源

孩子们自己清洗带回来的水果时,发现有的水果在水面上漂来漂去,而有的水果却躲在了水底,这是为什么呢?于是,我们生成了这个游戏活动。

活动目标

1. 初步了解沉浮现象。
2. 能仔细观察,并将水果按照实验的结果进行对比、分类。

3. 有一定的探索欲望，体验操作游戏的乐趣。

活动组织形式

小组活动。

活动准备

透明的大水箱，篮子，各种大小、品种不一样的水果等。

活动过程

1. 提出问题：在清洗水果的过程中发现有的水果沉到水底，有的水果浮在水面上。

2. 小结：简要了解沉与浮的概念与现象。

3. 提出猜想：大的水果会沉吗？重的水果会沉吗？

4. 验证猜想：开展小游戏，试试看哪些水果会沉到水底？

5. 分类小结，说说自己的想法。

活动建议

有目的、有针对性地挑选一些大小、轻重差异比较大的水果进行游戏，引导幼儿观察大小不同的同种水果放入水里会出现什么现象，教师要注重引导他们对现象的观察以及激发他们的探索欲望。可以请家长在生活中多引导幼儿了解沉浮现象。

活动七：苹果保卫战

活动来源

在之前的“水果大食会”中孩子们发现削了皮的苹果放置一段时间后颜色变得深了些，这是为什么呢？有的孩子说她妈妈用盐水泡苹果，这样苹果就不会变色了,但是有的孩子表示"不喜欢吃盐苹果,可以用糖泡苹果吗?"于是,我们尝试了孩子提出的这个想法。

活动目标

1. 初步了解水果"氧化"的现象。
2. 通过观察发现苹果分别泡过盐水、糖水和醋之后的变化。
3. 有好奇心,能遵守操作规则。

活动组织形式

小组活动。

活动准备

切开的苹果、糖、盐、醋、水若干。

活动过程

1. 发现苹果变色的现象。
2. 讨论:什么办法可以帮助苹果不变色。
3. 准备实验的材料,分组进行实验。

按照要求操作,注意做好标记,把三块苹果分别泡在盐水、糖水和醋之中,取出后静待一段时间,仔细观察。

4. 分享发现,发现问题:盐、糖都可以保护苹果。
5. 延伸思考:为什么不用糖水泡苹果?

活动建议

可以结合糖、盐溶于水的实验进行相关的游戏,并在此基础上进行活动。

活动八：叶脉书签真漂亮

活动来源

在区域活动中，“植物实验室”里的孩子无意中发现了一片“透明的叶子”，看到里面有许多像“蜘蛛网”一样的东西，那是什么呢？在区域活动的分享环节，他们把这个问题提了出来，有的孩子说那是“叶脉”，因为他家里有这样的书签。大家也想拥有这样的漂亮书签，于是我们一起制作叶脉书签。

活动目标

1. 初步了解“叶脉”，知道其作用。
2. 按步骤操作实验，有一定的耐心和细心。
3. 喜欢科学实验游戏，能遵守操作规则。

活动组织形式

集体活动。

活动准备

废旧小牙刷、玉兰叶若干、叶脉制作药剂、一次性手套等。

活动过程

1. 分享，提出问题：区域材料中有“透明的叶子”，这是什么呢？
2. 讨论：怎么制作叶脉书签？
3. 邀请爸爸妈妈帮忙准备材料。
4. 亲子制作，互赠礼物“友谊的书签”。

重点指导幼儿控制力度，学会用牙刷按一定的方向轻轻地刷走叶肉，剩下叶脉。

活动建议

选择容易操作的叶子，如玉兰叶。邀请家长参与活动，协助幼儿进行操作。实验中的药剂使用由成人操作，注意避免烫伤幼儿，可以在活动前完成药剂“煮叶子”的环节。另外，将泡过药水的叶子多次过水，再提供一次性手套给幼儿使用，确保安全。

活动九：香蕉叶房子

活动来源

孩子们在生态园进行种植活动的时候，发现花工叔叔正在给香蕉树剪叶子，便提出帮忙，可是香蕉叶子太大了，一个孩子搬不动，于是大家一起帮忙。孩子们躲在香蕉叶下面好好玩啊，就像是躲在一座香蕉叶房子里。

活动目标

1. 感知香蕉叶的外形特征。
2. 尝试用拼搭等方法搭建一座立体的香蕉叶房子。
3. 感受和伙伴一起完成挑战的乐趣，愿意开动脑筋。

活动组织形式

小组活动。

活动准备

香蕉叶、绳子、纸皮箱、各种椅子等辅助材料。

活动过程

1. 采访叔叔：为什么要剪掉香蕉叶？

2. 观察并感受香蕉叶子的外形特征，提出用香蕉叶搭房子。
3. 讨论：怎么搭？需要什么材料？
4. 收集材料，进行搭建。
5. 游戏“香蕉叶房子躲猫猫”。

活动建议

教师根据幼儿的需要提供支持，同时注意游戏安全。

活动十：你认识农作物吗？

活动来源

恰逢“粮食日”，一个孩子从家里带来了一些稻草，其他孩子很好奇，甚至争论“稻草是黄色的还是绿色的”。在家长的支持下，我们邀请了农科院的老师来园和我们一起进行了相关的活动。

活动目标

1. 了解广东省一些常见的农作物。
2. 能够认真观察，勇敢表达自己的想法。
3. 对植物产生探索的兴趣。

活动组织形式

集体活动。

活动准备

与农科院的老师协商活动的细节。

活动过程

1. 介绍并欢迎农科院老师的到来。

2. 听老师讲讲“水稻是什么？”“粮食作物有哪些？”

3. 观察、认识常见农作物，感受农作物的作用之大。

4. 延伸思考：爱惜粮食怎么做？

活动建议

建议教师充分挖掘可以运用的家园共育资源，在活动前做好各项沟通工作。结合“爱惜粮食”进行相关的活动，选择贴近幼儿生活的粮食作物，更易于幼儿理解和感兴趣。

活动十一：植物能吃蚊子？

活动来源

在和农科院老师一起认识农作物的过程中，孩子们认识了很多特殊的植物。那么，还有哪些植物很特别呢？大家开始收集植物并介绍，其中一个孩子带来了猪笼草和捕蝇草，听说它们能抓昆虫，这引起了孩子们极大的兴趣。

活动目标

1. 初步认识猪笼草、捕蝇草。

2. 能仔细观察，了解碰触猪笼草、捕蝇草时它们发生的变化。

3. 感受植物世界的奇妙，激发探索的欲望。

活动组织形式

个别活动。

活动准备

猪笼草、捕蝇草等植物。

活动过程

1. 分享：我带来的“特别植物”。

2. 观察猪笼草、捕蝇草。

(1) 提出问题：它们真的会抓昆虫吗？为什么它们能抓昆虫？

(2) 引导幼儿利用多种感官仔细观察，发现碰触猪笼草、捕蝇草时它们发生的变化。

3. 寻找答案，分享自己的发现。

活动建议

提供真实的植物，摆放在活动室，方便幼儿随时观察了解。提供放大镜、小镊子等工具，给幼儿提供探索的材料和机会。

▶ 主题故事案例：我们的故事

故事：蚯蚓是植物的好朋友

孩子们发现垫板下有泥土、水，所以顽强的小草在垫板小格子之间的缝隙里长了出来。那么，植物的生长是不是只需要泥土、水分就够了呢？我们决定一起通过种植寻找答案。

生态园里属于我们班的“田地”经过一个假期长出了许多杂草，孩子们决定先把杂草除掉，顺便松松土，再播种。就在大家低头忙碌时，弟弟(贤贤)大声喊起来：“有蛇！有蛇！”这可吓坏了孩子们，也吓到了我，跑过去一看，原来是蚯蚓。我的淡定自若给了孩子们勇气，他们好奇地凑过来张望泥土里的“蛇”。

成成有些哭笑不得地对弟弟说："什么蛇呀，是蚯蚓！"大家放心地蹲下来观看，大胆的成成甚至用树枝把蚯蚓从泥土里拨了出来，和小伙伴们一起观察。

芷钰问："为什么泥土里有蚯蚓呢？它们在做什么？"大家都不知道答案，跑过去寻求唐老师的帮助，原来蚯蚓和我们一样，是在松土。晓天说："那蚯蚓是植物的好朋友了，它不像蜗牛！"皓皓提出："老师，我们把蚯蚓带回我们班吧，它是植物的好朋友！"这个想法一提出来立刻引起了其他孩子的共鸣。洛慈不知道从什么地方找来了一个小酸奶瓶，让成成用树枝把蚯蚓转移到瓶里，成成答应了。唐老师说蚯蚓离开泥土很快就会死去。皓皓想了想，提出往瓶子里装一些泥土，大家又愉快地达成了共识。

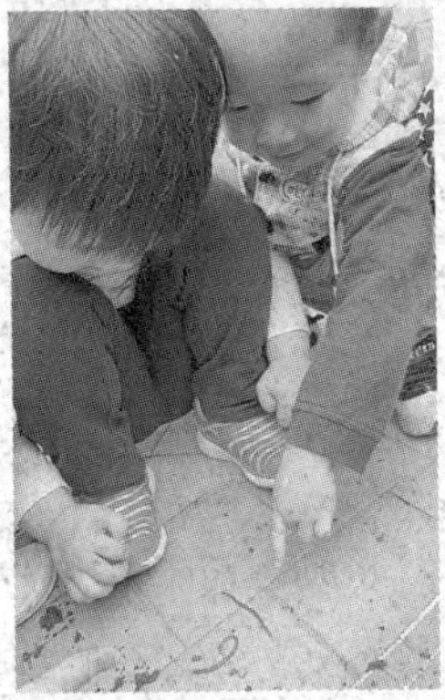

就这样，小蚯蚓跟着我们回到了班上，变成了植物角里的新客人。

在这里发生了什么样的学习：

孩子们，我特别喜欢你们的天真、可爱，还有对所有事情都抱有的好奇心。正因为你们的眼睛会观察、小脑袋愿意思考，你们才有许多有趣的想法，才能发现生活中许多好玩的新鲜事物，你们的学习才会充满乐趣。瞧，你们又为我们的植物角增加了小客人，在这个故事里，你们让我感到惊喜和欣慰，之前我们发现了蜗牛，并了解到它是会伤害小植物的，你们能够把之前学到的知识记在心里，并联系到蚯蚓，产生了对蚯蚓观察、探索的新兴趣，这真的很棒哦！期待你们发现更多的秘密，并与我们一起分享。

下一步学习的可能性：

孩子们，我们已经知道了蜗牛是会吃植物叶子的，而蚯蚓会帮小植物松土。那你们知道吗？大自然里很多动物都和植物相关，它们是植物的朋友还是敌人呢？它们对植物又有哪些影响呢？除了动物，大自然里的哪些事物对植物的生长有帮助呢？你们知道答案吗？让我们用眼睛去留意、观察身边的植物世界，动手做做小实验，你们肯定能发现更多的秘密。

故事：蒲公英的故事

春天来了，孩子们一起在幼儿园里寻找春天在哪里。我们来到了青阳广场的草地上，孩子们发现树上长出了新的嫩叶、小草的颜色比之前要更翠绿一些、好多蝴蝶飞来飞去……

宗晓和洋洋等几个小伙伴一直蹲在草丛里，他们发现草地上长出了许多紫色的小花，就像小喇叭一样，很漂亮。于是，他们便召唤来了其他的小伙伴，分享他们的发现。突然，晞晞大叫起来："蒲公英！蒲公英！"所有的孩子都被吸引过去了，他们发现在离紫色小花不远的地方，有一个个白色的"小蘑菇"，他们开心极了。他们连忙蹲下来，摘了蒲公英，嘴巴对着一吹，蒲公英飞了起来，孩子们更加兴奋了，他们四散开在草地上搜索着蒲公英的踪迹……

很快，草地里的蒲公英都被"吹"光了，孩子们觉得还不过瘾，便喊着要再去别的地方寻找蒲公英。于是,我们开始了在幼儿园里寻找蒲公英的活动。

盈盈和如如在滑梯旁大树的脚下又找到了一些蒲公英,于是叫来了小伙伴们。这回,盈盈没有着急地把蒲公英吹走,而是拿在手里抚摸了起来。她笑着对如如说:"好痒啊!你要不要试试?"于是她拿着蒲公英在如如的手里比画了几下,两个人开心地呵呵笑起来。可是,一不小心蒲公英坏掉了,散落成一粒粒带着白色毛毛的小东西。"这是什么呀?为什么它们会长白色的毛毛呢?"盈盈提出了自己的疑问,小伙伴们凑过去,摸了摸盈盈手上的蒲公英。天天说:"这是种子吗?黑黑的。"这引起了小伙伴们的好奇,他们向我求证,得到了我肯定的回答。天天提出:"我们把蒲公英的种子放到泥土里吧,它会长出新的蒲公英的。"大家便行动起来。

我提出了新的问题:"是谁帮助蒲公英种子的呢?为什么我们在幼儿园里的各个地方都能找到蒲公英呢?"大家似乎早有答案,竟然同时回答:"是风!"盈盈想了想,说:"我们也帮助了蒲公英呀!""是的!你们也是蒲公英种子传播的好帮手。"孩子们开心地笑了。

在这里发生了什么样的学习：

你们真是一群充满好奇的小科学家，能用自己的小眼睛仔细观察，发现大自然里许多有趣的事情。我真喜欢你们充满童趣的想象，在你们的眼中蒲公英变成了白色的“小蘑菇”，真的很像哦！你们喜欢问为什么，喜欢去寻找答案，你们都是爱思考的孩子，所以你们在游戏的过程中学到了许多本领！

下一步学习的可能性：

很高兴你们对“种子”的秘密产生了探索的兴趣。那么，除了蒲公英之外，其他植物的种子是什么样的呢？它们又是怎么传播的？谁会帮助它们？小种子是怎么长大的？接下去就让我们一起去寻找答案吧！

故事：会游泳的水果宝宝

今天，孩子们从家里带来了许多水果，准备开一个水果分享大会。米妮、麟麟和涛领负责洗水果，在清洗水果时，米妮突然叫了起来：“咦，你们快看，为什么有些水果宝宝藏到了水底，而有些却浮在水面上呢？”两个小伙伴以及旁边看热闹的孩子们都一拥而上。是的，确实是有的水果浮在水面上，有的沉在水底。于是，我提出一起来玩“水果沉浮”的游戏，孩子们欢呼雀跃！

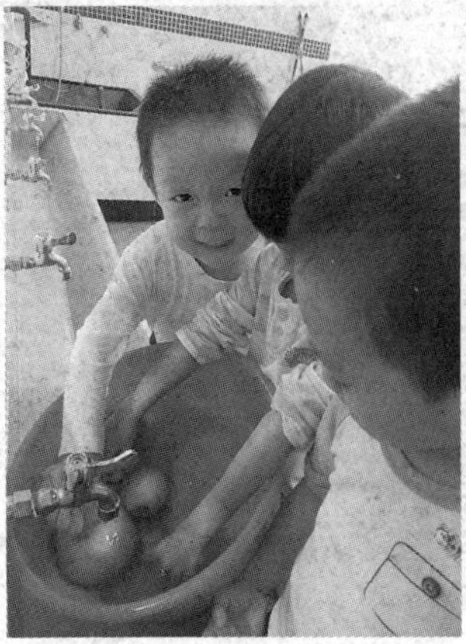

“嗯，是不是每种水果你们都认识?”我提出了问题，几个孩子摇了摇头。成成兴奋地举起手，说这里的水果他全都认识，说完他就向大家介绍各种水果。“黑黑的牛油果，可以榨奶昔！还有这个不是草莓，它是莲雾!”听完成成的介绍，大家便喊着要快点开始实验了。于是，成成顺手拿了个苹果放到水里。“呀，苹果会游泳!”芷钰大声地叫起来，大家都跃跃欲试!

晓天拿起一个香蕉，放进水里，香蕉摇摆了一下便往水面上冒出来。俊臻拿了第二个香蕉往水里放，奇怪，这回香蕉并没有浮在水面上，而是沉

默地待在水底了。孩子们发现了问题，都喊着："奇怪，为什么？"宗晓说："我来比比看，是不是这个香蕉大一些？"他拿着两个香蕉举过头顶，聚精会神地盯着比较。不一会又拿下来，把两个香蕉凑在一起继续比较。身边的伙伴也没有闲着，纷纷发表自己的看法。可是，最终他们没有区分出哪个香蕉大一些。成成忍不住把香蕉夺了过去，拿在手里不停地比画着，这下所有的孩子沉默了。过了一会，他兴奋地喊道："啊哈，我发现了，这个重好多！"大家轮流掂量两个香蕉，发现真的像他所说的那样呢！

"那我们选重的来试试吧。"米妮提出了自己的想法，她和麟麟分别拿了一个丰水梨和一个火龙果，放到了水里。丰水梨和火龙果竟然都浮起来了！孩子们这下更兴奋了，把各种水果都往水里放。根本看不出来哪种水果浮起来,哪种水果沉下去。我站出来说:“要不,我们分分类,看看谁会游泳,谁不会吧?”得到他们同意后,大家便行动起来。梓恒很快发现问题了:“等一下,等一下,你们看,奇异果和龙眼没有火龙果和香瓜大呀!”大家都盯着篮子里的水果看。我帮他们把其他的水果都拿走,剩下梓恒说的那四种水果,问道:“梓恒,你说的是哪两种水果会游泳啊?”梓恒用手指着香瓜和火龙果:“它们啊!”这下,大家更不懂了:“不是说大的会沉下去,小的会浮上来吗?”这回成成也表示他回答不了这个问题。我只能说:“这是个有趣的问题,到底为什么呢?或者我们回家和爸爸妈妈一起找找答案吧!接下来,我们开始水果分享大会吧!”“哦,太好了!”孩子们欢呼起来,注意力转移到分享水果上了……

在这里发生了什么样的学习：

今天这个游戏真是太有趣了，谢谢你们带给我那么多的惊喜发现，我也不知道原来大大的火龙果和香瓜竟然会浮起来，小小的龙眼却会沉下去。这真是个奇怪的现象，谢谢你们能干的小手、会观察的眼睛，带着我们一起去发现身边这么多的科学知识。虽然今天没有解决我们的疑问，但是好奇、爱思考会在我们的心里埋下种子，它们会带给我们可贵的科学探索精神，会帮助我们养成爱探索的品质。你们瞧，今天的你们像不像一个个小小科学家？说不定哪一天我们就找到答案了呢，到时记得再一起分享。今天，我们在轻松的游戏中一起去发现，一起去尝试，还一起分享想法和体验品尝美味的快乐，这样的学习让你们每个人都那么投入、那么认真和开心，真好！

下一步学习的可能性：

孩子们，其实关于沉与浮的秘密还有很多，生活中不同的事物放在水里都有可能会沉或者浮。今天我们玩了水果宝宝的沉浮游戏，那么接下来我们也可以把不同的蔬菜宝宝放到水里试试，如果把白菜、芹菜等放到有颜色的水宝宝里面，你们猜会发生什么呢？

▶ 活动效果评价：我们的思考

1. 基于幼儿的思考。

对于小班幼儿来说，跟自己相关的、跟生活相关的、基于自身经验的事情往往是他们比较感兴趣的。幼儿生活中的随机经验是最自然的、最不容易遗忘的经验，也对幼儿最有吸引力。而幼儿的学习方式主要是通过实际操作、亲身体验去模仿、感知、探究……

在整个活动过程中，幼儿有着强烈的求知欲望，他们善于观察、乐于发现，懂得商量、合作，大胆探索、尝试，并乐在其中。通过自身的体验和参与，他们自然地学到了水果的相关知识，养成了良好的饮食习惯。更重要的是，通过参与探究式的水果相关活动，幼儿获得了不同层面的发展，并体验到参与活动的乐趣。

2．基于教师的思考。

在开展主题活动的过程中，我们较少用专门的时间来组织与主题相关的认知活动，而是根据幼儿的兴趣，提供的材料及创设相关的环境支持幼儿通过操作、探索、体验来获得知识、经验，因为水果相关知识的学习并不是目的，我们更关注幼儿的主动学习、自主探究和自主发展。教师需要发挥教育智慧，根据幼儿的兴趣，找准时机并适时地抛出一些问题，引导幼儿自主探索。如果说幼儿的学习是新经验的不断获得，那我们就应最大限度地拓展幼儿在活动中的参与度。在这个过程中，我们不能把幼儿当作一个助手，而应看成活动的主体；不能把活动的目标看得太功利，要尽可能让目标将幼儿的已有经验和将获得的经验连接起来。

3．基于家长的思考。

家长资源是我们教育资源中不可缺少的一部分，家长参与活动，一方面增进了亲子关系，另一方面也调动了家长关注幼儿的学习及生活活动的积极性，使家长在活动中意识到家园共育的重要性，并在活动中为我们提供更多的帮助和强有力的支持，从而形成班级教育合力。

附：环境创设图片参考

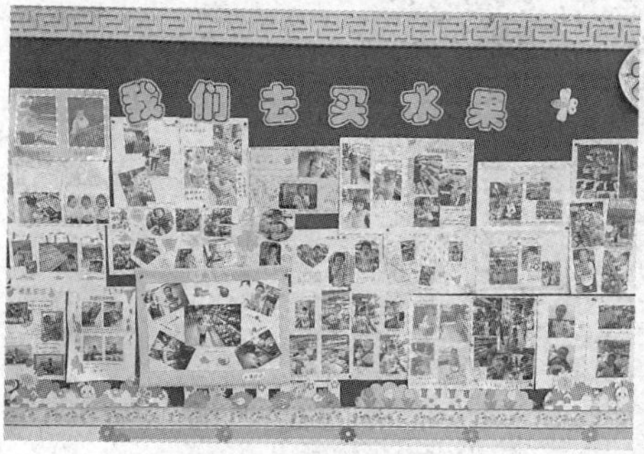

我们去买水果

小蜗牛是植物的朋友吗?

种子是这样传播的

我们的小发现

课室场景参考

课室场景参考

课室场景参考

三、小班：走进石头王国

▶ 主题活动由来：幼儿的兴趣

在一次散步时，幼儿对一块大石头产生了好奇心，小雅首先发现了石头上的“雅”字，然后大家纷纷议论起来：“雅”字是写在石头上的吗？为什么是雅字？幼儿园哪里还有石头，石头上还有什么字？他们马上在幼儿园里找石头，他们找到了一些大的石头，也找到了各种小石头，他们还捡了一些小石头放在班上的科学探索区。

石头是大自然给我们人类的馈赠，是我们的生活中一种十分容易获得的教育资源，“玩石头”也是幼儿非常喜爱的活动。小班幼儿思维带有直接行动性，思维依靠动作进行，且小班幼儿具有好奇、好动的特点，可以在与石头相关的游戏中激发他们的探究兴趣，让他们体验探究过程，发展初步的探究能力。幼儿自己寻找、收集各种各样的石头后，对石头特别感兴趣，有空的时候就拿来摸一摸、摆一摆、玩一玩。为了顺应幼儿的心理发展需求，我们开展了以“石头”为主要探索材料的主题活动，使幼儿在收集石头、探索石头、和石头做游戏等一系列活动中，认识石头的自然属性，了解石头的特征，进一步激发幼儿对石头的探索兴趣。

▶ 主题实施网络图：跟随幼儿的脚步

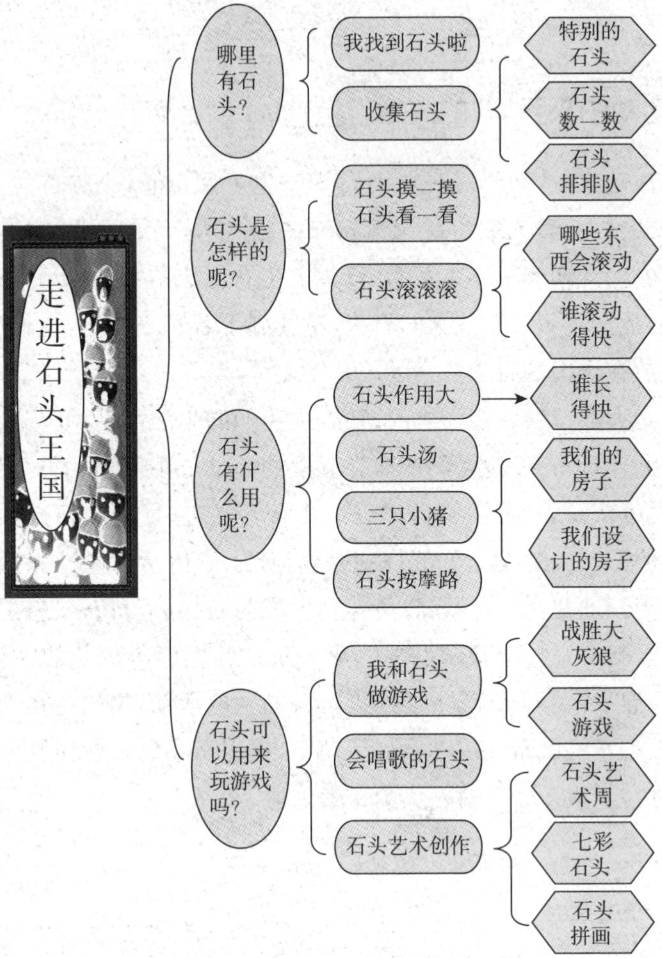

▶ 主题活动预期目标：着眼于幼儿的发展

健康

1. 能身体平稳地双脚连续向前跳、单脚跳过不同高度的石头，发展基本动作。

2. 能在较窄的、低矮的石头上走一段距离，发展身体平衡和协调能力。

3. 在提醒下能注意安全，不做危险的事，不爬大石头，不用石头投掷。

4. 喜欢玩“运石头”等游戏，动作协调、灵敏。

语言

1. 主动探究关于石头的秘密，并喜欢与人交流自己的发现。

2. 能基本完整地讲述自己在寻找石头时的所见所闻和经历的事情。

3. 能口齿清楚地说关于石头的儿歌、童谣或复述简短的故事。

4. 愿意表达自己的需要和想法，积极与同伴分享自己的发现。

社会

1. 愿意承担一些小任务，如收集各种各样的石头等。

2. 喜欢和同伴一起玩石头游戏，活动时愿意接受同伴的意见和建议。

3. 能根据自己的兴趣进行石头游戏，想加入同伴的游戏时，能友好地提出请求。

科学

1. 能感知和发现石头的特性，初步了解和体会石头与人们生活的关系。

2. 能感知和区分石头的大小、多少、轻重等方面的特点，并能用相应的词表示。

3. 能手口一致地点数 5 个以内的物体，并能说出总数，能按数取物。

4. 能用图画或其他符号记录有关石头的问题、活动等。

艺术

1. 喜欢亲近自然，对大自然产生好奇，被石头及石头碰撞等好听的声音所吸引。

2. 乐于观看石头绘画或其他艺术形式的石头作品。

3. 积极参与关于石头的艺术创作活动,发展感受美和表现美的能力和动手能力。

▶ 主题活动列举:支持幼儿深入学习

活动一:石头是怎样的呢?

活动来源

在幼儿园散步时,孩子们看见了一块大石头,纷纷上去摸,还叽叽喳喳地说出自己的感受,于是,大家就继续在幼儿园寻找石头,并看一看、摸一摸、闻一闻,感受石头到底是怎么样的。

活动目标

1. 运用各种感官感知石头的特性。
2. 通过自主探索,尝试用恰当的词语表述自己的发现。
3. 对探索活动感兴趣,积极寻找各种各样的石头。

活动组织形式

小组活动。

活动准备

石头。

活动过程

1. 在幼儿园寻找石头。
2. 通过摸一摸、看一看、闻一闻,感知石头的特性。

提醒幼儿不要爬高的石头、不能用石头砸别人等。

3. 尝试运用恰当的词汇表述石头的特征:硬硬的、凉凉的,有的大,有的小。

活动建议

建议家长带孩子在家附近、公园等地方观察、收集各种各样的石头,并让孩子与自己喜欢的石头拍照,把照片打印出来回幼儿园与同伴分享、交流。

活动二:石头拼画

活动来源

户外散步时孩子们捡了一些树枝、树叶和石头,回班后放在区域里,在区域活动时,多多用树叶摆成了小船,并把石头放在上面说是"运石头",大家看了觉得像是在用石头"拼画",纷纷说要去收集材料并尝试制作"石头拼画"。

活动目标

1. 初步使用树枝、石头等自然物摆摆拼拼成一个物体。
2. 在摆弄中进一步感受石头的特性。
3. 喜爱用石头进行创作,大胆尝试。

活动组织形式

小组活动。

活动准备

收集各种各样的石头、树枝、树叶、花瓣等。

活动过程

1. 收集材料，讨论计划。

(1) 幼儿到大花园捡树枝、树叶、石头等自然物。

(2) 讨论：我们可以用这些东西摆成什么呢？

2. 选择材料，自主拼画。

幼儿单独或跟好朋友一起用自己捡来的材料摆放成自己喜欢的物体。

3. 分享：你用什么材料拼了什么物体呢？我们还可以增加什么来拼画呢？

4. 互相欣赏作品。

活动建议

幼儿都是艺术大师，运用自然物的拼画真是惊喜连连，可以进行作品展示，或者开展"石头艺术周"的活动，邀请家长来园与孩子一起共同创作石头艺术品，发挥家园共育的作用。

活动四：会唱歌的石头

活动来源

孩子们在收集石头的过程中，无意中发现敲击不同的石头，石头会发出不同的声音，由于最近大家在尝试打击乐，就想用石头来制作小乐器，进行打击乐的演奏，于是大家纷纷去寻找、制作石头乐器了。

活动目标

1. 与同伴合作，运用轮奏、齐奏等方式给歌曲伴奏。

2. 尝试利用石头自制乐器，感受大自然美妙的声音。

3. 喜欢与同伴一起探索石头的各种玩法。

活动组织形式

小组活动、集体活动。

活动准备

石头、沙子、瓶子、音乐。

活动过程

1. 选择材料，利用石头自制乐器。

(1) 讨论：怎样使石头发出好听的声音？

(2) 把不同大小的石头分别装进饮料瓶里，尝试制作石头乐器。

2. 打击乐《小星星》。

(1) 幼儿分成三组，A 组：每人拿两块稍大的石头，B 组：每人拿装有小石子的饮料瓶，C 组：每人拿两个装有沙子的饮料瓶。

(2) 三组幼儿轮流运用手上的自制乐器根据节奏 XX|XXX|XX|XXX|给音乐《小星星》伴奏。

(3) 幼儿看老师的指挥，运用轮奏、齐奏等方式给歌曲伴奏。

活动建议

"会唱歌的石头"是幼儿喜欢探索的，可以让幼儿进一步探索：怎样让石头唱的歌更好听？幼儿回家可以与家长一起用石头演奏打击乐，为自己唱的歌伴奏。

活动五：石头按摩路

活动来源

幼儿园有一条石头按摩路，我们散步经过时，不少孩子说在公园里见过，还知道那个叫“按摩路”，有的孩子之前在家长的带领下走过类似的按摩路，于是，大家就脱了鞋子走一走，体验一下石头按摩脚底是怎样的感觉。走完后，有的孩子提出来在我们班上也建一条石头按摩路，这样随时都可以“健身”了。于是，大家一起收集石头，带回班尝试设计石头按摩路了。

活动目标

1. 观察幼儿园的石头按摩路，尝试和同伴合作，一起设计属于自己的按摩路。
2. 尝试用石头设计各种有趣的花纹。
3. 乐于参与探索活动，能用眼睛仔细观察，大胆尝试。

活动组织形式

小组活动。

活动准备

厚垫板、石头、溶胶枪。

活动过程

1. 在幼儿园的石头按摩路上走一走，观察一下石头按摩路是怎样的。
2. 讨论、收集适合制作按摩路的石头。
3. 自由分组，用石头在厚垫板上拼出自己喜欢的图案。
4. 老师把幼儿拼好的石头固定。
5. 走一走石头按摩路。

活动建议

让家长带幼儿去寻找石头按摩路，并引导幼儿观察石头按摩路的花纹和样式，了解石头按摩路的作用，并鼓励幼儿大胆设计和制作。

活动六：七彩石头

活动来源

在我们收集的石头中，有些五颜六色的石头，孩子们可喜欢了，在区域活动中，孩子们用各种各样的方法去表现这些五颜六色的石头：有的孩子用纸黏土搓成石头，有的用蜡笔画出石头，还有的用彩色皱纹纸搓成石头。这一次，我们尝试用固体水粉颜料绘画各种各样的石头。

活动目标

1. 初步尝试使用固体水粉颜料绘画石头，能大胆落笔绘画，涂色不出界。
2. 了解固体水粉画的画法。
3. 体验成功的喜悦。

活动组织形式

区域活动。

活动准备

固体水粉颜料、水粉笔、图画纸。

活动过程

1. 观察各种各样的石头，感受石头不同的大小、颜色等特性。
2. 了解固体水粉画的画法，如握笔方法、使用颜料的方法。
3. 尝试运用固体水粉颜料绘画各种各样的石头。
4. 互相欣赏作品。

活动建议

可以让幼儿把画好的石头粘贴在用牛奶箱拼好的房子上,做成“彩色石头房”。

活动七:三只小猪

活动来源

最近,嫄嫄从乡下带了一些稻草回来,小朋友们很感兴趣,并展开了讨论:“稻草有什么用?”在讨论中,彤彤提道:“《三只小猪》故事里的小猪就是用稻草建了稻草房的。”第二天,彤彤把家里的绘本《三只小猪》带来了,小朋友们纷纷要求大家一起讲述这个绘本故事。

活动目标

1. 了解故事名称、内容,乐于探究房子结实的原因,懂得做事不能图省力的道理。

2. 尝试运用简单的词汇、句子讲述故事内容。

3. 喜欢听故事,能认真倾听。

活动组织形式

小组活动。

活动准备

稻草、木头、砖、绘本制作成 PPT。

活动过程

1. 问题导入,引发兴趣。

教师出示稻草、木头、砖，并提问："这三种材料如果拿来盖房子，哪种材料盖的房子最结实？"

2. 讲述故事，理解故事情节。

(1) 结合PPT讲述故事，通过提问，帮助幼儿理解故事的主要情节，重点突出大灰狼撞房子后的不同结果。

(2) 分析房子所用材料以及几座房子的特点，懂得做事要不怕困难、不贪图省力的道理。

3. 分角色表演故事，进一步理解故事内容。

活动建议

在区域活动中提供操作材料，让幼儿进行故事表演。

活动八：石头汤

活动来源

最近，孩子们在游戏中经常出现争执的现象，有个别孩子会抢同伴的玩具，有的孩子不太愿意与同伴分享玩具，于是，我们就选择了绘本《石头汤》，使孩子们通过故事内容，懂得与别人分享也能得到快乐的道理。

活动目标

1. 了解故事内容，感受并表达和尚内心活动的变化。

2. 通过阅读绘本，懂得分享和付出也能得到快乐的道理。

3. 喜欢阅读绘本并参与绘本讲述活动。

活动组织形式

集体活动。

活动准备

绘本 PPT,绘本每人一本。

活动过程

1. 问题导入,引发兴趣。

提问:你喜欢什么汤?喝过“石头汤”吗?

2. 观察绘本,了解绘本内容。

介绍绘本名称,引导幼儿观察绘本,了解绘本的内容。

3. 阅读绘本,懂得分享和付出也能得到快乐的道理。

(1) 和尚走后,村民们怎样相处呢?他们懂得了什么道理呢?

(2) 我们怎样做也能获得快乐呢?

活动建议

让幼儿从家里带一件小玩具或一本绘本回幼儿园与同伴分享,体验分享的快乐。

活动九:谁长得快

活动来源

一天,孩子们发现幼儿园大树下面的泥土上铺有小石头,这些小石头有什么作用呢?小石头下能不能种植物呢?孩子们争论起来。于是,大家决定尝试一下,看看小石头下能不能种植物,有的孩子还到沙池拿了一些沙子,一起做小实验。

活动目标

1. 进行对比实验,尝试把观察的结果用图画的形式简单记录下来。

2. 通过小实验,了解小石头能否用来种植物。

3. 乐于参与自然探索活动。

活动组织形式

小组活动。

活动准备

花盆、沙、小石头、水、小白菜苗。

活动过程

1. 回顾问题,引出活动。

(1) 散步时,幼儿发现幼儿园大树下面的泥土上铺了小石头,小石头下能不能种植物呢?

(2) 我们一般是用什么来种植物的呢?

(3) 怎么才能知道小石头下能不能种植物呢?

2. 幼儿分组,开展种植活动。

(1) 幼儿三人一组,把沙、小石头、水装进花盆里,并移植几棵小白菜。

(2) 指导幼儿每天仔细观察植物的生长情况,并简单记录。

3. 观察植物的生长情况,验证问题。

每天组织幼儿观察植物的生长情况,最终验证问题:小石头下能种植物吗?

活动建议

观察植物的生长变化是需要耐心和细心的,小班幼儿年龄还小,需要教师的指导和鼓励,教师可以将记录表挂在小植物的上方,对每天观察记录的幼儿给予奖励,并指导幼儿用自己的方式简单地进行记录。

活动十：石头作用大

活动来源

孩子们在探索中发现石头的用途很多：幼儿园有的楼房的外墙是用小石头铺的，有的楼房的地板是大理石的，还有很多石头是用来装饰的，孩子们提出了问题："石头还有哪些用途呢？"大家纷纷去探究。

活动目标

1. 在幼儿园内寻找石头，探索其作用。

2. 在活动中能注意安全，不爬高，不触碰锋利的石头。

3. 乐于参与探索活动，能用眼睛仔细观察。

活动组织形式

小组活动。

活动准备

幼儿收集的有关各种石头用途的资料。

活动过程

1. 提出问题：石头有什么用呢？

2. 资料分享，寻找答案。

幼儿分享自己收集的资料，介绍自己见到的石头建筑材料、石头用品、石头装饰材料等。

3. 在幼儿园寻找石头，了解其用途。

4. 分享小结。

石头可以做成工艺品，可以建房子，可以作为建筑材料。石头在现代生活中的重要用途就是制造混凝土，现代工业很多原材料都是石头：铁矿石、铜矿石、铝矿石……石头的作用真大啊。

活动建议

家长和孩子一起探索石头的用途，寻找家里的石头用具、家具、装饰物等，并带孩子到外面继续寻找，方便的话把石头带回幼儿园，不方便带回幼儿园的就拍照、打印，便于幼儿与同伴分享。

活动十一：我和石头做游戏

活动来源

一天，孩子们在收集石头时，锋锋看见路上有几颗小石头，就并起双脚跳了过去，而跟在他后面的成成单脚跳了过去。“石头还可以玩哪些游戏呢？”大家纷纷讨论起来，于是孩子们自己去捡石头，然后与同伴一起玩各种各样的石头游戏。

活动目标

1. 尝试与同伴合作一起玩石头游戏，能想出与别人不一样的玩法。
2. 活动中注意安全，不能朝着别人扔石头。
3. 乐于用石头做游戏，体验与同伴共同游戏的快乐。

活动组织形式

小组活动。

活动准备

石头。

活动过程

1. 收集石头。

幼儿在幼儿园内找石头,收集若干石头。

2. 用石头玩游戏。

自由分组,先商量用石头玩什么游戏,然后摆放石头,尝试玩石头游戏。

3. 分享石头游戏。

4. 尝试玩一玩别人的石头游戏。

5. 小结:原来石头可以玩很多好玩的游戏,小朋友们回家和爸爸妈妈一起想更多的石头游戏,回来与大家分享吧。

活动建议

可以把幼儿想出来的好玩的石头游戏用于平时的户外游戏,在玩耍中不断激发新的灵感,想出更多不同的玩法。还可以让幼儿回家了解爸爸妈妈小时候曾经玩过的石头游戏,回幼儿园与同伴分享。

活动十二:战胜大灰狼

活动来源

孩子们用废旧报纸做了很多报纸团,他们说这些是“石头”,并商量用这些“石头”玩游戏,大家一致认为可以用这些石头去打败“大灰狼”,于是,大家一起去设置场景,玩起了“战胜大灰狼”的游戏。

活动目标

1. 练习钻、爬、平衡和投掷,动作协调、灵敏。

2. 活动中能注意安全,投掷时不能朝着同伴投。

3. 喜欢参与体育活动,乐于与同伴一起玩游戏。

活动组织形式

集体活动。

活动准备

“报纸石头”、垫子、拱门、平衡木、大灰狼图片。

活动过程

1. 热身活动:热身操。

2. 基本部分:游戏“战胜大灰狼”。

(1) 玩法:拿上“报纸石头”,钻过山洞,爬过草地,走过小桥,来到大灰狼的家,把“报纸石头”投向大灰狼。

(2) 安全要求:走过小桥时要小心,不要掉下河哦,到了大灰狼的家,“报纸石头”不要砸到小兔子。

3. 幼儿游戏,教师观察指导。

4. 游戏结束,放松运动。

活动建议

在活动中和活动后一定要重视安全教育,提醒幼儿不要乱扔石头。

▶ 主题故事案例:我们的故事

故事:谁长得快

今天散步的时候,孩子们又找起石头来了,旭旭发现操场的树底下有好些石头,就招呼大家一起过来:“看,这里有很多小石头。”天天问:“为什么树底下放了这么多小石头呢?”熊熊说:“这是肥料,放了这些小石头大树会长得更好。”旭旭说：“不是，很多树下面都没有小石头，但是那些树也长得很好呢。”

大树下的小石头到底有什么用呢？大家议论纷纷，有的支持旭旭，有的支持熊熊，大家争论不休。旭旭说：“我们来做个小实验吧，我们在花盆里分别放入小石头、营养土，然后种上小菜苗，看看谁长得快。”小朋友们听了，都表示同意。

于是，我找了几个花盆，请旭旭、熊熊等孩子在花盆里分别放进小石头和营养土，并告诉他们要每天给小菜苗浇水，看看谁长得快。

接下来的两周，孩子们每天都坚持浇水和观察，最后，大家发现，小石头花盆里的小菜苗很快就死了，而种在营养土里的越长越好，他们最后的结论是：小石头放在大树下不是为了给大树提供营养。

在这里发生了什么样的学习：

旭旭，你真是一个善于观察的孩子，你发现了操场的大树下有许多小石头后提出了疑问：小石头是用来做什么的呢？小朋友们提出了自己的猜想，在老师的帮助下，他们进行了验证。你们能坚持照顾小菜苗并进行观察，最后得出了结论，真棒。

下一步学习的可能性：

小石头并不是给大树提供营养的，那这些小石头放在大树下到底有什么作用呢？我们还要继续观察、比较、思考和了解，小朋友们也可以和爸爸妈妈一起到公园、郊外看看还有哪些树底下也有小石头，并了解它们的作用。

故事：石头按摩路

今天，我们经过 4 号楼后面的时候，大家在石头路上一个跟一个开起了火车，玩着玩着，茗豪大声说："我奶奶带我去的公园也有这种石头路，但是我们是脱了鞋光脚走的。"

茗豪说完，有几位孩子表示认同，有的孩子说："我们也把鞋子脱了走吧。"可是很多孩子都不同意："不行，不行，这里又湿又滑。"睿睿说："那我们回课室做一条这样的石头路吧。"

我问："怎么做呢？"大家纷纷想办法，最后，大家一致同意捡一些小石头回班做一条石头按摩路。

回到班上，赖老师找来了好几张泡沫垫，大家就在泡沫垫上摆起了小石头。摆好后大家一个跟一个走了起来，谁知道，孩子们一走，小石头就弄得到处都是。

我问："4 号楼后面的石头路会这样弄得到处都是吗？为什么我们的石头路会这样呢？"于是，大家又一起到 4 号楼后面仔细观察。大家蹲下来看了看，摸了摸后明白了：石头是粘在地上的。"老师，有什么办法使石头粘在泡沫垫上呢？"我说："老师可以用溶胶帮你们把石头粘在泡沫垫上。""太好啦！谢谢老师!”大家又一起回到课室,在泡沫垫上摆弄起来。

心心和莹莹说:“我们想拼成公主的样子。”睿睿说:“我们要拼房子。”东元和小米就一起拼成了花朵的形状,成成和锐锐拼了风车,每一组的内容都不一样,各有特色。大家拼好后,我们就把石头用溶胶粘好。

孩子们把泡沫垫连起来,并脱了鞋袜,光着脚在上面走来走去,边走边说:石头路凉凉的,好舒服啊!

在这里发生了什么样的学习:

孩子们,今天,你们通过观察—思考—亲手尝试—再观察—再思考—再尝试,成功地设计和完成了一个好玩的游戏,在整个活动过程中我看到了你们的进步,你们能联系自己的生活经验,并利用现有材料,创造性地设计和制作了石头按摩路,真的是太有意思了。

下一步学习的可能性:

小小的石头有大大的用途,大家还可以继续发现、探索小石头的更多用途,也可以利用小石头玩更多好玩的、有益身心的游戏。

故事：石头乐器

今天，我们来到石头路，不少孩子排成“小火车”，一个跟一个地在石头路上走，也有部分孩子去捡石头，心心也捡了好几块石头。心心拿着石头敲敲敲，她说：“你们听，石头也能发出声音。”大家听了，纷纷拿起两块石头敲击了起来：“真好听！”孩子们还边敲边唱歌曲《小星星》。心心说：“我们在玩打击乐哦。”阳阳说：“可是我们的打击乐只有这一种乐器吗？”大家七嘴八舌地说：“只有这一种乐器不够好听呢。”“我们再找找那些可以制作小乐器的材料吧！”

大家一起来到大花园寻找，心心看见了沙池说：“把沙子装在瓶子里面也可以发出好听的声音的！”孩子们找来了椰子汁饮料罐，饮料罐发出了好听的“沙沙”声。

回班后，心心在班里找到了一些小碎石，然后放进矿泉水瓶里，打击乐器又增加了一种，可以演奏石头打击乐了。在区域活动的时候，有的孩子拿起装着小碎石的瓶子摇摇摇，心心说：“这个也可以做小乐器啦，我们的小乐器又多了一种。”

大家大胆地进行了尝试，孩子们分成三组演奏石头打击乐，一组是小石头碰碰组、一组是彩色石头组、一组是沙沙组，名字是孩子们起的，很有趣。三个小组根据三种不同的节奏型分别进行了练习。孩子们先是用小手拍打节奏，熟练了以后就用石头乐器进行演奏。心心的小眼睛一直看着老师，跟着老师进行练习，经过几次练习后慢慢地跟上了节奏，在轮奏的时候心心当小老师，带领大家一齐演奏，心心可认真了，俨然就是老师的模样。

在这里发生了什么样的学习：

心心，今天，你无意中发现敲击石头能发出美妙的声音，这给了大家启发，从而开启了我们的石头音乐之旅。在整个活动中，你发现石头碰撞会发出好听的声音，提出用石头演奏打击乐，自己探索制作小乐器并演奏，在这个过程中，伴随着不少的科学探究活动，你都能保持积极的探究兴趣，遇到困难时能积极地想办法去解决，你真棒！

下一步学习的可能性：

接下来，我们还可以继续发现石头的更多作用和奥妙，并继续把石头应用到我们的生活、学习和游戏中。

活动效果评价：我们的思考

1. 利用自然环境、自然物激发幼儿探究的欲望。

陈鹤琴先生提出“大自然、大社会都是活教材”，大自然是幼儿学习的好教材，这就启示我们要从实际出发，依据环境特点，充分挖掘周围可以利用的自然资源，为幼儿的科学观察提供材料。我们幼儿园得天独厚的自然环境给了幼儿丰富的学习资源。我们带领幼儿，走进大自然，巧用自然物，让幼儿自己去寻找、收集各种各样的石头，让他们亲自动手摸一摸、闻一闻。幼儿特别感兴趣，学习、探索的主动性、积极性不断提高。

2. 设置与主题相适应的场景。

幼儿园环境是幼儿园课程的一部分，《纲要》中明确提出：“环境是重要的教育资源，应通过环境的创设和利用，有效促进幼儿的发展。”陈鹤琴先生曾提出幼儿园环境是“儿童所接触的，能给他以刺激的一切物质”。我们根据自主性活动的开展需求，设置相应的场景，使幼儿在场景中进行探究、游戏，从而获得发展。我们充分利用幼儿园的大环境，带领幼儿去寻找、收集各种各样的石头；在课室内，我们把幼儿收集的石头展示出来，使幼儿能随时观察、探究、游戏，在这个过程中，我们生成了很多的游戏活动，如“石头按摩路”“石头拼画”等，幼儿乐在其中。每一个主题都有它的特点，我们只要抓住它的特点设计有特色、有新意的主题环境，就会让幼儿更主动地去探索，因为幼儿对富有新意的环境总是特别敏感且感兴趣，他们对一个个富有新意的事物，都想看一看、听一听、摸一摸、碰一碰、问一问，这时他们的思维活动与探索精神也处于最佳状态，如果教师能抓住时机，对幼儿进行启发、诱导，幼儿就能主动地、不断地获得信息。富有新意的主题环境能吸引幼儿，提高幼儿学习的主动性与积极性。

3. 捕捉幼儿的兴趣点并开展活动。

在开展活动时，我们发现，幼儿对于艺术创作比较感兴趣，我们就增加了一些关于石头的艺术创作活动，但是小班幼儿的能力还有待发展，因此，我们就开展了“石头艺术周”的活动，邀请家长来园和幼儿一起进行石头组画的创作，既增进了亲子情感，又给予幼儿个别帮助与辅导，大大提高了幼儿参与活动的积极性。同时我们将幼儿的探究过程、游戏活动、作品成果与环境创设相结合，及时根据幼儿的兴趣生成活动。通过开展幼儿科学探究活动和环境教育活动，幼儿从一块石头开始发现大自然之美，各项能力也在活动中自然地得到了提高。

附:环境创设图片参考

课室场景参考

石头作用大

石头艺术周

石头房子

石头变变变

好玩的石头游戏

四、中班：汽车大世界

▶ 主题活动由来：幼儿的兴趣

早上回园时，曦曦带来了一辆小警车，其他孩子对他的车非常感兴趣，七嘴八舌地议论开来：你的车要装电池吗？你的车走得快吗？我家里的警车比你的还要漂亮，不信，我下次带回来给你看；我家还有坦克，很多轮子，打仗时用的，上面还有炮；我爸爸的车是可以遥控的，只要一摁遥控器，车门就能开……孩子们谈得可热闹啦！

车是孩子们日常生活中非常熟悉和非常常见的交通工具。开展汽车主题活动，可以使孩子们的学习与他们的真实生活和兴趣紧密联系在一起，让孩子在活动中获取有关车的各种感性经验，初步了解车的种类、发展、构造及有关的交通规则等；挖掘环境教育资源，从而让孩子从小关注环境保护，养成良好的环境保护意识。在曦曦的提议下，孩子们从家里带来了许多不同类型的模型车和真实的车的图片、绘本等，在家长们的积极配合下“汽车大世界”的主题探究就开始了。

主题实施网络图:跟随幼儿的脚步

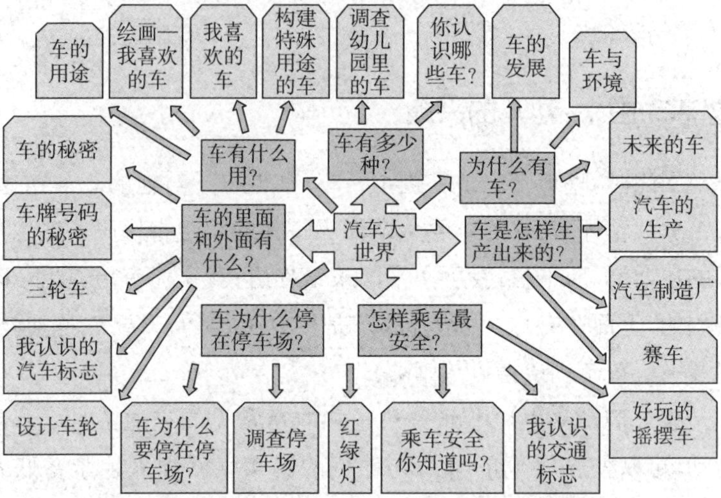

主题活动预期目标:着眼于幼儿的发展

健康

1. 喜欢玩车类游戏,发展动作的协调性、灵活性。

2. 在集体生活活动中情绪稳定、愉快。

3. 知道玩车的安全常识,学习保护自己。

4. 逐步形成坚强、勇敢、不怕困难的意志品质和主动、乐观、合作的态度。

语言

1. 了解汽车的相关信息,能用完整连贯的语言表达自己对汽车的认识。

2. 积极参与有关车的讨论,初步养成良好的倾听习惯,提高语言表达能力。

3. 乐意用恰当的、礼貌的语言与他人谈论车，态度大方、自然。

4. 安静而专注地听别人说话，能理解日常用语，并做出相应的回应。

社会

1. 在探索车的活动中，初步具有发现问题和解决问题的能力。

2. 乐意与人交往，学习互助、合作和分享，具有同情心。

3. 能努力做好力所能及的事，不怕困难，有初步的责任感。

科学

1. 了解汽车的结构、作用、发展等，了解交通规则。

2. 喜欢低碳环保出行，有一定的环保意识，知道保护环境的方法。

3. 能找出车的不同之处，并进行分类、统计。

4. 在调查过程中，能手口一致地点数和学习初步的统计、记录方法。

5. 了解科技与人们生活的关系，知道科技让人们的生活更方便。

艺术

1. 乐意在自己熟悉的乐曲中创编歌词、进行游戏活动，享受集体游戏的快乐。

2. 体验装饰、绘画、制作车的乐趣，发展小肌肉动作。

3. 尝试用多种方式表达、表现与汽车相关的感受和体验。

4. 喜欢参加艺术活动，能初步感受并欣赏环境、生活和艺术中的美。

▶ 主题活动列举:支持幼儿深入学习

活动一:我喜欢的车

活动来源

孩子们从家里带来了很多车,为了让孩子们对不同的车有更多的了解,孩子们和同伴一起分享自己的发现。

活动目标

1. 有探索车的兴趣,能根据车的用途进行分类。
2. 尝试用简单完整的语句讲述自己喜欢的车。
3. 乐意与同伴、老师一起分享自己的发现。

活动组织形式

集体活动、小组活动。

活动准备

收集各种玩具车或真实的车的图片。

活动过程

1. 师幼讨论,看一看,猜一猜:什么车开来了?
2. 幼儿介绍自己带回来的车。

指导重点:提示幼儿从车的外形、作用等方面讲述,并能用较连贯的语句讲出自己的发现。

3. 根据车的用途进行分类。

活动建议

根据车的用途，建构一个汽车展示中心，让幼儿在日常生活中欣赏、观察、讲述自己喜欢的车。

活动二：绘画——我喜欢的车

活动来源

孩子们非常喜欢车，在观察、欣赏了各种车后，尝试用自己特有的方法表达对自己喜欢的车的认识和理解，表达自己对车的喜爱。

活动目标

1. 对车感兴趣，能认真、细致地观察车的主要特征。
2. 尝试画出车的主要特征，能合理地安排画面，均匀地涂色。
3. 喜欢绘画活动，乐于表达与创作。

活动组织形式

小组活动。

活动准备

画纸、水彩笔、蜡笔若干，各种车的图片。

活动过程

1. 鼓励幼儿大胆地说出自己见过的车。
2. 请幼儿把自己见过的车画出来。
3. 作品分享与经验总结。

活动建议

日常生活中让幼儿向同伴或来宾介绍自己见过的、喜欢的车。

活动三：调查幼儿园里的车

活动来源

孩子们在回班的路上看到了停在礼堂后面长廊中的扫地车，恩恩说："这是什么车呀?"诺诺说："扫地车呀!"恩恩说："我们幼儿园的车可真多呀，有平衡车、健身车……"让我们一起找找幼儿园里的车吧。

活动目标

1. 了解幼儿园各种车的用途、异同及外形特征等。
2. 尝试将观察到的事物用自己喜欢的方法进行记录，能大胆讲述。
3. 喜欢与同伴一起探索发现。

活动组织形式

小组活动。

活动准备

记录纸、笔。

活动过程

1. 讨论：了解活动内容、要求及确定行走线路。
2. 寻找幼儿园的车，观察并记录。
3. 交流、分享、记录探索情况。
4. 分类、统计幼儿园的车。

活动建议

根据幼儿园的实际需要，尝试用画笔画出自己想发明的、适合在幼儿园里使用的车。

活动四：好玩的摇摆车

活动来源

在调查幼儿园的车时，孩子们发现幼儿园里有许多车，其中就有孩子们喜欢玩的摇摆车，摇摆车孩子们已经玩得挺熟练了，再创设新的情境玩出新的创意吧。

活动目标

1. 利用废旧材料与摇摆车创设游戏情境，学习绕障碍物玩摇摆车。
2. 能正确地进行垃圾分类，有初步的合作和环保意识。
3. 喜欢玩摇摆车，有不怕困难的精神。

活动组织形式

小组活动。

活动准备

废旧瓶子每人两个、摇摆车每人一辆、垃圾分类箱、其他废旧材料。

活动过程

1. 准备活动。

(1) 绕场地侧跑、绕障碍物跑。

(2) 瓶子操。

2. 游戏:好玩的摇摆车。

(1) 分组合作摆放障碍物,绕障碍物玩摇摆车,将废旧瓶子等投入垃圾分类箱。

(2) 全部幼儿有序地按路线绕障碍物玩摇摆车,将废旧瓶子等投入垃圾分类箱。

(3) 加大难度,按上下坡的线路,绕过障碍物玩摇摆车,将废旧瓶子等投入垃圾分类箱。

3. 合作收拾器械,放松整理。

活动建议

场地中间设有休息区,可以在休息区内休息。建议幼儿在小区玩车时也可带上小垃圾桶和小夹子,一边玩车一边捡起乱丢的垃圾并分类。

活动五:我认识的交通标志

活动来源

沛沛一大早回园便跟他的好朋友静静说:“我妈妈的车昨天被警察罚钱了。”静静问:“为什么呢?”“因为妈妈没有看到单行线标志。”静静:“哦,原来是这样,单行线的标志是怎样的?”“我家里有,明天带过来给你看。”沛沛说。“我也想看,我也想看。”很多小朋友围过来说。我们一起认识交通标志吧!

活动目标

1. 认识一些常见交通标志的名称、用途。
2. 知道遵守交通规则的重要性。
3. 积极参与活动,大胆表达自己的想法。

活动组织形式

小组活动。

活动准备

常见的交通标志图、视频《交通标志》。

活动过程

1．提问导入，引起幼儿探讨交通标志的兴趣。

2．观看视频，认识一些常见的交通标志。

这是什么标志？这个标志告诉我们什么？

3．游戏：看标志，找朋友。

进一步理解交通标志的意义。

4．相关的安全教育。

活动建议

建议幼儿在日常乘车和走路时多留意交通标志，提醒身边的人一起遵守交通规则。

活动六：车牌号码的秘密

活动来源

孩子们背好书包准备回家了，浩浩说："今天我爸爸开车来接我。"航航说："我也是，我爸爸的车牌号码是×××，你爸爸的呢？""我爸爸的车是×××。""我家的是×××，我明天叫妈妈帮我写回来给你看。"琦琦说。原来车牌号码里还藏有这么多秘密呀。

活动目标

1. 初步了解车牌号码的作用,尝试找出车牌号码的排列规律。

2. 能根据一定的规律进行操作。

3. 乐意与同伴合作,体验合作的乐趣。

活动组织形式

小组活动。

活动准备

幼儿与家长共同收集的车牌号码、白纸、铅笔、数字卡、英文字母卡若干。

活动过程

1. 出示车牌,引发讨论。

出示幼儿收集到的粤A车牌号码:“为什么每辆车都有车牌,它们有什么用?”“它们有什么相同的地方?有什么不同的地方?”“广州的车牌号码是用什么组成的?”

2. 尝试操作,创编车牌。

(1) 出示材料,请幼儿两两结伴,商量用哪个字母和哪些数字创编车牌号码,分工确定谁排列,谁记录。

(2) 幼儿领取材料,开始操作。

(3) 把幼儿的操作结果按由多到少排列在展示板上。

(4) 引导幼儿观察。

(5) 小结。

活动建议

建议幼儿在生活中留意观察各种车牌号码,尤其是特殊车牌号码,如部队等车牌号码。

活动七：三轮车

活动来源

有一天，洁洁哼唱着《三轮车》，大家都觉得非常奇怪，三轮车是什么呀？为什么坐着个老太太呀？三轮车是孩子们比较少见的，而这首歌又非常欢快有趣，因此我们一起来学唱《三轮车》这首歌吧！

活动目标

1. 学唱歌曲，理解歌词内容，体会歌曲的生动有趣。
2. 初步尝试轮唱的表演方式，感知合唱的效果.
3. 学会合作，感受音乐带来的乐趣。

活动组织形式

集体活动。

活动准备

图谱、音乐。

活动过程

1. 做着音乐《小猫圆舞曲》律动进场。
2. 诗歌导入，引发兴趣。

念诗歌《多少轮胎什么车》，提问：你们知道三轮车的声音是什么样的吗？

3. 学唱歌曲《三轮车》。

(1) 欣赏歌曲。

(2) 介绍歌曲。

(3) 再次欣赏歌曲，熟悉歌词。

(4) 玩节奏游戏，熟悉节奏 × × ×· × | × × × |。

4. 轮唱歌曲《三轮车》。

5. 创编动作，表演歌曲。

活动建议

在幼儿熟悉了这首歌之后，可以采用分声部演唱等方式进行演唱和表演。

活动八：我认识的汽车标志

活动来源

自由活动时，悠悠指着图书上的汽车标志说："我爸爸开的车是宝马，就是这个标志。"琳琳说："我妈妈开的车是本田，本田的标志不是这样的。""我家的车也不是这个，我下次给你看看。"周一，许多幼儿带来了各种汽车标志的图片。

活动目标

1. 认识常见的汽车标志，熟悉常见的汽车。
2. 画出汽车标志图，尝试设计汽车标志。
3. 体验与同伴交流分享的快乐。

活动组织形式

小组活动。

活动准备

各种汽车标志图。

活动过程

1. 分享资料，观察汽车标志图。

鼓励幼儿大胆地向同伴介绍自己认识的汽车标志。

2. 设计汽车标志。

3. 展示作品，分享交流。

活动建议

可以更进一步了解汽车标志背后的品牌故事等，在设计汽车标志时也能说出其中的寓意。

活动九：汽车制造厂

活动来源

在设计了汽车标志之后，孩子们纷纷表示想制作一辆属于自己的车，于是我们收集了很多大大小小的纸盒、瓶盖、圆形的杯盖等废旧物品，开了一家汽车制造厂。

活动目标

1. 选择适宜的材料进行车辆制作。
2. 遇到问题能与同伴协商解决，懂得与人分享。
3. 体验自己制作车的乐趣。

活动组织形式

小组活动。

活动准备

纸盒、瓶盖、圆形的杯盖等废旧物品，胶水、胶带、装饰材料等。

活动过程

1. 设计汽车,寻找材料。
2. 游戏体验,制作汽车。
3. 作品展示,提升经验。

活动建议

在家里可以和爸爸妈妈一起选择适宜的材料制作汽车。

活动十:乘车安全你知道吗?

活动来源

通通的手指受伤了,原来是下车的时候被车门夹了,老师和孩子们看到了都觉得很心疼。我们乘车的时候应该注意哪些方面的安全常识呢?

活动目标

1. 初步了解并掌握在上车、乘车过程及下车时的安全常识。
2. 懂得注意安全,培养自我保护意识。
3. 愿意与同伴讨论、分享。

活动组织形式

小组活动。

活动准备

安全教育的图片、课件《乘车安全》。

活动过程

1. 出示图片,引起幼儿兴趣。

2. 自由讲述出行安全。

3. 观看课件，讲述乘车安全。

讲讲乘车时要注意什么安全。

4. 小结分享。

活动建议

鼓励幼儿乘车时注意安全，并提醒别人也做好安全保护措施。

活动十一：车与环境

活动来源

早上来到幼儿园，雅雅看到淇淇把口罩放进书包，雅雅好奇地问："淇淇你为什么每天来幼儿园都要戴口罩呢？"淇淇说："因为妈妈说马路上的废气太多了，戴上口罩我的鼻子才不会过敏。"雅雅说："我爸爸说我们少开车，多坐公共汽车和地铁才能减少废气排放。"淇淇说："嗯嗯，对！"

活动目标

1. 了解汽车与环境的关系，知道废气会污染环境，知道新能源汽车更环保。

2. 有一定的环境意识，懂得要爱护环境，美化环境。

3. 能大胆地讲述自己的观点，和同伴互相讨论。

活动组织形式

集体活动。

活动准备

课件《废气污染》《新能源汽车》。

活动过程

1. 看一看,猜一猜:地球发生了什么?
2. 请幼儿讲一讲车会对环境产生怎样的影响。
3. 什么是新能源汽车? 新能源汽车有哪几种?
4. 你还发明了一台什么样的新能源汽车呢?
5. 小结,进行相关的环境教育。

活动建议

在日常生活中提醒幼儿和家长环保出行,保护环境。

活动十二:未来的车

活动来源

谈话中诺诺说:“我要设计一部会飞的车,这样就不会塞车了。”铭铭说“我的车能飞到天上,也可以潜到海底。”“我的车喝水就可以了,不用加油。”孩子们七嘴八舌地说着,并开始设计自己未来的车。

活动目标

1. 能大胆想象未来的车,尝试自己设计未来的车。
2. 综合运用多种材料建构未来的车,有一定的计划性和条理性。
3. 大胆尝试和创造,体验创造的快乐。

活动组织形式

小组活动。

活动准备

画纸、建构材料。

活动过程

1. 讨论分享：未来的车是怎么样的呢？
2. 设计未来的车，展示自己的设计图。
3. 选择材料，构建未来的车。
4. 展示构建作品。

说一说自己的车有什么特殊的功能和本领。

活动建议

可以将幼儿构建的车进行展示。

▶ 主题故事案例：我们的故事

故事：一起做辆大货车

自主游戏的时间到了，浩然和静怡开开心心地来到了积木箱旁边，他们拿出了一些积木，一起合作构建大货车。静怡说："哎哟，我的力气不够。""好吧，我来帮你扶着，你把它摁下去吧。""这里我觉得用绿色的积木比较好看。"浩然说。静怡说："好的，我去拿。"很快静怡就在箱子里找到了两块绿色的厚积木换上去。两人你一言我一语，有商有量地合作着，很快大货车的车厢就做好了。静怡说："我们的大货车里面可以装很多东西的。但是如果这里下雨了怎么办呢？会把货物淋湿的。"浩然说："我有办法，我有办法。"于是，浩然去找来了几片长的薄积木，把车厢的顶部封住，这样货车里的货物就不会被雨淋湿啦，后面那里也不会掉下去。静怡说："太好啦！太好啦！"于是他们两人把搭建好的大货车开开心心地"开"到了"马路"上，玩起了运货游戏。

在这里发生了什么样的学习：

浩然和静怡，老师发现你们两个是搭建小高手哦！你们在搭建货车的车厢时已经有了围合的概念，有了初步的立体空间思维，而且你们用的是砖墙结构的方法来搭建，这种方法搭建出来的货车车厢会非常坚固。你们还知道先把车厢里面的东西建好了，最后才封顶。你们真善于动脑筋！你们搭建的时候有说有笑，有商有量，合作得很开心哦！

下一步学习的可能性：

老师觉得货车车身上的颜色可以搭配得更漂亮一些，也可以在货车的车厢上设计自己特有的标志，让人一看就知道是你自己的公司或工厂特有的车。下一次我们再试试吧！

故事：参观停车场

孩子们来到了停车场，每个人选择自己感兴趣的车开始观察，清雅、怡文、依琳选择了一辆"马自达"轿车开始细致地观察，怡文对清雅说："我跟你说哦，这辆车是马自达这个牌子的呢，颜色是香槟色。"她们互相分享着自己观察到的细节。

启烨、郎朗、卓谦、致语则选择了一辆面包车，一边观察一边在纸上写写画画，启烨大声地对同伴说："每个人观察一个部分哦，观察完一起分享！"其他同伴都赞同这个观察方法。子晴、圣云、依琳来到面包车旁，子晴开心地说："我爸爸的车也有这样的方向盘，用来向左向右转。"三个小伙伴互相分享自己的想法。这时依琳眼睛一亮走到了一辆“福特”前开始观察车子的外观，她说：“这个盖子里面有什么呢？里面是不是有很多零件？”

在这里发生了什么样的学习：

孩子们，今天老师一直在你们的身边，你们每一个人都很细致地观察自己感兴趣的汽车，特别是启烨和清雅，你们不仅很专注地观察汽车的每一个小细节，而且在观察结束后将观察成果与他人分享，启烨还学会了分工合作，这种方式让观察记录更加丰富。这次活动用了大半个小时，你们一直都很专注地投入到观察汽车的细节中，专注是一个很好的学习品质。

下一步学习的可能性：

希望你们能够一直探索下去。经过这次的活动以后，老师知道了你们都是有细致观察力的好孩子，而且你们也提出了疑问：车头盖子下面到底藏着什么？让我们一起寻找答案吧。

故事：轮胎的秘密

下午起床后，宇涵独自一人来到了美工区，他拿出自己的画本和黑色油性笔画了起来。他用油性笔画了一个圆，圆由双线条组成，里面添画了一些其他的东西，有直线、曲线、波浪线……还有一些是左右对称的花纹。用完了油性笔，他接着拿出水彩笔填上了不同的颜色。半个小时过去了，宇涵兴奋地向旁边的柏维介绍：“柏维，你看，漂亮吗？这轮胎是我给爸爸专门设计的。里面有斑马图案的花纹，有圆圈，有弯弯曲曲的线……看！这里是黄色的，这里是绿色的，这是一个七彩的轮胎，漂亮吗？爸爸一定会很喜欢的。”柏维说：“你骗人，我都没见过七彩的轮胎。轮胎上的花纹才没有斑马图案的呢！”宇涵解释：“真的有！停车场里的车就有斑马花纹的轮胎！”“老师你带我们去停车场看看吧！”

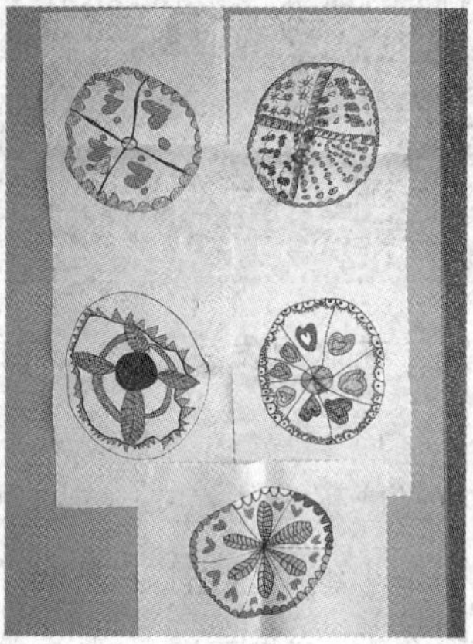

吃完午点，宇涵和几个小朋友一起来到了幼儿园的停车场。宇涵拉着柏维的手，蹲在其中一辆车的车轮旁边：“看！像斑马图案一样的花纹！”其他的孩子也纷纷找到了自己喜欢的车，并用纸画出自己看到的轮胎花纹，仔细地记录。观察活动持续了20分钟左右。回到班上后，宇涵第一个举手发言，并把自己刚刚和柏维一起记录的轮胎图案分享给大家。他还拿出自己刚刚画给爸爸的汽车轮胎，说：“你们看，这是我设计的轮胎，它是彩色的，你们想看看轮胎转动起来是什么样的吗？可漂亮啦！明天我就做一个真的轮胎转给你们看看，就像彩虹一样美！”小朋友们都开心地笑了，并送上了热烈的掌声。

在这里发生了什么样的学习：

宇涵，你是一个思维活跃、充满想象力、观察专注、大胆创新的孩子。你对爸爸的爱是独一无二的，你的创作灵感也是特别的。你能仔细观察每个轮胎上一丝丝的变化，并能准确地描述出不同的线条和花纹。从画画开始，你就专注地与同伴讨论、分析并共同探索轮胎的花纹，还提议老师带其他小朋友去实地观察，并用纸和笔记录下自己看到的轮胎图案。相信你平时和爸爸妈妈相处时，也是这样爱学习、爱探索。

下一步学习的可能性：

老师为你的创意感到骄傲。相信爸爸看到你为他设计的轮胎一定会很开心。更令老师震惊的是，你说如果你设计的彩色轮胎真地能转动起来，那一定像彩虹一样漂亮。下次活动时，我们一起尝试一下吧，让其他小朋友都看看你设计的彩虹轮胎，我们一起想办法，让它转动起来，好吗？

▶ 活动效果评价：我们的思考

1. 关于主题的思考。

“车”与人类生活密切相关，挑选“车”作为我们此次活动的主题，对于幼儿是出于兴趣，对于教师，是为了让幼儿更好地了解车在人们生活中的广泛应用和了解车的发展，从而知道科技的发展使人们的生活越来越美好。在这次自主性活动中，孩子们的兴趣一直很浓，他们积极参与、主动探索、大胆尝试、自由表达、互相合作交流。

我们的主题在开展过程中，通过幼儿的发现不断生成新的主题活动。首先，在教师预设目标下，幼儿增长了知识，获得了身心发展。其次，教师鼓励幼儿不断超越原有的主题定位和方向，不断确立新探索点。最后，我们的主题是一个超越、生长的过程，不是静止固定的，而是随着主体的不同、情境的不同而不断超越原有活动体系。在这个过程中，鼓励幼儿自主地、创造性地建构知识和经验，发展了幼儿的个性、主动性、创造性。

2. 关于幼儿的思考。

在幼儿的世界里，他们关注成人的生活、关注自己身边的一切事物。当一个话题引起幼儿的共鸣时，讨论、分享来得非常自然，每个幼儿都是独立的个体，每个幼儿都有自己独立的想法，当幼儿正在对自己感兴趣的问题进行讨论时，教师可以适当地退到幼儿的后面，听听幼儿的想法！当教师对幼儿的想法提出支持和认同时，会给他们莫大的动力，让他们树立信心，让他们养成清晰、完整的思维习惯。这样幼儿的自信心、创新性、敢于挑战等个性和品质才能得到最大限度地发展。

3. 关于教师的思考。

每一次主题的延续都是幼儿引导的，主题资料都是幼儿收集的。汽车主题随着幼儿的发展而不断变化。在活动中，教师始终以幼儿朋友的身份参与到活动中，鼓励幼儿自主学习，培养幼儿的探索精神；教师和幼儿一起讨论，遇到问题用鼓励的方法让幼儿积极思考；教师创设让幼儿进行大胆尝试的环境，使幼儿在轻松、自由的氛围中进行探索活动。通过实施主题活动，我们充分认识到，教师要充分尊重幼儿的想法，关注幼儿的每一点成长。幼儿的每一点进步离不开教师的进步，教师与幼儿一起成长。

4. 关于家园共育的思考。

在“家园平等合作”的活动中，家长的主人翁意识得以唤醒，家长真正变成幼儿园的合作伙伴和教师的良师益友。在活动中，家长既看到了幼儿的发展，也体验到了作为教育主体的责任感和成就感，因而也就更积极主动地参与到幼儿园的教育中来，更加关注幼儿的成长。实践证明，家长是教师、幼儿园的合作伙伴，不是幼儿园旨意的执行者。家园成为一个整体，才能更有效地促进幼儿的全面发展。

附：环境创设图片参考

汽车来了

迷你车展

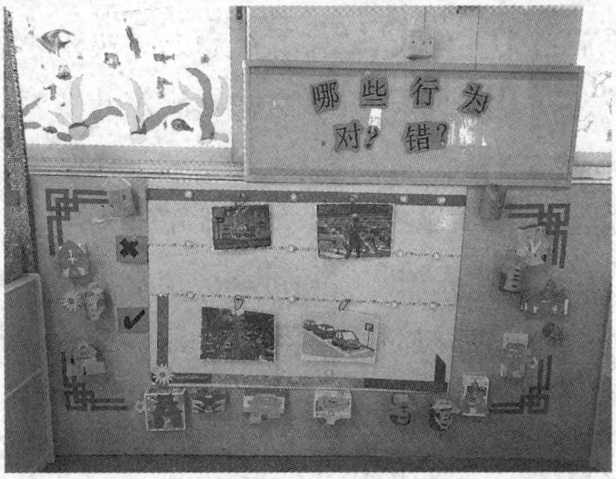

哪些行为对/错？

五、 中班:我型我秀

▶ 主题活动由来:幼儿的兴趣

这天孩子们来到了小礼堂进行游戏,小煜和楠楠玩着玩着就走到舞台上,随着音乐的节奏开心地走了起来,她们的游戏吸引了很多孩子。阳阳边走边开心地说:“唐老师,我们在走秀哦!”游戏后的分享环节,小煜说:“今天我们在舞台上走秀,好开心哦!”其他孩子也附和着,看着他们雀跃的表情,我不由自主地说:“好吧,你们一起表演吧!”而孩子们却产生了许多疑惑:表演什么内容?模特秀要怎么演?在哪里化妆和更换衣服呢?在讨论的过程中,孩子们自主地分成了“侏罗纪恐龙”“快乐小公主”“闪亮美人鱼”“我是小小兵”“梦想职业”五个小组,共同决定开展“我型我秀”模特秀活动。

在“我型我秀”模特秀主题活动中,幼儿能够在小组活动中共同协商如何制作表演服装、如何确立表演队形和排练……这些都是培养幼儿社会交往、语言沟通、审美与创造能力的良好契机。此外,通过主题活动幼儿也能够在集体生活中感受到温暖,建立安全感与归属感。可见,“我型我秀”自主性主题活动蕴含了各领域的教育价值,能够促进幼儿全面发展。

▶ 主题实施网络图：跟随幼儿的脚步

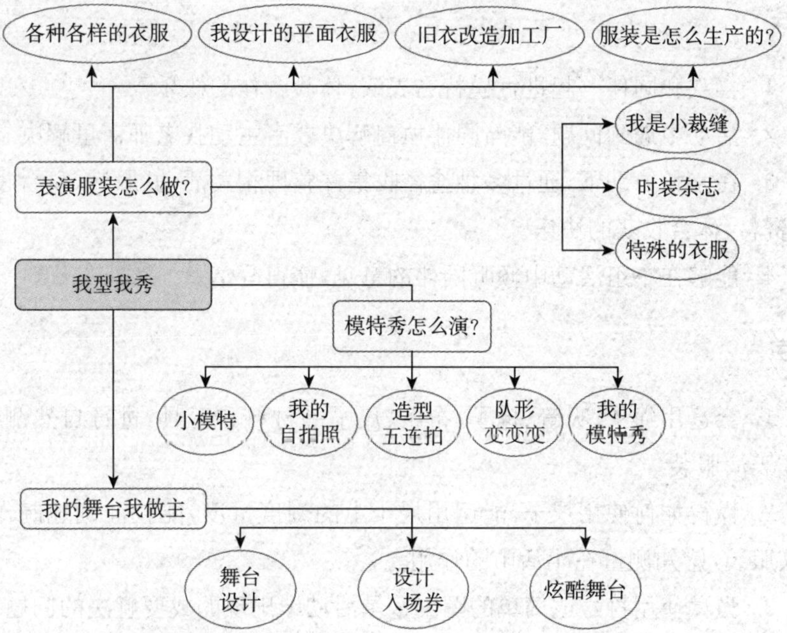

▶ 主题活动预期目标：着眼于幼儿的发展

健康

1. 动作协调地开滑行车等运送表演服装，喜欢车类游戏。

2. 乐意参加各类运动和游戏，发展动作的协调性和灵活性。

3. 能够在集体中勇敢提出自己的观点和想法，愿意和家人、同伴分享收获与快乐。

语言

1. 在活动中能积极地参与讨论，初步养成良好的倾听习惯。

2. 喜欢讨论关于模特秀的话题，能够用适当的语言表达自己的想法。

3. 能够用连贯、生动的语言讲述模特秀等活动。

4. 会用符号或简单的图案表达自己的愿望和想法。

社会

1. 喜欢和同伴一起进行模特秀表演，体验合作的快乐。

2. 活动中遇到问题，能与同伴协商解决或者主动找老师商量解决。

3. 在家长协助下，通过多种途径收集并整理相关活动（服装、舞台设计等）资料，体会收获的快乐。

4. 能够在小组活动中倾听同伴的意见，懂得分享。

科学

1. 会运用绳子、吸管、棍子、布条、尺子等材料和工具，进行自然测量，制作表演服装。

2. 懂得如何使用尺子，能运用尺子上的刻度量度，能较准确地制作出表演服装，感知测量在生活中的作用。

3. 尝试使用符号或简单的图案记录活动中出现的或要解决的问题，如制作的衣服的尺寸、队形排列等。

4. 能够利用环保材料，如用不合身的旧衣服制作新衣服。

艺术

1. 了解制作衣服的过程，尝试用贴、画、印、捏等方法，提高动手操作的能力。

2. 尝试运用剪刀、订书机、乳胶等工具和材料剪裁、加工布料，制作合身美观的表演服装。

3. 能用自己喜欢的方式在舞台上进行模特表演活动，大胆表现和展示自己。

4. 用丰富的画面和图案画出每次的表演，制作《我的表演相册》。

▶ 主题活动列举：支持幼儿深入学习

活动一：各种各样的衣服

活动来源

在自主游戏中，小煜和楠楠在舞台上的走秀引发了班上其他幼儿的兴趣，大家都在说我们也要走秀。大家又提出，表演需要服装，我们穿什么样的服装进行表演呢？什么样的服装好看呢？根据幼儿的问题及兴趣点，我们开展了活动“各种各样的衣服”。

活动目标

1. 认识一些常见的衣服。
2. 知道衣服不仅可以保护我们的身体，还给人美的感受。
3. 喜欢与同伴、老师一起分享自己的发现。

活动组织形式

小组活动。

活动准备

幼儿收集的各种衣服或衣服图片、课件《各种各样的衣服》。

活动过程

1. 观察、欣赏、介绍自己带回来的衣服或衣服图片。

讨论：

(1) 这些衣服是谁穿的？什么时候穿的？

(2) 小时候穿的衣服和现在穿的衣服有什么不同？为什么？

2. 观看课件《各种各样的衣服》，简单了解衣服的发展过程。

讨论：

(1) 古代的衣服和我们现在的衣服一样吗？

(2) 如果没有衣服会怎样？衣服是怎么来的？

(3) 衣服有什么用？我们平时应怎样爱护衣服？

活动建议

活动前让家长和幼儿在家一起查找各种各样衣服的图片，初步了解各种衣服的特性，让幼儿体验通过书籍和互联网查找资料。

活动二：我设计的平面衣服

活动来源

活动“各种各样的衣服”激发了幼儿的创作热情，他们发现花纹和颜色可以提升衣服的美感。他们想尝试设计、制作一件自己的衣服。

活动目标

1. 运用印、滚、画、贴等方法设计花纹，装饰衣服。
2. 有初步的审美能力，养成有序操作的习惯。
3. 乐意参加美术创作活动，提高自己的创作能力。

活动组织形式

小组活动。

活动准备

关于儿童衣服的PPT，上衣、裤子、裙子等衣服的纸样各若干件，水粉颜料，小滚轮，水粉笔，糨糊，双面胶，塑胶花、压花图形、即时贴、吸管等废旧装饰材料，湿布若干。

活动过程

1. 任务导入，引发兴趣。

(1)“儿童服装店”要展示小朋友设计的服装，我们接受了这个任务。

(2) 欣赏衣服的款式，观察衣服上有什么花纹，除了花纹还有什么。

(3) 幼儿从同伴身上相互找出自己喜欢的衣服款式，说一说自己的想法。

2. 选择材料，设计衣服。

(1) 观察材料，说一说自己想怎样装饰衣服。

(2) 幼儿装饰衣服，教师观察指导。

3. 作品展示，准备展览。

活动建议

在展览作品时，引导幼儿通过观察同伴作品上花纹的“对称”等设计效果。同时在区域提供多种材料，让幼儿进行更多的尝试。

活动三：服装是怎么生产的？

活动来源

在制作了平面衣服后，孩子们提出：“这衣服都不能穿，如果我们也能制作一件真的能穿的衣服就好了。”“可是衣服怎么做呢？”看着孩子们乐于探索、跃跃欲试的样子，我们一起行动起来。

活动目标

1. 简单了解服装的生产过程。

2. 能与同伴分享自己的发现，养成良好的倾听习惯。

3. 有探索服装秘密的兴趣，感受服装的多样性。

活动组织形式

集体活动。

活动准备

收集有关服装制作的资料、视频《服装生产过程》。

活动过程

1. 提出问题，初步讨论。

(1) 漂亮的衣服是怎样做出来的？

(2) 制作一件衣服要经过哪些工序？

2. 观看视频，寻找答案。

了解服装生产的过程及所需的材料。

3. 分享讨论，小结。

活动建议

活动后，可提供各种材料和工具，如布、环保袋、塑料袋、尺子、各种各样的装饰材料、芭比娃娃等。尽可能提供多种多样的材料和工具，让幼儿在区域中通过实际操作了解衣服的制作过程，发挥创意，体验成功的喜悦。

活动四：旧衣改造加工厂

活动来源

在一次讨论收集衣服制作材料的活动中，很多孩子提出说用袋子可以做衣服，大家正讨论带什么袋子来的时候，妹妹突然说："老师，我家里有很多我小时候穿过的衣服，可以带来吗？"妹妹的想法激发了大家改造旧衣的愿望,纷纷表示家里都有不穿的旧衣服,询问是否可以将旧衣服变成新衣服。我们一起试试看吧!

活动目标

1. 尝试使用粘贴、拓印、扎染、编织、剪裁的方法改造旧衣服。
2. 变废为宝,增强环保意识。
3. 能大胆想象和创作,提高动手能力。

活动组织形式

小组活动。

活动准备

PPT、颜料、托盘、塑料玩具、各种布料。

活动过程

1. 用情境引起幼儿的兴趣。
2. 选择材料,进行改造。
3. 幼儿加工,教师指导。

鼓励幼儿大胆使用各种材料、大胆想象。

4. 作品展示,欣赏评价。

尝试介绍自己的作品和评价别人的作品。

活动建议

活动前可与幼儿商量旧衣变新衣活动需要收集的材料,并做好相应的计划和材料的收集工作,尽可能多收集一些旧衣服。活动中鼓励幼儿大胆尝试,用各种方法进行改造。活动后把改造好的衣服投放在“美美服装店”进行买卖游戏,鼓励幼儿对自己改造的衣服进行推销。

活动五：特殊的衣服

活动来源

一大早回园的皓轩迫不及待地拿出他的消防员衣服与我们分享："我这件衣服是有荧光条的，这是消防员的救援服！""好酷啊，可以给我试试吗？"家诚问道。"我家有警服。警服是警察叔叔穿的衣服。"旁边的焯轩说道。原来在我们生活中，还有这么多特殊的衣服。

活动目标

1. 认识几种特殊的衣服，并能说出衣服的特殊之处及用途。
2. 初步培养倾听的能力，能大胆地说出自己的发现。
3. 体验角色扮演的乐趣。

活动组织形式

集体活动。

活动准备

视频《特殊的衣服》、收集各种特殊的衣服、穿着制服的医生等的图片。

活动过程

1. 谈话导入：哪些人的衣服不一样？

2. 观看视频，讨论分享。

观看视频，鼓励幼儿大胆地与同伴分享自己的发现。

3. 展示特殊衣服，观察感知。

利用各种感官去感受特殊的衣服，交流自己的感受。

4. 穿上特殊的衣服进行角色扮演。

活动建议

在班上创设“服装商店”，商店里展示各种各样特殊的衣服，幼儿可以进行角色扮演。同时在活动前请家长引导幼儿有意识地观察生活中各种特殊的衣服。

活动六：小模特

活动来源

孩子们很喜欢小模特这份“工作”，每次自主游戏时总是穿着自己制作的衣服进行展示。分享时茂茂说：“我在电视上看到的模特，他们走路是按照音乐的节奏一步一步走的。”诗诗说：“是的，他们还会一个跟着一个走，一个走完了，下一个再走，跟我们的不一样。”皓皓说：“我们现在经常会碰到一起，太乱了。”孩子们发现了问题：怎样走秀才好看？怎样走秀才不乱呢？我们一起来探索吧！

活动目标

1. 会跟着音乐的节奏大胆练习走模特步。
2. 乐意自己单独、结伴或小组合作进行练习。
3. 感受和体验时装表演的乐趣。

活动组织形式

集体活动。

活动准备

音乐、PPT。

活动过程

1. 随音乐有节奏地进场。

2. 游戏“巴啦啦小魔仙”。

规则：当小魔仙念出魔咒时，小朋友要变成PPT图片中人物的形象并保持造型。

3. 分小组创编模特表演的队形及造型，并记录和练习。

4. 分组表演，互相评价。

5. 调整练习，再次演出。

活动建议

在小组合作中，教师注意鼓励幼儿使用多种形式进行记录。幼儿通过视频回顾进行自评，再结合同伴评价和教师评价后进行调整，然后再一次表演。活动延伸中可邀请观众观看模特秀并进行投票，幼儿通过表演、接受别人的评价、自我调整不断进行深度学习。

活动七：我的自拍照

活动来源

在自主游戏中孩子们的走秀热情高涨，他们穿着自己制作的服装走秀时自信而美丽。在分享时，孩子们提出：“大家做的造型都很像！”“如果几个人合作摆造型应该会更好看！”孩子们提出了新的想法，他们想要特别的造型，还想要合作摆造型，可是受限于生活经验，他们不知道如何突破。如果设计一个场景让孩子们在游戏中单独或合作摆出熟悉的场景造型，是否能激发他们的创作灵感呢？于是产生了活动“我的自拍照”。

活动目标

1. 感受音乐作品的乐句，能在乐句的末尾摆出一个造型。

2. 大胆创编个人造型、两人及多人的合作造型。

3. 体验创编活动的乐趣。

活动组织形式

集体活动。

活动准备

音乐、PPT《我的自拍照》。

活动过程

1. 开着小车去公园,进场。

2. 感受乐曲,在乐句停止时做一个表情。

玩音乐游戏,用表情创编"我吃了……"。

情景:你们书包里都准备了什么小零食呢?用你的表情告诉我,你吃了什么味道的零食。

3. 创编单人造型。

情景:吃饱了,可以玩机动游戏了。看,这是小飞机哦!它一会儿高一会儿低,有时候也会停下来,真好玩。我们一起玩吧!

4. 创编双人造型,探索两人合作造型。

情景:来到湖边开双人小船。当停下来的时候要给双人小船拍张照哦。

5. 创编多人造型,探索多人合作造型。

情景:这里有一条火车轨道,火车有几节车厢呢?当火车停下来的时候,记得要拍照留念哦!

6. 分享自拍照,互相评价。

活动建议

活动中可让幼儿自由发挥,各个环节中的游戏可根据幼儿的兴趣和生活经验进行创设,活动中遵循表情→单人造型→双人造型→多人造型等循序渐进的原则。

活动八:我是小裁缝

活动来源

在一次表演中,阳阳的衣服突然裂开了,他无奈地终止了表演。阳阳哭着说:“我的衣服烂了。”恒恒说:“阳阳,你的衣服太小了。”小彧说:“别哭,我们给你重新做一件吧。”睿睿也走过来说:“我的衣服太大了,总是被琅琅踩到。”因为突发的状况,大家提出要量身定做一件衣服。

活动目标

1. 懂得运用尺子、铅笔、吸管等工具和辅助材料测量袖长、衣长等,制作一件较完整的衣服。
2. 在制作中,懂得听取同伴的建议,吸取同伴的经验。
3. 体验合作制作的乐趣。

活动组织形式

小组活动。

活动准备

尺子、铅笔、吸管、纸皮、环保袋、活动问题记录表。

活动过程

1. 提出问题,小组讨论解决方法。

(1) 出示活动问题记录表进行讨论:为什么衣服会裂开?裂开了怎么办?

(2) 小组讨论并记录解决衣服裂开的方法。

2. 小代表分享观点。

选出小代表,分享小组讨论出来的解决方法。

3. 合作制作表演服装。

(1) 讨论:如何制作一件合适的衣服,找出测量的方法。

(2) 合作制作表演服装。

活动建议

鼓励幼儿自由选择材料制作衣服,感受制作成功的快乐。

活动九:队形变变变

活动来源

每次自主游戏时,孩子们都会提出拍摄的要求,他们想看看舞台上的自己。这一次,洛仪说:"我觉得这样表演还不够好看。""我看过时装表演,他们会变队形,很好看!""我觉得我们也可以跟模特一样,变一下队形,这样肯定更精彩!""对,就像我们做早操一样,变队形就好看了。"孩子们叽叽喳喳地讨论着队形的变化。

活动目标

1. 尝试合作运用盖子、瓶子、棍子进行代入,排出表演的队形,并运用适当的图形描画出来。

2. 懂得看记录表进行练习,尝试调整队形,解决合作中出现的问题。

3. 体验小组创作的乐趣,初步体验分工合作的成效。

活动组织形式

集体活动。

活动准备

舞蹈队形的图片、音乐《快乐 ABC》。

活动过程

1. 入场:随音乐《快乐 ABC》,幼儿自由律动。
2. 欣赏并讨论舞蹈队形图片。
3. 分组尝试创编舞蹈队形并随乐练习,教师观察。
4. 分组表演,互相评价。

活动建议

在队形设计时,尝试随意摆放盖子,变换不同的队形,幼儿能根据盖子的数量和摆放的形状,相应地与同伴合作摆队形。

活动十:舞台设计

活动来源

今天我们去了一个新的自主游戏的场地——小礼堂。小煜说:"我们在这里走模特秀,好吗?"我说:"好呀! 那现在小礼堂都是我们的啦,我们怎么用起来呢?"炎炎提出:"老师,舞台就是用来表演的。"茂茂说:"老师,我们需要一个换衣服的地方,我们需要衣帽间,另外一边我们是要放化妆品的,大家可以化妆,装扮得更漂亮一点,中间是给观众坐的。"我们一起设计舞台吧!

活动目标

1. 通过合作商量,尝试按照自己的意愿划分小礼堂的场地。
2. 愿意接纳别人的想法,懂得少数服从多数的道理。

3. 体验我的舞台我做主的喜悦。

活动组织形式

小组活动。

活动准备

瓶盖、水彩笔、画纸。

活动过程

1. 提出问题,初步讨论。

(1) 小礼堂这么大,我们可以怎么设计呢?

(2) 我们可以怎么记录我们的设计呢?

2. 认识平面图,尝试分组合作用简单的符号设计平面图。

3. 分组介绍自己的平面图,投票并统计。

4. 确定小礼堂的设计和划分。

活动建议

在活动前可与幼儿一起欣赏关于平面图的设计。在活动过程中,鼓励幼儿大胆想象,使用合适的符号代表划分的区域。

活动十一:设计入场券

活动来源

自主游戏时,孩子们发现小礼堂有几位实习的老师正在开会,他们想邀请他们来观看表演。在孩子们的热情邀请下,老师们观看了他们的表演并给予掌声。表演结束后,洛仪说:“老师,我们想每一次的表演都有观众呀。”诗诗说:“其他小朋友都不知道我们这里有表演,他们怎么来看我们表演呀？”宁宁说：“那我们一起来设计入场券，然后派发给小朋友们，这样他们就知道我们有表演啦。”皓皓说：“我们还要告诉他们表演的时间、地点和座位呢。”

活动目标

1. 学习10以内的序数，能在生活和游戏中找到序数所表示的位置。

2. 能和同伴友好合作，使用各种材料设计入场券。

3. 体验合作创作带来的成功喜悦。

活动组织形式

小组活动。

活动准备

视频、毛球、色纸、卡纸、双面胶、乳胶、吸管、珠子、彩色绳子。

活动过程

1. 观看视频《入场券》。

提问：丁丁手上入场券的数字代表什么？花花的位置在哪里呢？

2. 分组设计入场券。

(1) 如果我们的观众也有入场券，他们就能清晰地知道自己的位置在哪里了。

(2) 自由分组，自由选择材料创作。

3. 介绍设计的入场券。

活动建议

活动前可让幼儿跟家长一起了解关于电影票和舞台表演门票里面的重要信息，如时间、地点和座位号。

活动十二：炫酷舞台

活动来源

设计好服装，编排好队形后，孩子们非常期待有一个表演的舞台。因此我们给他们提供了一个舞台充分展现自我。

活动目标

1. 根据小组制订的表演计划，与同伴合作表演并进行队形变换。
2. 自信、投入地与同伴共同表演。
3. 体验合作表演的乐趣。

活动组织形式

集体活动。

活动准备

自制的表演服装、音乐《我型我秀》。

活动过程

1. 回顾上一次的表演，反思存在的不足，重新制订计划。
2. 分小组按照计划进行练习。
3. 调整自己的表演方案。
4. 化妆、换表演服。
5. 正式演出。

活动建议

能选择不同的道具和服装进行表演，与同伴合作走简单的队形和变换不同的造型,当同伴表演时,能做一个有礼貌的小观众。

主题故事案例:我们的故事

故事:合作制作恐龙的爪子

今天上午孩子们吃完早餐,就分别开始寻找自己做道具的材料。洛仪和宁宁看到美工区的柜子里有很多材料,他们就把材料拿出来,拿起剪刀修剪,把纸条剪成长条形。洛仪和宁宁两个人开始用纸条包住自己的手指。可是他们卷了很久,还是没有呈现出尖尖的效果。刚刚吃完早餐的阳阳过来了,他问大家:“你们的手爪子做好了吗?”大家都说:“我们想用纸做,可是一点都不尖,而且还有一个很大的洞。”这时候阳阳把自己的大拇指竖起来,想了一下说:“洛仪,要不我把手指举起来,你试试用两只手来卷,看会不会好一点。”洛仪马上很高兴地说:“好呀,好呀。”然后他们就开始一起合作制作。等洛仪把阳阳的手指卷好了以后就对阳阳说:“啊,你要小心啊,要压好,不要松开哦。”阳阳小心翼翼地把那个连接口给压好了。洛仪在撕开透明胶的时候还不忘回头看一下阳阳,提醒他:“不要松开哦。”

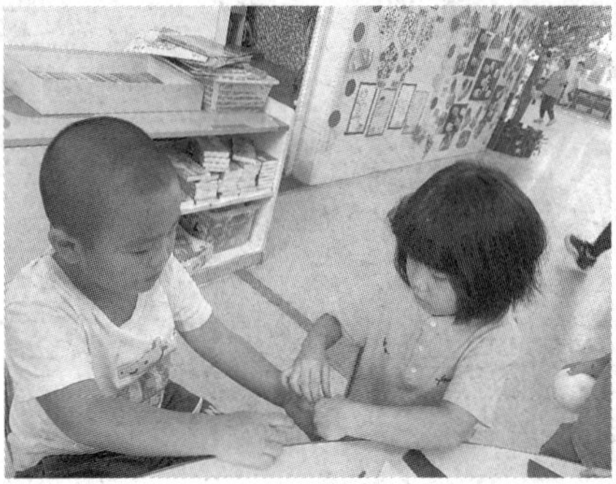

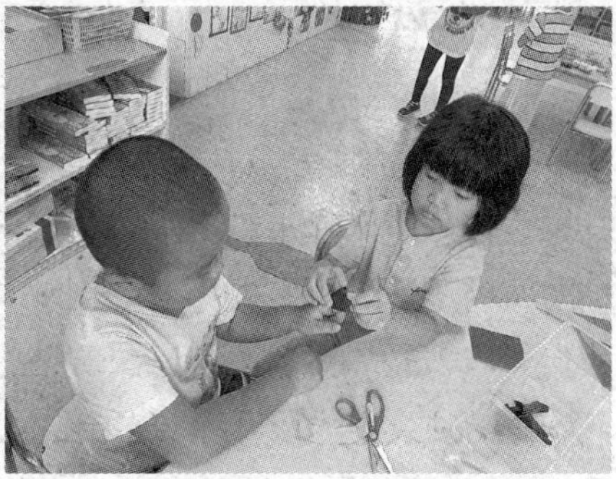

他们就这样愉快地合作，做了好几个恐龙的爪子。

在这里发生了什么样的学习：

孩子们，你们真是爱动脑筋的小探索家，能够动脑动手探索如何制作恐龙的爪子，并且乐在其中。我非常欣赏你们遇到问题时能够主动操作材料，亲自尝试解决问题的态度。阳阳，我很高兴，你动脑筋思考，能够和同伴讨论和分享你的发现——“用两只手来卷恐龙的爪子”。我也很高兴你们能互相帮助，共同合作做恐龙的爪子。相信在这次合作探索的过程中，你们都有很大的收获，给你们一个大拇指！

下一步学习的可能性：

孩子们，很高兴看到你们共同制作恐龙的爪子，在“模特秀”表演中，还有许多不同的“模特”，比如美人鱼、公主……它们的身体又该怎么制作呢？动脑筋思考一下，美人鱼的尾巴、公主的裙子需要哪些材料呢？要怎么制作出来？接下来我们继续探索吧！

故事：制作道具

这一天孩子们开始制作扮演各种角色需要的道具，他们开始讨论，卓恒说：“我想要一条绳子。”于是他就用波浪线画了出来。维镛说：“我要灭火筒，因为我是消防员。”唐老师惊讶地说：“对哦！灭火筒！那我们用什么来做呢？”大家想了很久都没想出来，这个时候李琅在旁边很小声地说：“可乐瓶。”卓恒说：“很好呀，那你们还想到了什么呢？”卓恒问大家，但没有人说话。

这个时候他问洪泓:"洪泓,那你的宇航员需要什么呀?"洪泓想了很久,说:"我的衣服是白色的。可是我没想到用什么做好呢。还有我要一顶帽子,可是帽子要怎么做呢?我还没有想好。"这时,唐老师给了一个建议:"洪泓,你是不是晚上可以跟爸爸妈妈一起去看书,你是不是经常去书店看书啊?"洪泓给了肯定的回答:"是啊,在商场里的那个书店。"唐老师:"嗯,我们可以去看一看关于宇航员的一些书籍啊。"洪泓:"好!可以。"

唐老师发现多了几个符号,于是问他们是什么意思。卓恒回答说:"老师,他们说了还需要一些塑料袋。"唐老师:"这些袋子是做什么用的?"卓恒:"我们不一定要用布做的衣服。我们买衣服回来,太没意思啦,我觉得我们可以用塑料袋来做。像洪泓的衣服是白色,我们就用白色的塑料袋做。我们还需要一些小材料来做一辆小汽车,当我们表演的时候,就可以用。他们有的可以开消防车出来,有的可以拿灭火筒,像我是列车的车长,我就可以开着和谐号出来。"

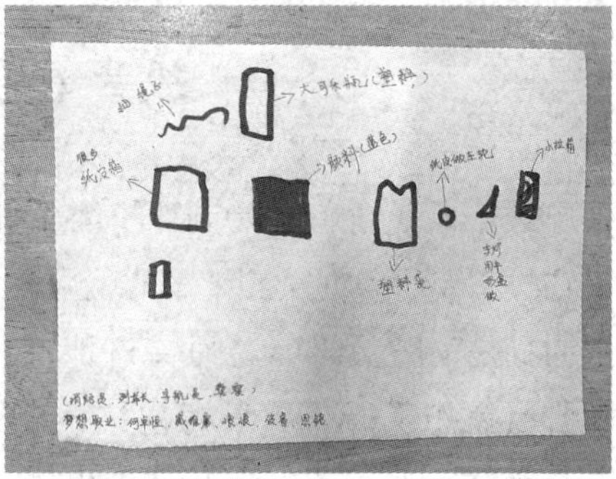

在这里发生了什么样的学习：

孩子们，我真喜欢看到你们为了制作自己喜爱的角色道具认真思考的模样，你们能共同交流，表达自己的想法并且一起讨论和分享自己的问题和发现，我看到你们的探究兴趣与好奇心，真为你们感到自豪！

卓恒，你是一个有很多想法并且非常有创造力的孩子，你善于用符号记录自己想要的东西，你的想法与众不同，想出了用塑料袋代替布料做衣服，真是细心又聪明！

李琅，我发现你经常帮助同伴想出有趣的点子，可见你是个善于观察和思考的孩子，继续保持哦！

洪泓，在探索中你有困惑，我建议你查找书籍，你很快去学习，你真是个执行力很强的孩子，期待你的作品！

孩子们，谢谢你们让我看到了你们对探索的兴趣与热爱，很高兴在活动中看到你们不断进步，继续加油！

下一步学习的可能性：

孩子们，很高兴看到你们一起思考和讨论，共同解决问题。你们有没有想过在生活中观察角色的真实模样呢？比如消防员、宇航员，或者去美术展览馆里看看其他人的作品是怎么做出来的，这也许能够给你们带来新的思路哦！接下来我们一起继续探索吧！

故事：我们自己做的衣服

小煜今天在材料柜里发现一个绿色的袋子，他拿着袋子想了很久。道言走过来问："小煜，你想什么呢？"小煜说："你说这个袋子可以做一件衣服吗？"

道言拿着袋子也看了一下，然后把袋子放在小煜的身前，量了一下，说："如果这里剪一刀，这不就是我们衣服的领子吗？这里再剪一刀，不就是我们的袖子吗？"小煜说："这真的可以吗？""要不我们试一试吧？"说完，他们把袋子放在桌面上，在袋子的底部，用双头笔画了一个半圆形，然后就开始剪起来。

突然，小煜说："哎呀，好难剪啊！这个袋子怎么动来动去的呀？"道言说："我来帮你。"说完，道言把袋子扯平，然后用力压住，说："你剪吧，小煜，这样应该会更方便一点。"两个人合作，很快就把袋子的领口剪开了。道言兴奋地说："小煜，小煜，你赶紧试试，看这个领口能不能套进去。"小煜试了一下："哎呀，套不进去呀，太小啦。"道言说："没关系，我来帮帮你。"试了几下还是不行，小煜说："不行，真的太小啦。"道言说："那我们再剪大一点吧。"经过他们的调整，小煜的头终于可以套进去啦。他们又赶紧把袖子剪了一下。

小煜继续剪自己的袖子。袖子终于剪完了，她试穿后激动地说："哎呀，我的衣服做好了，我真的能穿进去呀！"于是小煜和道言两个人手拉手开心地跳起来。

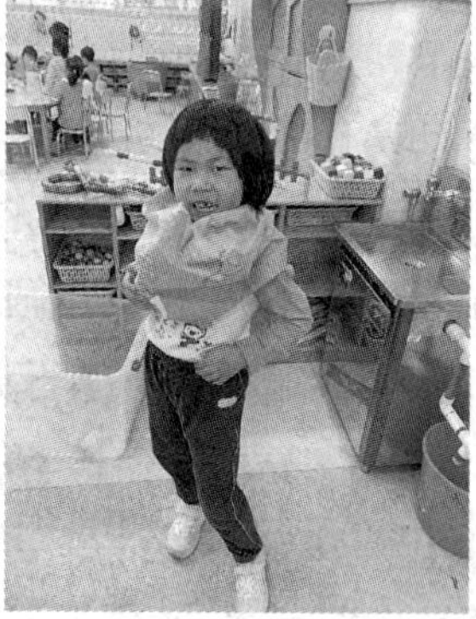

在这里发生了什么样的学习：

孩子们，你们给了我一个大大的惊喜！我非常高兴你们能够大胆联想、猜测问题，并且积极动脑动手寻找答案、解决问题。你们由袋子联想到去制作一件衣服，更让我惊喜的是，你们大胆猜测，动手操作，在反复尝试的过程中进行调整，最后制作出了一件可以穿进去的衣服，这让其他孩子知道，原来袋子可以做成衣服！我为你们大胆猜测、仔细求证的学习品质感到自豪！

下一步学习的可能性：

孩子们，原来袋子可以制作成衣服，对于衣服的款式和图案的设计你们还有新的想法吗？还能用更多的材料来装饰你们的衣服吗？或者做出其他款式？比如背心、T 恤、Polo 衫、裙子……期待你们的新尝试！

故事：恐龙组——颜色的运用

上一次演出中，恐龙组的孩子们赢得的掌声最多。今天中一班孩子来到小礼堂，洛仪带着组员一起思考，这一次她们又会怎么演出呢？今天焕宁请假了，因此这一组只有四个人。洛仪想："我们出场要跟上一次不一样，我记得上一次公主组的表演是分两边出场的，我们也来分一分吧，四个人，左边两个，右边两个吧。"其他组员就说："好吧好吧，我们试试看吧。"说完，洛仪就在纸上左边画了两个圆圈，右边画了两个圆圈。洛仪正记录着自己队的队形时，阳阳突然说："哎哟，我究竟是站在哪里呢？哪一个圆圈是我呀？"晋铭和川川也凑过来说："对呀对呀，哪个是我呀，洛仪，洛仪，哪个是我呀？"洛仪一下子陷入了沉思。

洛仪想了一下，说："这样子吧，每个人用一种颜色来表示吧，粉红色的是阳阳。"阳阳听了高兴地举手："好啊，粉红色是我。""橙色的，是晋铭哦，川川就用蓝色来表示吧，我就用绿色吧。"川川就说："洛仪，上面也要涂上颜色，要不我们不知道第一个队形是谁跟着谁呀。"洛仪说："哦！对，上面也要画。那第一个就画上蓝色吧。"川川想了一下，就说："洛仪，好像不对呀，你看。蓝色不应该在这里，蓝色应该在右边。""我就喜欢蓝色在这里。"阳阳又接着说："不对不对，你看我们是站在右边的，出来的时候也应该从右边出来，洛仪，对吧？"洛仪想了一想，又对比看了一下，说："好像是哦。"接着，她又拿来另外一张画纸重新画队形了。洛仪汲取了之前的经验，说："我还是先把第一个队形的颜色给涂了吧。"说完，她就把第一个队形的圆圈涂上颜色。接着，她一边看着上面第一个队形的颜色圆圈安排位置，再涂上第二个队形的颜色。川川和阳阳在旁边看到都说："洛仪，你好棒哦！对了，这一次填对了。"

在这里发生了什么样的学习：

恐龙组的小组员们，你们总是能带给老师不同的惊喜。今天在有组员缺席的情况下，你们能够坚持编排、排练队形，共同完成队形图的记录，尝试应用颜色对应和一一对应的知识记录每个队形里组员的位置，并且还运用了符号，用自己编创的符号来代替和识别组员位置，我看到了你们游戏能力的提高和游戏经验的增加，真为你们感到自豪！

尤其是洛仪，你第一次担任队长，在有组员缺席时，能够和队员一起合作，在合作过程中出现问题时，你能够积极思考，解决队形记录图的问题，发挥了队长的协调与组织作用，真是大家学习的好榜样！

下一步学习的可能性：

孩子们，你们耐心、细心地完成了队形记录图，接下来就是队形排练了！在排练的过程中你们要学会配合，在队形排练中你们还要认真思考，如何让恐龙组的亮点吸引所有小观众的眼睛呢？一起想一想吧！期待你们给我们带来精彩的演出！

▶ 活动效果评价：我们的思考

自主活动是幼儿根据课程的发展自我探索、自我选择、自我建构、自我创造知识的过程。在自主活动中，教师根据幼儿的兴趣、内在发展需要，精心创设游戏环境，提供丰富的游戏材料，让幼儿自主选择游戏材料、自主选择游戏场地、自主选择合作伙伴、自主设计游戏方法，在自主活动中充分发挥自主性。

在“我型我秀”自主性主题活动中，幼儿自发地提出要开展模特秀活动，主动创编演出过程，这让我感到惊讶，惊讶于幼儿强烈的学习愿望，惊讶于幼儿主动探究的积极性，惊讶于幼儿动手制作的能力，惊讶于幼儿的创造力。幼儿自由组合生成了五个小组：侏罗纪恐龙、快乐小公主、闪亮美人鱼、我是小小兵、梦想职业。幼儿能围绕自己小组的主题进行探究，如我是小裁缝、特殊的衣服、我设计的平面衣服、队形变变变、我的自拍照、各种各样的衣服等。在各小组的探究活动中各领域的内容互相渗透，真正体现了活动的整合性，幼儿所学到的不只是各领域的知识，更重要的是幼儿在自己小组会互相商量、互相帮忙，学会了接纳和表达；学会了观察、聆听和借鉴；学会了发现问题，寻找解决问题的方法……这些活动既符合幼儿的现实需要，又利于其长远发展。

家园共育在自主性活动中十分重要。我会积极利用家长资源，通过多种渠道收集资源，以丰富“我型我秀”活动的游戏资源。此外，经常与家长分享幼儿在园的情况，从科学专业的角度完善家长的育儿观念，促使家长学会从幼儿的视角解读幼儿的游戏，并在接到教师记录中的激励性评价信号之后，对幼儿进行二次或多重激励性评价，从而立体、全方位地支持幼儿的发展。

在“我型我秀”自主性主题活动中，教师能最大限度地发挥幼儿学习的主动性，激发幼儿的探索欲望，通过感知、体验、实践、参与和合作探究等方式，自主发展、自主成长。同时教师以关怀、接纳与尊重的态度与幼儿合作，耐心倾听幼儿的想法，大胆鼓励幼儿探索与表达，敏锐察觉幼儿在活动中的需要，给予应答和反馈。在今后的活动中，教师将坚定地成为幼儿学习活动的支持者、合作者与引导者，与家长密切配合，共同促进幼儿健康成长。

附:环境创设图片参考

爱心干洗店

幼儿制作的衣服及饰品

幼儿的游戏故事及计划

风车服装店

六、中班:垃圾分类新时尚

▶ 主题活动由来:幼儿的兴趣

为了更好地利用资源,减少资源浪费,我园作为全国绿色学校、国际生态学校、广州市垃圾分类示范基地,始终以“建设生态文明社会”精神为指导,在幼儿一日生活中也积极践行着垃圾分类的理念。每次喝完牛奶后,老师都会请幼儿把牛奶盒压扁,再收集起来扔去垃圾房。有一天,突然有个幼儿说:“我知道,这个叫作压缩。爸爸告诉我的,垃圾送到垃圾场要压缩的。”“压缩”这个词马上引起了幼儿的兴趣。“垃圾为什么要分类?”“垃圾是怎么处理的?”许许多多的问题随之涌现,于是生成了“垃圾分类新时尚”这一主题活动。

随着年龄的增长,中班幼儿的思维已由直觉行动思维过渡到具体形象思维。他们喜欢挑战,喜欢探索,喜欢通过亲自摆弄和操作去感知事物,去观察和思考,从而发现问题并解决问题。为了满足幼儿的需要,主题活动形式有社会调查、探索实践、亲子制作、宣传活动等,实现了教育一个幼儿、带动一个家庭、辐射一个社区的绿色生态文明建设的目标。通过讨论、操作,了解垃圾分类,并能在日常生活中主动、自觉地进行垃圾分类,树立节能环保的意识,养成珍惜能源、爱护环境的行为习惯,培养初步的环保意识和社会责任心。

▶ 主题实施网络图:跟随幼儿的脚步

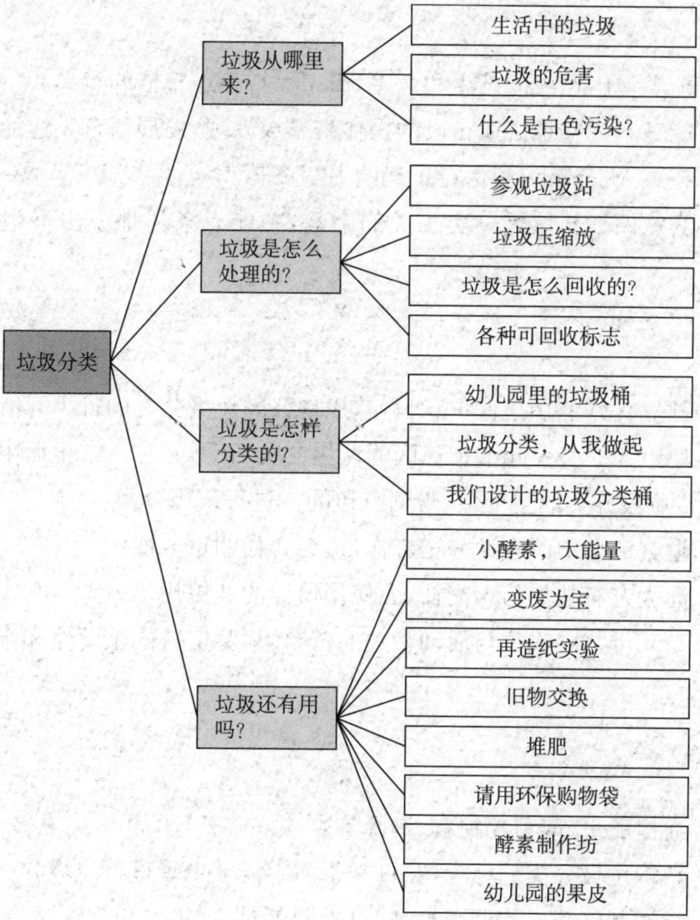

▶ 主题活动预期目标:着眼于幼儿的发展

健康

1. 乐于参与探索活动,并能保持愉快的情绪。
2. 在各项活动中,能大胆动手操作,发展手部协调能力。

3. 会使用笔、剪刀、透明胶等各种工具,利用自然物和废旧物等进行画、剪、折、粘等美术活动。

语言

1. 能够说出垃圾的产生和危害,懂得保持环境整洁的意义。

2. 能基本完整地讲述自己的操作结果或发现,发展语言表达能力。

3. 在成人提醒下,能保持正确的书写姿势。

4. 喜欢阅读与垃圾分类相关的书籍,并能有条理地说出书中的大致内容。

社会

1. 建立良好的环境保护意识,养成良好的垃圾分类的行为习惯。

2. 愿意与家长一起参加社区的垃圾分类活动,并在日常生活中积极向他人宣传垃圾分类的重要性,带动身边的人进行垃圾分类。

3. 调查活动中能尝试分工合作,体会合作的重要性。

4. 能大方有礼地与人交往,会使用恰当的礼貌用语。

5. 与父母共同收集与活动相关的资料,体验资料的重要性和亲子合作的乐趣。

科学

1. 在提醒下,能节约粮食、资源等。

2. 认识垃圾分类的标志,在日常生活中能够主动进行垃圾分类。

3. 尝试制订简单的调查计划,讨论调查对象、步骤和方法等。

4. 乐意参与调查活动,并会用图画或其他符号进行记录。

5. 认识垃圾分类、垃圾处理等相关科技产品,感受现代科学技术的好处。

艺术

1. 尝试用多种废旧材料进行手工制作。

2. 能积极参与环保剧的道具制作、环保剧的排练与表演等。

3. 尝试用各种艺术表现的形式宣传垃圾分类。

▶ 主题活动列举:支持幼儿深入学习

活动一：生活中的垃圾

活动来源

在开展“垃圾分类新时尚”这一自主性主题活动时，孩子们对常见的生活垃圾有了简单的了解，知道什么是垃圾，知道垃圾会污染环境。但垃圾是怎样污染环境的呢？垃圾又应该怎么分类呢？为什么要进行垃圾分类呢？针对孩子们提出的种种问题，我们请孩子和家长一起收集资料，再回园开展分析交流活动。

活动目标

1. 知道垃圾的来源和危害，掌握正确的垃圾分类方法。

2. 能在集体面前大胆表达自己的想法，并能安静、认真地倾听同伴讲解。

3. 激发幼儿热爱环境的情感。

活动组织形式

集体活动。

活动准备

收集的相关资料、课件《生活中的垃圾》。

活动过程

1. 分享资料。

分组向同伴讲述自己收集的资料,了解垃圾的来源和危害等。

2. 观看课件《生活中的垃圾》,了解垃圾的产生和危害,以及现行垃圾分类的方法。

讨论:垃圾是怎么来的?垃圾会产生哪些危害?我们应该如何减少这种危害?

活动建议

活动前鼓励家长和孩子共同收集相关资料,但切勿完全由家长代劳。亲子共同收集资料既可以增加亲子感情,又可以让孩子清晰地了解资料里具体讲述的事情,为在园的分享活动做准备。

活动二:幼儿园里的垃圾桶

活动来源

通过分享活动,孩子们知道了垃圾分类的方法,认识了四色垃圾桶。那在我们身边的环境中,垃圾桶是怎么设置的呢?大家严格按照四类垃圾进行分类了吗?就从我们最熟悉的环境——幼儿园开始展开调查吧。

活动目标

1. 会运用图画、文字等方法记录自己的调查结果。

2. 通过调查,了解幼儿园处理垃圾的情况,并用连贯的语言讲述调查发现。

3. 关注幼儿园里垃圾分类的现状,萌发良好的垃圾分类意识。

活动组织形式

小组活动。

活动准备

记录表、笔。

活动过程

1. 幼儿自由分组，并选出一名带领的组长。

2. 由组长组织组员共同规划在幼儿园里调查的路线。

3. 分小组寻找幼儿园里的垃圾桶，并进行记录。

4. 分享调查发现：在哪里发现了垃圾桶？它是怎样的？提示幼儿要用连贯的语句讲述。

活动建议

整个活动从分组、规划路线到开展实地调查，以幼儿为主，过程中教师可以以参与者的角色介入，在尊重幼儿想法的前提下给予适时的指导。

活动三：垃圾压缩放

活动来源

活动源于一个幼儿提到“垃圾压缩”这个词，大家就这个词展开了热烈讨论。我们选择平时在生活中就容易产生的“垃圾”作为探索材料，贴近幼儿兴趣与需要，以“压缩”为主题，把科学与环境有机整合，和幼儿一起探讨、研究。

活动目标

1. 探索摆放和压缩铝罐的方法，感知不同方法所得出的不同结果。

2. 发现“压缩”与日常生活的密切联系，形成良好的环境保护意识和行为。

3. 与同伴进行讨论、操作和记录,体验科学探索的乐趣和成功的喜悦。

活动组织形式

小组活动。

活动准备

记录表1份、0—9数字卡若干套、铝罐若干、回收箱3个、大篮子3个、课件《生活中的压缩》。

活动过程

1. 操作实践。

(1) 第一次操作:幼儿分成三组,将铝罐放进箱子里,把箱子装满,并记录数量。

(2) 提出问题:怎样才能让回收箱放进更多的铝罐呢?尝试第二次操作,并记录数量。

(3) 讨论:为什么一样大的回收箱,放进去的铝罐数量不一样呢?

2. 分享、讨论:日常生活中为什么要压缩垃圾?

3. 观看课件《生活中的压缩》,进一步体会压缩垃圾的重要性。

活动建议

活动中巧妙利用问题,引导幼儿不断尝试和探索,充分体现幼儿的主体性。把环境保护与数学相关知识有机结合,使幼儿对体积、容积、数量有了初步的感受,为接受相关公式奠定基础。

活动四:幼儿园的果皮

活动来源

幼儿园里每天都有水果餐,餐后生活老师会把果皮收集起来并倒进固定的果皮收集桶里。幼儿好奇地问：幼儿园有这么多小朋友，那每天会有很多很多果皮？那到底有多少呢？调查活动随之展开了。

活动目标

1. 了解幼儿园每天产生的果皮量，能用简单的方式进行记录，并在成人的协助下通过统计了解其中的数量关系。

2. 能积极、认真地参与调查活动，大胆表达自己的想法。

3. 乐于参加探索活动。

活动组织形式

小组活动。

活动准备

记录表、笔、磅秤，邀请家长当义工。

活动过程

1. 观察记录。

每天水果餐时间后请一组幼儿和家长义工到厨房，观察幼儿园一天产生的果皮量，观察活动持续一周。

2. 统计果皮产生量。

在家长义工的协助下，称一称每天的果皮产生量，并进行记录。一周后统计果皮产生的总数量，并计算出每天产生果皮的平均量。

3. 讨论：果皮的处理方法。

活动建议

怎样使用磅秤对中班幼儿来说是一个难点，因此此活动可以请家长一同参与，既可以帮助幼儿解决称重的问题，又可以让家长参与到幼儿园的教育教学活动中来。每天可由不同的家长和幼儿参与称重和记录，一周后统计总量，让幼儿感知幼儿园果皮类的餐厨垃圾数量有多少，为下一阶段开展活动做准备。

活动五：酵素制作坊

活动来源

在调查幼儿园的果皮产生量后，孩子们发现原来幼儿园每天会产生14.5公斤果皮，占了餐厨垃圾量的30%。果皮这么多，幼儿园的厨余垃圾处理机处理不了，只能当垃圾清理。那果皮还可以再利用吗？孩子们寻找答案的时候，有一位妈妈告诉大家，果皮可以做环保酵素哦！那环保酵素又是什么呢？怎么利用这些果皮制作环保酵素？酵素制作坊应运而生。

活动目标

1. 尝试按步骤制作环保酵素。
2. 有探索精神，能大胆发现问题和解决问题。
3. 体验与同伴一起探索、发现的快乐。

活动组织形式

区域活动。

活动准备

果皮若干、红糖粉、塑料瓶、塑料刀、塑料勺子、垫板、磅秤、漏斗、广告纸、透明胶、长木棒、画纸、水彩笔、各种装饰材料。

活动过程

1. 创设酵素制作坊。

(1) 自主商量活动室里的区域划分：果皮处理区、配料区、装瓶区、包装宣传区。

(2) 分组制作各区域标志牌。

(3) 寻找、收集所需要的工具和材料。

2. 幼儿自由选择区域制作环保酵素。

3. 活动分享。

活动建议

制作环保酵素的关键是三种材料的比例，因此在活动前需要先让幼儿认识磅秤，并知道它的使用方法。区域活动中鼓励幼儿分工合作，也可以邀请家长义工一同参与，帮助幼儿准确地按比例称出材料的重量。环保酵素做好后需要发酵三个月才可以使用，但在开始的第一个月里酵素会产生大量的气体，需要提醒幼儿酵素瓶盖不要拧得太紧，而且每天要拧开瓶盖放气。

活动六：小酵素，大能量

活动来源

在制作环保酵素的过程中，幼儿发现了酵素的强大作用，并发动爸爸妈妈在家里一起利用果皮制作环保酵素。幼儿园每天都产生大量果皮，为了能把其他班的幼儿都发动起来，他们决定来一个全园性的宣传活动！

活动目标

1. 尝试使用绘画的方式制作宣传单，有正确的执笔和书写姿势。

2. 能主动使用连贯的语言与同伴分享自己的发现。

3. 知道酵素的多种作用，有保护环境的意识。

活动组织形式

集体活动。

活动准备

画纸、水彩笔，家长义工若干名。

活动过程

1. 与同伴分享亲子活动照片《我家的酵素多好用》。

2. 制作"小酵素，大能量"的宣传单。

(1) 讨论用什么方法能让更多的人使用酵素。

(2) 以写信的方式制作宣传单，并用绘画代替文字。

(3) 幼儿结伴绘画制作宣传单，老师协助写一些简短的文字说明。

3. 派发宣传单。

(1) 复印幼儿制作的宣传单，鼓励幼儿大胆地与家长和其他班的幼儿交流。

(2) 在幼儿离园时请家长义工协助带领宣传小组派发宣传单给其他家长。

活动建议

中班幼儿已有一定的合作与分工意识，在构思和绘制宣传单时，可以以小组的形式开展，让每个幼儿都参与其中。派发宣传单的形式可多样化，既可以选择幼儿放学离园的时间在园门口派发给家长，也可以让幼儿直接到其他班级去派发。在安全的前提下还可以走出园门，向路人派发。

活动七：堆肥

活动来源

在认识幼儿园的厨余垃圾处理机后，幼儿知道了原来餐厨垃圾可以转化成有机肥料，帮助植物生长。那除了餐厨垃圾，还有什么东西可以做成肥料呢？我们一起来试试堆肥吧！

活动目标

1. 知道落叶、树枝等可以给予植物营养，了解哪些材料无法降解成为肥料。

2. 通过活动，能简单了解堆肥的方法及作用。

3. 感受大自然的生命循环，感受保护环境的自豪感。

活动组织形式

小组活动。

活动准备

堆肥的视频、画纸、水彩笔。

活动过程

1. 观看堆肥的视频，初步了解堆肥的步骤，知道堆肥的好处。

2. 自由分组，猜想可以用作堆肥的材料及不能在泥土里降解的材料，并记录。

3. 根据猜想收集相关材料，如落叶、树枝、杂草、塑料袋、吸管、碎布、金属片等。

4. 各小组自由寻找适合的场地进行堆肥对比实验，完成后为可堆肥与不可堆肥的材料制作相应标志，以便后续跟踪观察。

活动建议

幼儿的想象力是非常丰富的，在可堆肥和不可堆肥的材料选择上有很多不同的猜想。我们应尽量尊重幼儿的想法，给予幼儿更多自主选择和探索的空间。活动后还应与幼儿一起制作观察记录表，定期记录堆肥的发现。通过对比实验，幼儿感受到不可降解物品对环境的影响。

活动八：再造纸实验

活动来源

在日常生活中，幼儿提出：收集的旧报纸、旧图书去哪了，是怎么处理的？什么是再造纸？再造纸怎么来的？于是我们生成了活动“再造纸实验”。

活动目标

1. 了解做再造纸的整体流程，感知物品的循环再造。
2. 通过教师的讲解，初步掌握制作再造纸的简易流程。
3. 体验自己亲自动手制作再造纸的乐趣。

活动组织形式

小组活动。

活动准备

废纸、果汁搅拌机、水、盘子、滤网、桶、水粉颜料、再造纸的制作过程视频、再造纸简易流程图。

活动过程

1. 观察再造纸用品。
2. 观看视频，了解再造纸的制作过程。
3. 认识制作再造纸的各种工具和材料。
4. 再造纸实验。

(1) 观察再造纸的简易流程图，了解相关步骤。

(2) 幼儿自由组合尝试用废纸制作再造纸。

(3) 提示幼儿在使用果汁搅拌机时注意安全，果汁搅拌机由教师操作。

活动建议

再造纸完成后可以制作成宣传环境保护的卡片，还可以把做好的卡片送给幼儿园其他班或带回家送给家长。向大家倡导废物循环再用，提高大家的环保意识。

活动九：变废为宝

活动来源

在自主游戏中，幼儿利用各种各样的废旧物进行游戏，如塑料瓶、卷纸筒、易拉罐、酸奶杯等。“再造纸实验”后，幼儿提问：这些用来玩游戏的废旧材料还可以用来做什么呢？在幼儿园户外环境创设的氛围感染下，幼儿提出可以利用这些废旧材料来制作各种有用的物品，如花盆、小动物摆件、吊饰等。

活动目标

1. 能利用报纸、纸杯、塑料瓶等各种废旧材料制作自己喜欢的物品。
2. 通过观察生活中的一些用品，知道废物可以再利用。
3. 乐于与同伴分享与交流自己的制作方法，体验变废为宝的乐趣。

活动组织形式

区域活动。

活动准备

剪刀、透明胶、双面胶、乳胶等各类工具，各种各样的废旧物，各种装饰材料及颜料、水彩笔等。

活动过程

1. 收集各种各样可以进行手工制作的废旧物。
2. 区域环境创设中提供一些用废旧物制作的图片，供幼儿欣赏。
3. 每天区域活动时间幼儿可在变废为宝加工厂里自由创作。
4. 提供作品展示区域，供幼儿相互欣赏与学习、交流。

活动建议

废旧材料的种类非常多，我们可以发动家长和幼儿进行收集，然后分类摆放在活动室作为原材料。每次区域活动开展前，可引导幼儿先设计好自己的作品，计划好需要使用的材料，提高幼儿的规划意识。幼儿的作品达到一定数量后还可以开展义卖活动。

活动十：旧物交换

活动来源

一天，班上的一位幼儿兴奋地告诉大家，他参加了家里小区举办的跳蚤市场。他还告诉大家，跳蚤市场就是每人布置一个小摊档，把家里不用的旧东西摆出来卖。听到这么有趣的跳蚤市场，幼儿都跃跃欲试。但没有钱，怎么进行买卖呢？经过商量，他们决定以物换物。

活动目标

1. 知道旧物交换是减少垃圾和利用资源的好方法。
2. 能与同伴友好协商。
3. 能珍惜、爱护自己的物品。

活动组织形式

集体活动。

活动准备

幼儿在家里收集闲置旧物。

活动过程

1. 共同布置旧物交换场景,装饰活动室,烘托氛围。
2. 创设展示区域,摆放幼儿用以交换的物品。
3. 旧物交换活动,鼓励幼儿找自己喜欢的物品的主人协商交换。

活动建议

旧物交换是处理家中闲置物品的一种方法,也是减少垃圾的途径之一。幼儿之间的旧物交换既可提高环境保护意识,也可培养幼儿珍惜自己物品的良好品质。旧物交换活动可以先在班级内开展,后续可以扩大到全园幼儿共同参与。

活动十一:请用环保购物袋

活动来源

塑料袋是幼儿经常接触的东西,每个家庭几乎每天都在使用。在使用这些塑料袋的时候,他们根本不懂得后果的严重性。随着自主性活动不断深入开展,幼儿对白色污染的感触很深。特别是听到有一些动物因为误吞塑料袋致死的时候,他们非常伤心。因此通过讨论,他们希望能以表演一个童话剧的形式,告诉更多幼儿少用塑料袋、多用环保购物袋的重要性。

活动目标

1. 能积极参与童话剧的道具制作、排练与试演等,提高合作能力。
2. 会合理利用各种废旧材料制作服装与道具,变废为宝。

3. 尝试用童话剧的艺术表现形式宣传垃圾分类、垃圾减量的重要性,感受表演带来的愉悦心情。

活动组织形式

集体活动、小组活动。

活动准备

剪刀、透明胶等工具,各类废旧材料。

活动过程

1. 商量讨论:演出童话剧需要准备什么?

2. 分组为童话剧的演出做准备。

组一:编剧组,组二:服装、道具制作组,组三:宣传组。

3. 分角色排练。

4. 派发演出宣传单。

5. 利用周一升旗仪式后的时间,面向全园师生上演童话剧《请用环保购物袋》。

活动建议

整个活动的各个环节:剧目的创编、角色分配、道具制作、宣传单制作等可全程交由幼儿完成,从而提高幼儿的合作与沟通协调能力。

▶ 主题故事案例:我们的故事

故事:制作环保酵素——确定比例

孩子们每次从一楼中班走过,看着一桶桶酵素总是觉得很新奇,都想自己制作酵素。于是,孩子们来到中班,认真地听赖老师讲解如何制作酵素:红糖、果皮、水的比例是1∶3∶10,赖老师还告诉大家一个用绳子量红糖、果皮、水的比例的方法。

回到班上,孩子们便开始尝试。可1∶3∶10应该如何度量呢?孩子们拿着绳子按照赖老师教的方法开始剪绳子、丈量绳子,由几个孩子作为代表进行示范,先剪出一根与酵素桶一样高的绳子,将它折一半,这是水的高度,接着将这一半折成十份,就是一份红糖的量,最后把这一份放三次,就是果皮的量了。这就是制作大桶酵素,不用称重且接近制作比例的方法。

看过了小伙伴的示范,孩子们拿过酵素桶开始尝试。孩子们一起配合、测量,先在绳子上做好标记,小心地剪,再在酵素桶上做好标记,分别注明是水、果皮和红糖。

在这里发生了什么样的学习:

孩子们,面对从未接触过的酵素,你们表现出来的好奇与乐于探索,以及在协商、合作制作酵素的过程中,你们的认真、专注真让老师惊叹。遇到问题时,你们都能想办法解决,从赖老师介绍的使用红绳量红糖、果皮和水的比例到自己利用折红绳、用笔标记红绳等方法确定红糖、果皮、水的分量,每一组孩子都能协商、合作完成。你们能够很好地进行折、剪、量、画等操作,大班的哥哥姐姐操作能力棒棒的!

下一步学习的可能性:

通过大家的共同努力,制作酵素的第一步——标记各成分的分量已经顺利完成。如何收集所需要的材料呢?怎样才能做好酵素呢?制作酵素过程中需要注意什么呢?制作小瓶酵素时,如果不用绳子度量的方法,怎样称重呢?让我们共同期待接下来的活动吧!

故事:这刀不好使

今天,我们的酵素制作坊终于开始工作了,小朋友们很快选择自己的工序开始制作酵素。尹隽选择的是切果皮。你很快取来了一些哈密瓜皮,又在工具篮子里拿了一把塑料刀,然后就开始切起果皮来。你一手拿着刀,一手按着哈密瓜皮,用刀子在皮上磨来磨去,哈密瓜皮被你磨出了一道痕,但没有断。你再用力地按着刀子,继续切,磨了好几下,哈密瓜皮终于切出来一小块。这时,你拿起刀子,看了看,说:“这把刀子不好使。”接着你到工具篮子里翻来翻去,拿起各种刀子看了看,还用手摸了摸刀锋,最后重新选择了一把塑料刀子,回到位置上继续切哈密瓜皮。换了刀子之后,你切哈密瓜皮的速度快了许多,一刀切下去,哈密瓜皮就分成两段。

在这里发生了什么样的学习:

发现问题不难,但要解决问题则不是每个人都能做到。尹隽,今天在区域活动中,你刚开始切果皮时,用刀子很费劲地才切了一小块果皮,你说了一句:“这把刀子不好使。”这证明你发现了问题,在你重新选择刀子的时候，你会用手去摸一摸刀锋，这说明你在检验刀锋锋利与否，你想找一把好使的刀子，也就是刀锋锋利的刀子。最后，在你的细致观察和检验下你做到了。尹隽你真棒！

下一步学习的可能性：

在活动后，老师请你向小朋友分享了你今天的发现。在老师的引导下你能够清楚地说出刀锋的锯齿尖比较锋利，摸上去有点刺手的感觉。但你知道吗？刀锋不锋利也不代表这把刀不好使。锯齿不同、锋利程度不同的刀具有不同的作用。下次我们可以一起来探索各种各样的刀具。还有哦，下次在检查刀具是否锋利的时候可以不用手吗？因为这样很容易使自己受伤，特别在使用真刀具的时候不能这样做哦！

故事：你的方法真管用

今天的酵素制作坊又开始工作啦！祥祥、建和、盛烨三个人选择合作制作一瓶酵素。你们很快切好了果皮，称好了分量，找来了几种辅助工具，开始把材料装进瓶子里。你们商量了一会儿，就分好工了。盛烨扶着瓶子，祥祥把漏斗放在瓶口并扶好，建和负责把红糖舀进漏斗里。很快红糖被装进了瓶子里。祥祥拿起瓶子摇了摇，观察了一下红糖，然后找来了一根小木棒，放进瓶子里搅拌着。突然，小木棒没拿稳，一下子掉进了瓶子里。你们三个人顿时呆住了。过了一会儿，祥祥说："让我来！"他一手拿起瓶子，另一只手的手指伸进小瓶口，想把木棒取出来，但瓶口太小，手指也不够长。建和接过瓶子，也尝试将手指伸进瓶口，也没有成功。祥祥又说："我有办法了。"他跑到工具柜前找来了一把剪刀，想用剪刀伸进瓶口把木棒夹出

来。尝试了几次，由于剪刀太短，也没有成功。就在这时，盛烨找来了一个水瓢，说："看我找到了什么？"祥祥和建和看了看水瓢，想了一会儿，接着把瓶子里的水往水瓢里倒，小木棒被倒了出来。祥祥拍着盛烨的肩膀说："你的方法太管用啦！"

在这里发生了什么样的学习：

在今天的活动中，老师看到了你们拥有良好的合作意识，有商有量地进行操作，遇到困难时没有退缩，也没有寻求老师的帮助，而是通过合作开动脑筋想办法克服困难。盛烨你能运用生活中的小知识来解决今天遇到的困难。在困难解决后，祥祥你还能用赞叹的话对同伴的办法表示认同。老师为你们今天的表现感到惊喜！

下一步学习的可能性：

盛烨的做法，让老师想到好玩的"取珠子"游戏，老师会给你们提供小铁珠、小口矿泉水瓶、磁力棒、夹子、毛根、筷子、电线绳等材料，你们自己想办法把小铁珠从矿泉水瓶里取出来。孩子们，快到区域活动中继续进行你们的挑战吧！

故事：装酵素

文灏说要装酵素回家使用，可是过了一会他拿着瓶子过来找我："白老师，瓶口太小了，酵素很难装进去。"恰巧在我身旁的你听到了文灏的话，对我说："白老师，我会装，我去帮文灏装。"经过我同意后，你们来到酵素桶旁，只见你在放置工具的箱子里找到了漏斗，让漏斗口对准瓶口，可是漏斗插不进瓶口。你看了看漏斗口，又看了

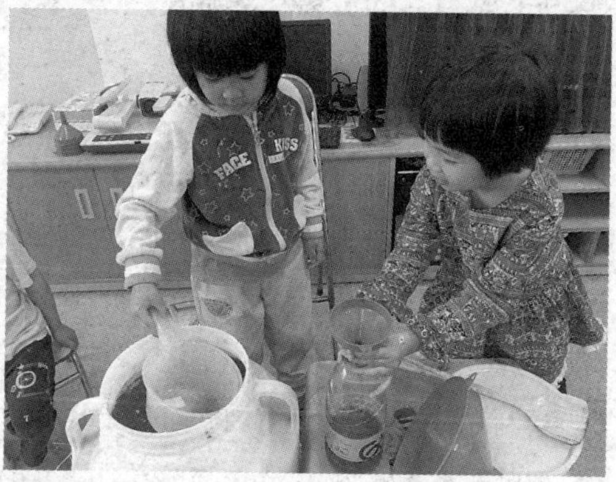

看瓶口，对文灏说："漏斗口太大了，插不稳，我来扶着瓶子和漏斗，你来倒酵素，好吗？"文灏答应了。于是，你蹲下来，一只手扶着瓶子，另一只手抓着漏斗，让漏斗口和瓶口对准。文灏舀了一大勺酵素就往漏斗里倒，因为倒得太急，酵素从漏斗和瓶子衔接处漏出来了。你大喊了一声："停！"文灏收到指令后停了下来。"别倒得太快，酵素都漏出来了。你要听我口令哦！"文灏点了点头。你再次蹲下来，让漏斗口和瓶口对准，两只手都放在衔接处并同时握着漏斗和瓶子，眼睛盯着瓶身："文灏，开始倒……一点点……慢点……继续倒……继续……停！"装满了，没有洒出来，任务完成了！

在这里发生了什么样的学习：

桃桃，在这次装酵素任务中，你表现出了良好的沟通协调能力，你的观察力与主动探究解决问题的能力令我非常惊讶。你能主动给同伴提出建议和提供帮助，你善于思考和发现，乐于分享探索经验，在探索如何把酵素倒进瓶子里的过程中，你利用自己已有的经验，投入、专注地不断尝试，不怕失败，坚持到底。你和同伴终于成功地把酵素倒进瓶子里且没有洒出来，老师真为你感到骄傲。你的合作意识以及你在同伴间超强的指挥力与

领导力，使得大家都愿意和你一起玩。

下一步学习的可能性：

桃桃，你喜欢探索和发现，我会继续为你提供丰富的材料、工具或物品，支持你自主创作，并为你提供自由交往和探索的机会，鼓励你组织同伴，进行你发起的更多精彩游戏。

▶ 活动效果评价：我们的思考

基于《纲要》中“爱护动植物，关心周围环境，亲近大自然，珍惜现有资源，有初步的环保意识”这一目标，我园从幼儿日常生活中能亲身体验到的环境问题入手，积极开展了“垃圾分类”活动。活动结束后，幼儿不仅切身体会到了爱护环境的意义和责任，还学习到了实用环保技能，如进行垃圾分类、利用果皮制作酵素、利用废旧物制作手工品等。更重要的是，在与同伴、教师和家长的相互合作与陪伴中，幼儿更健康地成长了。

1. 从幼儿自身发展方面来看。

观察能力和动手能力进一步发展。基于对身边日常垃圾的观察识别，将废旧物品“变废为宝”，幼儿的精细动作得到了锻炼，他们从构造形象到制作成品（裁剪、折叠以及粘贴）的过程中，由刚开始的简单设计，粗糙剪裁到后来形象多变、精巧美观，幼儿的观察越来越仔细，小手越来越灵活，审美能力也在不知不觉中得到了提高。

交往能力和合作能力也得到了发展。在活动的讨论、总结中，在与家人共同搜寻垃圾，践行垃圾分类的活动中，在与同伴合作制作物品、学习垃圾分类的过程中，幼儿的言语交往能力和非言语交往能力都得到了提高，他们不仅能够更为流畅地表达自己的想法和意见，还能够组织语言，向别人介绍垃圾分类，并从中提高了大胆发言的自信心。

2. 从幼儿环境保护意识及其能力方面来看。

明白垃圾的危害，懂得了环境保护的重要性，树立了一定的环保理念。不难发现，活动结束后，本班幼儿从不懂到都由衷地希望大家爱护环境、进行垃圾分类，进步很大。

习得了垃圾分类能力，形成了向身边人科普环保的意识。幼儿在活动中学到了垃圾分类的本领，即使在活动结束后他们也始终进行着垃圾分类。同时我们还发现，家长也受幼儿的影响，积极进行垃圾分类。

知道环境保护不仅仅是进行垃圾分类，还有其他很多环保行为需要我们进一步学习。幼儿在活动中还发现许多其他关于环保的小想法和小创意，比如保护动植物、不污染空气、少用塑料制品等，这些可以成为延伸活动，有待教师和幼儿日后挖掘。

在这一系列探索活动中，每一次观察、每一次操作、每一次学习，都体现了幼儿的主体性。幼儿其乐融融地投入到各项活动中，积极发言，大胆想象，大胆尝试。教师作为幼儿活动的合作者和支持者，深刻体会到了幼儿的无限潜力。教师要与幼儿共同成长，共同进步，使幼儿收获一个幸福的童年。

附:环境创设图片参考

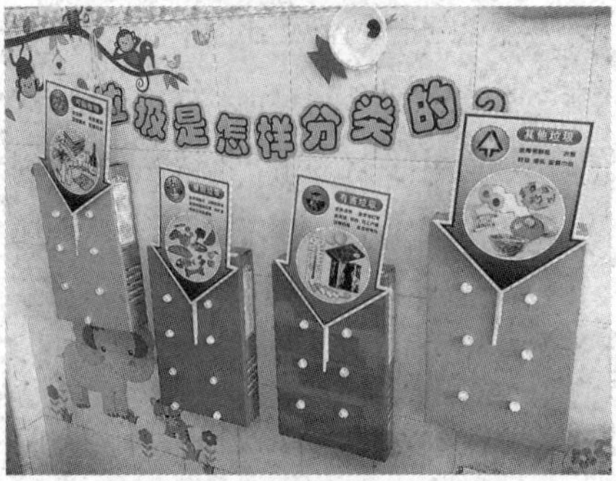

垃圾是怎样分类的?

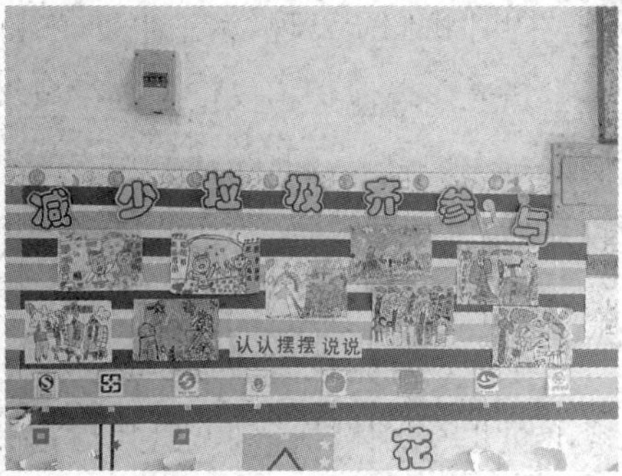

减少垃圾齐参与

循环再造标志在哪里?

今天你环保了吗?

垃圾从哪里来?

七、大班：房子

主题活动由来：幼儿的兴趣

分享假期小制作“变废为宝小能手”时，三座废旧物制作成的房子让大家很着迷……天佑说：“他们制作的房顶都是三角形的，房顶可以是其他形状的吗？”思睿说：“我知道以前的房子是有烟囱的，现在的房子烟囱去哪里了？”大家提出了各种问题，于是我们开展了关于“房子”的探究活动。

房子不只有居住的功能，还有建筑力与美的艺术价值，是值得幼儿深入探索的主题。生活中处处有房子，资源随手拈来，幼儿能够以环境为学习素材。大班幼儿对自己感兴趣的问题经常能主动寻找问题的答案，探索中有发现时会感到兴奋和满足。作为教师，我们应当真诚地接纳、多方面支持和鼓励幼儿的探索行为。我们从房子出发，让幼儿注意到自己成长的空间，感受自己与家庭生活空间的关联，接着拓展到社区和幼儿园的房子，再将视野扩大到认识现代与古时候的房子，探索古人对建筑美的追求，了解其建筑因为受居住地方的气候、地理环境的影响而各具特色，拓宽幼儿在建筑艺术方面的视野。

主题实施网络图：跟随幼儿的脚步

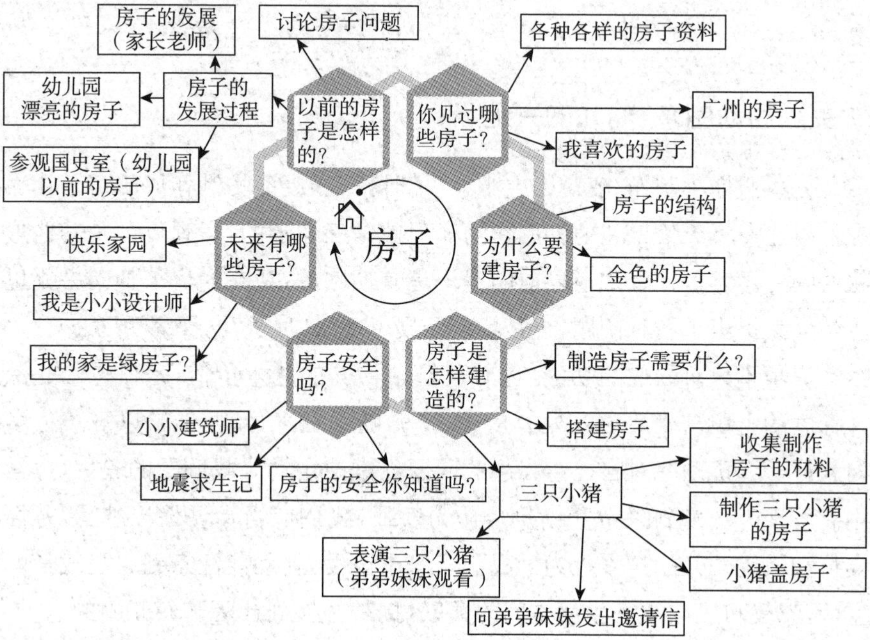

主题活动预期目标：着眼于幼儿的发展

健康

1. 熟悉周围的房子，伴随愉快的情感体验深入探究活动。
2. 喜欢跳房子等体育游戏，锻炼走、跑、跳等基本动作。
3. 通过收集资料和社会探访等活动更好地增进亲子感情。
4. 了解爱惜房子和维护房子的重要性，有安全意识和自我保护能力。

语言

1. 探索房子的秘密，并能用完整连贯的语言与同伴交流。
2. 喜欢《三只小猪》《金色的房子》等有关房子的故事，感受文学语言的美。

3. 大胆想象、设计未来的房子，能在集体中大胆地表达自己的发现。

4. 愿意用图画和符号来表现房子或者描述有关房子的故事。

社会

1. 了解广州的老房子和新建筑，懂得保护资源、爱护环境。

2. 了解房子的变化和种类，感受家乡的美丽，激发为家乡感到自豪的情感。

3. 对建造过程有一定的兴趣，体验建筑工人的辛苦，知道要尊重他们。

4. 进行房子游戏时，尝试与同伴分工合作，遇到困难能一起克服。

科学

1. 有良好的观察力、比较分析能力，能调查或记录我们周围的房子。

2. 了解各式各样的建筑风格，发现建筑结构与功能之间的关系。

3. 通过与《三只小猪》里的房子有关的制作和表演系列活动，了解建筑材料和安全的关系。

4. 在探索过程中，能与同伴合作、交流，尝试自己或与同伴一起解决问题。

艺术

1. 通过感受、观察各种房子的特征，能用绘画、歌唱的形式表达自己的体验，并尝试根据歌词创编动作。

2. 尝试运用各种废旧材料进行创造性活动，提高动手操作能力和想象力。

3. 认识一些中外名建筑和奇特的房子，大胆想象、设计未来的房子，在绘画中充分体验想象和创作的乐趣。

主题活动列举:支持幼儿深入学习

活动一:讨论房子问题

活动来源

分享假期小制作“变废为宝小能手”时,三座废旧物制作成的房子让大家很着迷……天佑说:“他们制作的房顶都是三角形的,可以是其他形状的吗?”思睿说:“我知道以前的房子是有烟囱的,现在的房子烟囱去哪里了?”大家提出了自己的想法,我们一起讨论关于“房子”的各种问题。

活动目标

1. 乐意围绕“房子”进行讨论,积极表达自己的想法。
2. 能清晰地说出自己的想法,提出想知道的问题。
3. 认真听别人讲述,养成留心倾听的习惯。

活动组织形式

小组活动、集体活动。

活动准备

记录本、笔。

活动过程

1. 幼儿分享关于房子的已知经验。

2. 提出关于房子的问题,鼓励其他幼儿回应,尝试解决同伴提出的问题。

3. 汇集研究问题,把有探索价值的问题进行分类。

4. 幼儿自由报名参与分类后的问题小组，负责收集与这组问题相关的资料。

活动建议

鼓励幼儿大胆参与讨论，提高幼儿的提问质量，对于有价值的问题，及时地给予肯定，记录并帮助幼儿归纳和小结。请家长帮助幼儿收集有关房子的资料，并利用休息日去看各种各样的房子，在观看过程中及时记录幼儿提出的有价值的问题。

活动二：房子的发展（家长老师）

活动来源

有个幼儿在图书中看到古时候的人居住在洞穴里，他说洞穴就是以前的人的房子。几个幼儿围在一起热烈地讨论着以前的房子是怎么样的，刚好我们班有一位家长在规划院工作，跟他取得联系后，他十分乐意来幼儿园与幼儿分享古时候到现在房子的发展过程，在家长做好充足准备后，我们开展了这个活动。

活动组织形式

集体活动。

活动准备

活动前与家长老师沟通好活动内容，PPT。

活动目标

1. 初步知道房屋随着时代的进步而发生不同的变化。
2. 了解房子的发展过程，体会建筑物的变化，感受生活的美好。

3. 能积极表达，有留心倾听的习惯。

活动过程

1. 家长老师自我介绍，引出今天活动的内容。
2. 出示 PPT，介绍房子的发展过程。
(1) 为什么要建房子？
(2) 房子的发展过程(穴居—巢居—现代房子—未来的房子)。
(3) 家长老师小结。
3. 就房子的发展变化大胆谈谈自己的感受。
4. 互动，鼓励幼儿提出与房子相关的问题，家长老师解答。

活动建议

活动前物色熟悉主题内容的家长，与家长沟通活动开展的准备工作。不可忽视家长这一重要角色，只有把他们真诚地纳入我们的课程中，才能真正实现家园互动。

活动三：幼儿园漂亮的房子

活动来源

在家长老师为大家介绍了房子的发展过程后，孩子们对幼儿园的房子也开始感兴趣，提出了一些有趣的问题：圆圆的房子里面有什么呢？我们的四楼到底是什么地方呢？小礼堂里有个神秘的地方，我们想去看一看……带着孩子们提出的问题，带上笔和纸，分小组开始了我们的探索。

活动目标

1. 探索幼儿园各种房子的异同及外形特征等。
2. 学习把观察到的房子用自己喜欢的方法进行记录，并能大胆地用完整句子进行表述。

3. 喜欢和同伴一起探索发现。

活动组织形式

小组活动。

活动准备

活动前按幼儿兴趣定出参观路线、记录卡、笔。

活动过程

1. 交代活动内容，观察记录卡。

2. 幼儿调查，老师观察、指导。

(1) 鼓励幼儿观察和寻找幼儿园的房子。

(2) 提醒幼儿认真观察和记录，注意安全。

(3) 引导幼儿大胆发现，把自己的发现用自己的方式记录在记录卡上。

3. 各小组分享自己的调查，鼓励同组幼儿补充分享活动过程中的发现。

4. 小结。

活动建议

幼儿平时没去过幼儿园里所有的房子，可以趁这个机会让幼儿去参观自己想去的楼房。

活动四：广州的房子

活动来源

周一回园，天天很兴奋地与同伴分享，他周末去了西关，看到了西关大屋，跟我们平时看到的房子不一样，其他幼儿也想去瞧一瞧。于是我们建议家长带幼儿参观广州一些有特色的房子，或是通过看杂志或上网查找有关房子的资料，把收集到的文字及图片带回幼儿园分享。

活动目标

1. 初步了解广州具有岭南特色的建筑物。
2. 有留心倾听和乐意分享的习惯。
3. 感知广州历史文化的变迁，萌发爱广州的情感。

活动组织形式

集体活动。

活动准备

广州特色建筑的视频、图片。

活动过程

1. 讨论分享：你最喜欢广州的哪些建筑，为什么？
2. 观看视频《广州的建筑》，认识一些具有广州特色的建筑物。
3. 互动交流，分享自己对广州房子的了解。
4. 小结。

活动建议

可以在活动准备时，收集当地的特色建筑作为活动素材。

活动五：收集制作房子的材料

活动来源

孩子们观看《三只小猪》故事视频后，在区域活动里会用手偶和头饰进行表演。随着表演的深入，孩子们提出要制作三座房子，于是我们开展了收集制作房子的材料、制作三只小猪的房子等活动。

活动目标

1. 思考制作房子所需的材料以及获取途径。
2. 学习用简单的记录符号进行记录。
3. 能一直专注自己的任务，并尝试自己解决问题。

活动组织形式

小组活动。

活动准备

笔、白纸、装材料的篮子、袋子等。

活动过程

1. 讨论记录。

（1）讨论角色所需的道具材料及寻找途径或者方法。

（2）讨论如何向相关的人员借所需要的特殊物品。

（3）用简单的记录符号进行记录。

2. 寻找材料。

幼儿去相应的地方寻找所需要的制作材料。

活动建议

教师尝试放手，采用小组讨论的形式让幼儿自由讨论并记录，在寻找、借用材料的过程中，教师的参与和引导可以少一些，教师要相信幼儿的能力。

活动六：制作三只小猪的房子

活动来源

随着故事《三只小猪》表演的深入，幼儿提出要制作三座房子，于是我们一起收集了制作房子的材料，考虑制作三座房子需要比较多的人力和支持，我们邀请了个别家长老师一起参与制作房子的活动。

活动目标

1. 能正确、安全地使用各种工具。
2. 和同伴合作制作，遇到问题尝试自己解决。
3. 喜欢参与制作活动，能专注完成任务。

活动组织形式

小组活动。

活动准备

各种大小的纸盒、木棍、泡沫箱、大纸箱、树叶、稻草等。

活动过程

1. 商量讨论，制订计划。
2. 选择材料，制作房子。

(1) 提醒幼儿正确、安全地使用各种工具和材料，并注意材料的摆放。

(2) 提醒幼儿友好协商、大胆选用各种原材料，耐心、专注地制作房子。

(3) 教师及家长老师起到辅助和保障安全的作用。

活动建议

活动“制作三只小猪的房子”一次完成不了，可以开展第二次制作活动。第一次制作可以每个制作小组各邀请一位家长老师，第二次活动则不邀请家长老师，这样更考验幼儿的协商能力、动手能力。教师指导的重点在使用工具的安全方法、技巧上，不束缚幼儿的想象，引导幼儿根据自己的房子特点进行加工、装饰。

活动七：小猪盖房子

活动来源

幼儿熟悉了三只小猪的故事，并且有了建造砖房子的经验，在欣赏音乐《小猪盖房子》时，他们会跟着歌词创编动作，并根据音乐节奏进行表演。

活动目标

1. 感知乐曲的段落，会根据音乐形象，选用相匹配的图谱；能随着图谱有节奏地做动作。

2. 感受乐曲欢快、诙谐的情绪。

3. 主动参与创编活动，体验合作的快乐。

活动组织形式

集体活动。

活动准备

音乐《小猪盖房子》、图谱符号、白纸、笔。

活动过程

1. 欣赏音乐《小猪盖房子》。

(1) 提问：听了音乐后有什么感觉？再听听，音乐讲述了什么故事？

(2) 幼儿第二遍完整欣赏音乐。

(3) 提问:房子盖起来要经过哪些步骤,音乐《小猪盖房子》适合做哪些动作?

(4) 幼儿自主创编和水泥、抹水泥的动作。

2. 分段欣赏,匹配图谱。

(1) 提问:音乐《小猪盖房子》分几段?有没有发现两段音乐是一样的?

(2) 幼儿完整欣赏音乐后寻找相匹配的图谱。

3. 看图谱,创编动作。

4. 创编表演。

活动建议

在活动中鼓励幼儿大胆表现,对幼儿创编的动作及时进行肯定,提供幼儿表演的平台和给予机会。

活动八:我是小小设计师

活动来源

幼儿对未来的房子充满了幻想和创意,我们提供多种不同材料和空间,让幼儿在小小的创意空间中发挥自己的想象和创意,体验创作成功的喜悦。

活动目标

1. 会使用多种工具和材料,能突出房子的特点。
2. 喜欢参加手工制作,尝试用多种形式设计房子。
3. 大胆制作并感受成功的愉悦。

活动组织形式

小组活动。

活动准备

房子图片、画纸、画笔、泥工、盒子、废旧纸、木棍、吸管、双面胶、固体胶等。

活动过程

1. 观察制作材料，自选制作内容。
2. 幼儿制作，教师巡视并指导幼儿要重点突出房子的特色。
3. 分享作品，评价。

活动建议

活动制作材料可根据本班幼儿的年龄特点和实际需要进行收集和准备。

活动九：地震求生记

活动来源

在探索房子安全的活动中，幼儿讨论了安全的房子应该具备什么条件，了解爱惜房子和维护房子的重要性。阅读读本《居家安全》时，幼儿面对火灾和地震的场面明显产生了不安，于是我们开展了相关的安全教育活动。

活动目标

1. 知道地震发生时的基本的自救行为。
2. 体验避震的过程，学习保护自己的方法。
3. 有防震减灾的安全意识和自我保护能力。

活动组织形式

集体活动。

活动准备

请防震专业人员参加活动,呼啦圈,音乐,地震逃生视频。

活动过程

1. 提问导入。

你们有过遇到地震的经验吗? 当时的感觉是怎样的?

2. 观看地震逃生视频,学习自我保护。

(1) 在幼儿园遇到地震时不要慌,听从老师的指挥,有序撤离。

(2) 掌握室内避震的三步骤:躲(躲在较坚实的家具如床、桌旁边)、盖(用一只手臂抱住头并盖住眼睛)、抓(另一只手抓住桌角)。

3. 请消防专业人员示范地震来临时的应变措施,尝试体验。

4. 游戏:地震来了。

(1) 准备多个呼啦圈作为安全范围圈。

(2) 播放音乐,让幼儿绕着呼啦圈外面走。

(3) 音乐停止,灯光也跟着调暗,老师大喊:“地震啦!”播放轰隆隆的音效,幼儿赶紧躲到呼啦圈避难,手抱着头蹲下来。

5. 小结应急逃生的办法,遇到意外灾害时能随机应变。

活动建议

可以组织幼儿进行“实战演习”,体验逃生的过程,使幼儿掌握正确、快捷的撤离和自救方法。

活动十：我的家是绿房子？

活动来源

幼儿在阅读的时候，看到“绿房子”纷纷讨论了起来：什么是绿房子呀？为什么会有绿房子呢？我家的房子是绿房子吗？于是我们设计了调查表，同时充分发挥家长的作用，一起看看家里的房子。

活动目标

1. 了解绿房子具备的条件。
2. 懂得房子环保的重要性。
3. 了解保护环境的意义，对环保生活感兴趣。

活动组织形式

个别活动。

活动准备

绿房子调查记录表。

活动过程

1. 了解调查记录表的内容。
2. 以小主人的身份，对家中各个项目进行调查并记录。
(1) 认真观察和记录家人的行为。
(2) 采访家人，获得调查结果。
3. 带回调查记录表，以小组形式分享自己的调查结果。
4. 小结。

绿房子还应当具备哪些条件，鼓励幼儿在日常生活都参与到环保行动中。

活动建议

活动前以通知形式告知家长此活动内容，请家长配合进行调查活动。

活动十一：小小建筑师

活动来源

盖房子的游戏从室内延伸到了户外，在户外活动时，幼儿也玩起了盖房子游戏，于是我们选择了纸砖以及各种搭建材料进行游戏。

活动目标

1. 锻炼走、跑、跳等基本动作。
2. 能遵守游戏规则，乐意参加体育游戏。
3. 尝试一物多玩，体验用多种材料盖房子的乐趣。

活动组织形式

集体活动。

活动准备

纸砖、各种形状的搭建材料。

活动过程

1. 准备运动：纸砖操。
2. 自主游戏、一物多玩。

(1) 鼓励幼儿大胆想象和创造。

(2) 请个别幼儿介绍自己的玩法。

(3) 小结，再次游戏。

3. 集体游戏：盖房子。

玩法：每人拿一块长方体、圆柱体、球体或正方体纸砖等材料，跑到前面建房子，然后绕过障碍物跑回来并拍拍下一个幼儿的手，游戏依此类推，跑得最快房子又最牢固的那组获胜。

4. 放松活动。

活动建议

活动注重鼓励幼儿一物多玩，对幼儿创造性的玩法及时给予鼓励，充分发挥幼儿的创造力。同时在活动中注意把握幼儿的运动量。

活动十二：快乐家园

活动来源

房子主题进行了一段时间，幼儿搭建的建筑越来越丰富，建筑群越来越壮大。有一天，思霈说："我们一起搭一个小区吧！"她的想法获得了同伴的一致同意，于是大家一起搭建小区"快乐家园"。

活动目标

1. 能与同伴商量、讨论，共同搭建小区"快乐家园"。
2. 分工合作收拾、整理材料，遇到问题能想办法解决。
3. 喜欢参与搭建活动，体验与同伴合作的快乐。

活动组织形式

小组活动。

活动准备

搭建材料、辅助材料等。

活动过程

1. 观察搭建场地和材料。
2. 分组讨论,制订计划。
3. 选择材料,合作搭建。
4. 小结分享。

活动建议

活动前可与幼儿讨论需要收集的游戏材料,让幼儿一起收集游戏材料。由幼儿自己搭建的游戏场景,可以为幼儿的游戏活动带来更多的趣味。

▶ 主题故事案例:我们的故事

故事:我们来写生

今天我们准备去幼儿园写生,我问孩子们:“你们觉得在幼儿园的哪个地方写生好呢?”大家认为要走走看看再做决定。于是,我们带上画本和画笔开始找地方,走到大花园,伊伊看看周围说:“这里的树把房子都挡住了,我们看不到多少房子。”大家纷纷表示同意,继续走走看看,到了七彩世界,大家都说:“这里看得清楚多了。”伊伊又提出了疑问:“但这里看到的是外面的房子,我想画幼儿园的房子。”大家同意再找找看,到达大操场,伊伊提议:“我们到 2 楼去吧,妈妈说站得高看得远。”于是大家一起来到了 3 号楼的 2 楼平台,子谦说:“我要画 1 号楼。”伊伊和晓颖都说:“我要画 3 号楼。”翔翔说:“我要画万宝电器(金鹰)大厦。”大家终于找到了写生的好地方。

在这里发生了什么样的学习：

伊伊，你是个做事认真、考虑周到的孩子，你能在活动开始前就与同伴从实际出发考虑哪个位置最适合写生，大家一致认为写生的地方要能看到很多房子，且看得清楚。你能主动提出建议，小朋友们也觉得最后的选择是正确的。

下一步学习的可能性：

伊伊，在你的提议下，我们找到了合适的角度观察、描绘我们想画的房子，到时我们可以把自己的作品和同伴、家长分享。周末你还可以让爸爸妈妈带自己外出写生哦！

故事：寻找制作材料

孩子们决定搭建故事《三只小猪》里的三座房子后，坐在一起讨论建造房子需要的材料，天佑说："我要盖砖头房子，要找一些砖头。"一北说："可是砖头很重，盖好后我们就搬不动了。"家睿想了一下马上说："那我们用小纸盒吧！你看牛奶盒看起来不就像砖头吗？"他拿来了几个牛奶盒试着叠起来，大家觉得这个方法可以，都同意了。天佑问："那稻草和木头怎么办？"家睿回答："树叶可以当草，树枝就可以当木头啦！"焯夷说："我觉得要找一些大箱子回来当房子。""可是哪里有这么大的箱子呢？"家睿问。

这时，我说："我们可以到厨房阿姨那里去问一问，那里可能有。谁愿意去问一下呢？”家睿说：“我去！”于是我们一起来到了厨房，家睿对厨房阿姨说：“阿姨你好，我们想找一些大箱子来制作小猪的房子，请问你们有大箱子吗？”阿姨笑着给孩子们拿了好几个箱子说：“这几个箱子已经是最大的了，行吗？”家睿说：“谢谢阿姨！”于是，孩子们高兴地扛着箱子准备回去。路过建构室时，家睿说：“建构室里也有很多材料，我们去找一找有没有合适的吧！”我赞同他的建议，回答道：“这个提议很好，但是我们去借建构室的材料必须得到管理建构室的雷老师的同意哦！”家睿说：“好，还是让我去说吧！”找到雷老师，家睿很有礼貌地说：“雷老师你好，我们想到建构室借一些建构材料，可以吗？”雷老师提了几个小要求，孩子们很认真地听着，并表示能遵守约定。于是，我们一起到各个相应的位置找到了很多孩子们认为有用的材料并带回了班上，然后准备进行搭建。

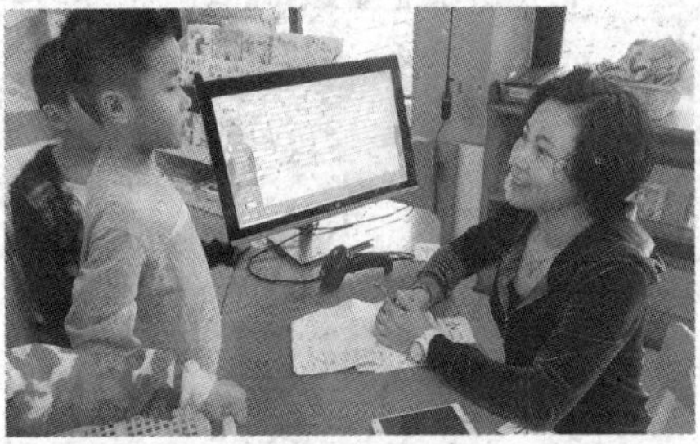

在这里发生了什么样的学习：

家睿，你是一个喜欢动脑筋的孩子，遇到问题时你很快就能想到解决的办法。你积极、主动地寻找材料，勇于接受任务，而且你的语言表达能力良好，能清楚地向别人表达自己的意愿和想法。你能谦虚、有礼貌地向别人提出请求，并能有礼貌地谢谢别人的帮助。在本次活动中你起了重要的作用，老师真为你感到骄傲！

下一步学习的可能性：

在寻找材料的活动中，老师支持你们的各种想法，协助你们完成任务。搭建房子的材料是否齐全？还需要其他什么工具呢？接下来，让我们一起继续完成我们的作品吧。

故事：表演盖房子

在音乐活动中，我让孩子们根据四段不同的音乐来创编“盖房子”的不同动作。孩子们自由分小组，并选出小组长。君懿选择与俊豪、家睿和俊熙一个小组，并由君懿担任小组长。一开始，四个人各抒己见，君懿的想法比较多，他把自己的想法对大家说了一遍，俊熙不同意，两个人就开始争论起来。君懿来找我，想让我来评评理，他说：“我想盖一间木头房子，盖木头房子需要木头，当然要用锯子啦，我觉得用锯木头的动作好一点。”俊熙说：“用斧子砍也行啊！用砍的动作也是可以的。”我听完，说：“哦，原来这样，你们的想法都很好，两种办法都可行。但是，你们是一个小组，要选好一个动作来表演，再商量一下好吗？”他们商量了一会儿，君懿说：“不如我们四个人来投票决定吧，你们觉得哪个动作更好？”组员投票后，决定好了动作。君懿把动作用简图画在纸上，并大方地介绍自己小组的创编动作：“第一个动作是锯木头，第二个动作是搬木头，第三个动作是钉钉子，第四个动作是粉刷油漆，这样我们的房子就盖好了。”四个小伙伴在全班面前跟着音乐整齐地表演着，获得了阵阵掌声。

在这里发生了什么样的学习：

君懿，你是一个很有主见的孩子，你大胆、自愿担任小组长。你有很多很棒的想法愿意和大家分享，当自己的意见和伙伴不一样时，你会用商量的办法解决分歧。你的绘画技巧不错，还代表小组向大家介绍创编动作。你的表现相当不错，老师为你鼓掌。

下一步学习的可能性：

老师请你们介绍自己的创编动作，并在全班面前进行表演，获得了大家的赞扬。你们有没有兴趣再丰富一下自己的表演，或者表演给爸爸妈妈看呢？另外，老师希望你们以后出现争议时也能够用商量的办法解决问题，相信你们一定可以的。

故事：三角房子

之之小朋友和梓嫣小朋友一起进入建构区玩游戏。之之从材料架上拎出两筐小棒放在地上，并对梓嫣说："我们一起来搭房子好吗？""好啊！"梓嫣说。接着，两人开始忙碌起来。之之从底部开始，先拼了一个长方体，接着拿了根管子，竖在长方体的上方，开始往上搭，一边指着地板一边对梓嫣说："我搭二楼了，你从这里搭过去！"梓嫣蹲下拼搭起来，就这样，两人一起完成了两层楼的拼搭。之之数了一下："一、二、三，我住一楼，你住二楼，老师住三楼。"然后又说："我们可以搭屋顶了，我来搭个三角形屋顶吧！"这时，嘉珈小朋友走过来，对梓嫣说："有我的房间吗？我也想住在里面。"梓嫣想了一下，说："那好吧！"于是开始继续往上搭，可刚搭了两根房子就倒了。之之说："不能往上搭了呀，太高了，要倒的！"梓嫣说："那嘉珈没地方住了呀！"两人你一句我一句争吵了起来。这时，我说："你们想一想，有什么办法可以让你们的房子牢固一些？"之之低头看了看，发现一个地方的接口松了，马上加固了一下，接着把旁边衔接的地方都重新加固了一下。终于，作品完成了，他俩兴奋地叫来同伴："你们快过来看看，我们的房子搭好啦！"

在这里发生了什么样的学习：

你们俩都有较好的搭建水平，因此很快就搭建好了一座房子。之之你有一定的搭建基础，知道把底层搭稳固后再往上垒高，在发现问题时又能开动脑筋解决问题。梓嫣，你的空间感不错，并且有合作意识，在发现房间不够时能和之之商量出较好的解决方法，你真棒！

下一步学习的可能性：

老师将你们的游戏过程拍照记录了下来，游戏结束后请你们和同伴分享自己的作品，对他们说说你们遇到的困难和解决方法。下次建构时，还可以尝试搭建不同类型的房子，也可以先画设计图再搭建，期待你们的作品。

▶ 活动效果评价：我们的思考

1. 基于教师的思考。

(1) 教师想的比做的要更全更多，除了要考虑活动的开展计划、内容、方式、需要的物品，还要考虑可能出现的情况、幼儿的反应、调整措施等。

(2) 给幼儿可行的自由度，多创造机会让幼儿自主发展，支持生成的活动，给予幼儿极大的鼓励。

(3) 细致观察每个幼儿，尊重幼儿发展进程中的个别差异，支持和引导他们从原有水平向更高水平发展。

(4) 帮助幼儿回顾自己的探究过程，讨论自己做了什么，怎么做的，分析一下原因以及下一步要怎样做等。

2. 基于幼儿的思考。

(1) 幼儿生成的活动和自主选择活动的数量和比例增加，通过制订“我的计划”自主选择活动内容，充分体现了幼儿的自主性。

(2) 通过实践、记录、观察、思考和互动的交流过程，幼儿的学习能力有明显的提高。

(3) 了解各式各样的建筑和房子的结构特点，把这些经验迁移到自主游戏中，幼儿的分工合作和动手操作能力也得到了很大的提高。

(4) 经验的积累和应用，这种能力的获得对幼儿以后的生活是非常重要的。

3. 基于主题的思考。

(1) 在“房子”主题活动中认识各种房子的外形特征、结构和种类，了解房子和人们生活的关系。

(2) 认识一些中外名建筑和奇特的房子，尝试运用各种废旧材料进行创造性活动，大胆想象、设计未来的房子。

(3) 充分挖掘家庭、社区资源，在活动中加入家长与环境的教育资源有效地促进了主题的发展。

附：环境创设图片参考

你知道房子的演变过程吗？

房子的秘密

房子是怎么建成的？

我给动物分房子

八、大班：我是中国娃

主题活动由来：幼儿的兴趣

在每周举行的升旗仪式上，当五星红旗随着国歌冉冉升起时，幼儿都会自觉地面向国旗行注目礼，随着歌曲旋律唱国歌，神情严肃、认真！大班的幼儿已经有初步的国家意识，他们会自豪地说：我是中国人！在幼儿园国庆庆祝活动中，幼儿被“壮丽山河”“国粹京剧”“民族文化”等富有中国特色的体验活动深深吸引。从古代的四大发明到现代的火箭卫星，祖国悠久的历史、灿烂的文化激发了幼儿强烈的爱国心和自豪感，同时也引起他们的好奇心：中国有多大？长城有多长？国旗上为什么有五颗星？少数民族的小朋友和我们一样吗？中国还有哪些值得我们自豪和骄傲的地方呢？对于中国，他们有太多聊不完的话题！

从古至今，“我是中国人”是一个永恒的话题。中国是历史悠久的世界文明古国，我们国家的地理地貌、风土人情、历史、文化、特产等，无一不是我们祖国的瑰宝，值得我们一一去感悟、去品读。大班幼儿主要以具体形象思维为主，他们对祖国的认识及情感都是比较具体、直观、形象的。他们通过日常生活体验和大人的引导，能感受到家乡和祖国的发展，初步形成爱家乡、爱祖国的情感。当他们有了更多随家长外出游玩的机会，在观看和欣赏祖国大好山河的过程中，内心的自豪感和对祖国的热爱之情被激发出来。同时，他们也知道了自己的民族，知道国家的一些重大成就，为自己是中国人而感到自豪，也渴望了解更多有关祖国的知识。

依托着“爱国主义教育”的契机，我们创造机会让幼儿深入探索与“祖国”相关的知识，随着他们的探索越来越深入，惊奇越来越多，感受越来越深，大班自主性主题活动“我是中国娃”便逐渐生成了！

▶ 主题实施网络图:跟随幼儿的脚步

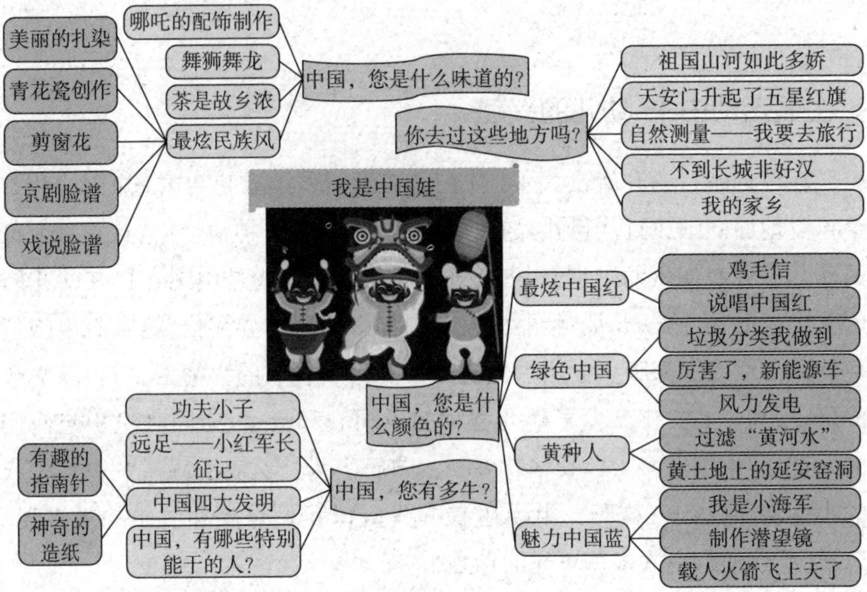

▶ 主题活动预期目标:着眼于幼儿的发展

健康

1. 在体育游戏中,锻炼跑、跳、爬、平衡和投掷等能力。

2. 喜欢中国功夫,感受中国武术的力量。

3. 对舞龙、舞狮等传统民间活动感兴趣,积极参与活动。

语言

1. 了解一些弘扬爱国主义的故事,喜欢与他人谈论故事内容。

2. 能够有序、连贯、清楚地介绍自己游历过的祖国河山,并尝试用图画和符号表现所见所闻。

3. 对中国古诗词、传统作品感兴趣,能运用语言、动作、表情表达自己的理解。

4. 了解汉字的起源，关注周围环境中的汉字，对汉字感兴趣。

社会

1. 了解我国一些代表性事物，如首都、国旗、国徽、国歌等，知道五星红旗代表的意义，理解在天安门升起五星红旗的含义。

2. 了解我国部分著名的名胜古迹及特产，萌发爱祖国的情感。

3. 初步了解人们的生活与自然环境的密切关系，树立良好的环保意识。

4. 知道自己的民族，知道中国是一个多民族的大家庭，互相尊重，团结友爱。

5. 了解国家一些重大成就、伟大人物，为自己是中国人感到自豪。

科学

1. 通过观察、比较与分析，发现并描述物体的特征及前后的变化。

2. 尝试用一定的方法验证自己的猜测，在探究中能与他人合作与交流。

3. 了解中国的四大发明及我国现今的航天、航海技术，尝试进行相关实验，体验探索的乐趣。

4. 能用简单的记录表表示数量关系，并统计数量。

艺术

1. 感受中国传统民间艺术的魅力，激发对中国传统民间艺术的热爱。

2. 接触传统戏曲作品，萌发对传统戏曲的喜爱。

3. 在手工制作中提高动手操作能力，养成良好的操作习惯。

4. 能够运用多种工具和材料或不同的表现手法表达自己的爱国情感。

▶ 主题活动列举:支持幼儿深入学习

活动一:天安门升起了五星红旗

活动来源

在一次餐后活动中,孩子们围在一起,说起了自己的旅行见闻,恺恺说:“我见过天安门的升旗仪式,可庄严啦!”岚岚说:“我也在电视上看过,旗杆好高。”朗朗说:“天安门也好漂亮,黄色的屋顶,红色的墙壁。”听到孩子们热烈的讨论,让孩子们把讨论变成实际活动的想法油然而生。

活动目标

1. 理解在天安门升起五星红旗的意义,尝试利用大型低结构材料以垒高、插接的方法构建天安门及升旗台。

2. 充分发挥想象力,发展空间感知、比较、判断等思维能力。

3. 体验合作探究的乐趣,激发五星红旗升起时的自豪感。

活动组织形式

小组活动或个别活动。

活动准备

视频《天安门广场升国旗》,大型户外构建材料,如积塑、纸箱、水管、铁罐等。

活动过程

1. 欣赏视频《天安门广场升国旗》,激发兴趣。

引导幼儿欣赏视频,认识天安门及升旗台的外形特征,理解在天安门升起五星红旗的意义。

2. 明确构建内容，合作制订构建计划。

鼓励幼儿与同伴商量确定构建的内容，并合作制订构建计划，对场地布局、所需材料、构建的方法有初步想法。

3. 选择材料、合作构建。

引导幼儿根据制订的计划，分工合作，选择材料并以垒高、插接等方法进行构建。老师巡回观察、指导。

4. 游戏“天安门升起了五星红旗”。

在构建好的场景中，进行游戏，感受升起五星红旗时的自豪。

5. 分享、评价。

鼓励幼儿大胆分享和交流，教师评价。

活动建议

多给幼儿提供具有层次性、多种材质的低结构材料进行构建，鼓励幼儿尝试以步骤图的形式把游戏的过程画出来，以此方式进行游戏的回顾，逐渐养成主动反思的习惯。请家长协助收集更多介绍天安门及周边建筑物的图片或视频，继续丰富幼儿的知识储备，为下一次的构建探索活动提供经验准备。

活动二：祖国山河如此多娇

活动来源

每周一，孩子们都会带上自己喜欢的玩具或图书回班与同伴分享。这次，我发现洋洋的身边围着的小朋友越来越多，他们时而哈哈大笑，时而热烈讨论，过去一看，原来是一份手绘版的广州游记。此刻，孩子们都纷纷讨论起自己去过的地方，诉说着自己见过的建筑与游记上的不同之处。兴趣永远是孩子们最好的老师，就让孩子们用自己的方法把自己的游历记录下来吧!

活动目标

1. 了解我国各地的代表性建筑及特产,加深对祖国大好山河的认识。

2. 尝试用图画和符号制作游记。

3. 感叹祖国山河的壮美,萌发爱祖国的情感。

活动组织形式

小组活动或个别活动。

活动准备

中国地图、水彩笔、图画纸、幼儿在国内旅游的照片。

活动过程

1. 看一看中国地图。

出示中国地图,引导幼儿看一看,说一说:“中国地图看上去像什么?”“首都北京在哪里?”

2. 找一找去过的地方。

引导幼儿在中国地图上找一找去过的地方,并指出来。结合旅游的照片向同伴介绍该地的景点、特产、风俗等。

3. 做一份游记《我游历过的祖国山河》。

鼓励幼儿利用绘画和符号,连同旅游的照片制作一份游记,游记内容可包括该地的景点、特产、风俗等。

4. 展示、分享。

鼓励幼儿展示自制的游记,与同伴分享、交流。

活动建议

创设墙面“祖国山河如此多娇”。活动后,请幼儿把制作好的游记张贴在墙面上，丰富班级环境。在日常的自由活动中，可鼓励幼儿根据游记的内容与同伴交流。

活动三：不到长城非好汉

活动来源

了解了中国长城的故事后，孩子们对这个古老的建筑十分感兴趣，活动后总在讨论长城，对长城上的烽火台也是描绘得有声有色，乐乐在自主游戏的时候还尝试用不同的材料构建长城，于是我们一起进行了构建活动。

活动目标

1. 探索运用排列、组合、连接、拼插等方法，利用多种材料组合构建“长城”。

2. 加深对各种物体外形特征的认识，获得匀称、对称、平衡、排列与组合、面与体等方面的知识和经验。

3. 感受长城的雄伟壮观，体验成功构建“长城”的自豪感。

活动组织形式

小组活动或个别活动。

活动准备

视频《万里长城》，大型户外构建材料，如积塑、纸箱、木头、铁罐等。

活动过程

1. 欣赏视频《万里长城》，激发兴趣。

引导幼儿欣赏视频，了解长城的外形特征及基本结构，知道长城由烽火台和城墙等组成。

2. 明确构建内容,合作制订构建计划。

鼓励幼儿与同伴商量确定构建的内容,并合作制订构建计划,对场地布局、所需材料、构建的方法有初步想法。

3. 选择材料、合作构建。

(1) 引导幼儿根据制订的计划,分工合作,选择材料并以排列、组合、连接、拼插等方法进行构建。

(2) 提醒幼儿可先构建“烽火台”,再构建“城墙”,并与“烽火台”连接起来,注意合理布局。

(3) 教师巡回观察、指导。

4. 游戏“登长城”。

在构建好的场景中,进行游戏,体验登上“长城”的自豪感。

5. 分享、评价。

鼓励幼儿大胆分享和交流,教师评价。

活动建议

多给幼儿提供具有层次性、多材质的低结构材料进行构建。可在活动前请家长搜集与长城相关的图片。活动时,在游戏场地进行展示,给幼儿构建提供参照。

活动四:过滤“黄河水”

活动来源

在观看纪录片《黄河》片段时,孩子们了解了黄河作为我国母亲河的重要地位。思辰与乐妍讨论:“黄河的水好脏呀!”“是呀,里面好多的黄泥,所以就叫作黄河呀!”“妈妈说现在水不够用,如果黄河的水能变清就好了!”“那我们把泥土拿出来不就可以了吗?”“我爸爸有一个茶网,把茶叶隔开,茶叶就不会在水里,用这个把泥土隔开,可以吗?”“不知道呀!”听着孩子们的讨论，这不就是教育的契机吗？就让孩子带着为祖国做贡献的初心来尝试过滤吧！

活动目标

1. 自主选择工具进行组合，探索过滤黄泥水的方法，并进行记录。

2. 不怕失败，大胆尝试，勇于提出自己的疑问。

3. 体验不断尝试的乐趣，萌发保护黄河的意识。

活动组织形式

小组活动或个别活动。

活动准备

海绵、纱布、棉花、毛巾、用矿泉水瓶自制的漏斗、塑料杯、混合了大量泥沙的黄泥水、记录表、记号笔。

活动过程

1. 提出疑问，激发思考。

引导幼儿观察混合了大量泥沙的黄泥水，并提出疑问："用什么方法能过滤黄泥水？"

2. 猜想与讨论。

鼓励幼儿大胆猜想与讨论，发表自己的见解。

3. 操作实验，验证猜想。

(1) 出示操作材料，提出操作要求，讲解记录方法。

(2) 引导幼儿自主选择所需材料进行组合，探索过滤黄泥水的方法。

(3) 提醒幼儿仔细观察实验过程中黄泥水的颜色变化。

(4) 引导幼儿利用图画和符号记录自己的操作和观察。

4. 分享与交流。

集中幼儿，鼓励幼儿根据自己的操作发现，结合记录表在同伴面前进行分享。

5. 总结与评价。

教师根据幼儿的操作及分享进行总结，评价幼儿的表现。

活动建议

活动后，建议家长与幼儿共同查找资料，了解更多关于“治理黄河”的故事和措施。鼓励幼儿把搜集到的资料带回幼儿园与教师、同伴分享。

活动五：鸡毛信

活动来源

班上开展“红色故事传颂”的图书漂流活动，孩子们特别关注红色故事，尤其是里面一些关于孩子抗日的机智故事，总是津津乐道。今天，朗朗就说起了故事《鸡毛信》，看藏纸条的环节看得哈哈大笑，把游戏融入红色故事的传承中也是不错的想法。

活动目标

1. 了解鸡毛信背后的红色革命故事，尝试进行鸡毛信的语言游戏。

2. 发挥想象，运用身体的各个部位藏纸条，并完整说出句式“我把纸条藏在××（身体部位）里”。

3. 体验合作进行语言游戏的乐趣。

活动组织形式

小组活动或个别活动。

活动准备

黑板、记分牌、桌子、记号笔、哨子。

活动过程

1. 倾听故事《鸡毛信》，了解故事主要内容。

2. 自由探索藏鸡毛信的方法。

3. 玩游戏“鸡毛信”。

(1) 提出游戏规则：两个人为一组，同时将小纸条藏起来，然后互相寻找。

(2) 幼儿分组自由玩，引导幼儿使用句式“我把纸条藏在××(身体部位)里”进行讲述。

4. 集体游戏：送鸡毛信。

(1) 两组同时藏鸡毛信，听到哨子响后，两组幼儿互相搜寻。哨子再次响起时，停止搜寻。

(2) 参与游戏的幼儿轮流使用句式“我把纸条藏在××(身体部位)里”进行讲述。

(3) 最后统计得分：每搜出一封鸡毛信得一分，最后哪组分数最高就获胜。

5. 游戏结束，教师评价。

活动建议

在幼儿熟悉游戏规则和玩法后，可考虑增加游戏难度：将藏信范围从幼儿身上转移到周围环境中，引导幼儿把鸡毛信藏在周围环境中，并画出“指示图”，提示同伴搜寻。鼓励幼儿回家向家长介绍游戏玩法，与家长进行亲子游戏“鸡毛信”。

活动六：载人火箭飞上天了

活动来源

散步时，孩子们的眼睛被天上的飞机吸引了，并开始讨论天空上“谁最厉害”的话题,皓皓说:“直升机最厉害,能垂直升降。”“大飞机最厉害,装的人最多。”洋洋说:“你们的都不厉害,火箭最厉害,点火就能飞上天,还能飞到宇宙呢!”“真的吗? 点火就可以了吗?”用小游戏的方法让我们找到答案吧!

活动目标

1. 探索通过挤压的方法形成气流,推动火箭飞上天。

2. 不断尝试各种方法,发现影响火箭发射高度的因素。

3. 体验探索的乐趣,感受我国航天科学家勇于探究的科学精神。

活动组织形式

小组活动。

活动准备

有关于火箭飞上天的知识经验;矿泉水瓶、吸管、记录表、记号笔、自制火箭头、视频。

活动过程

1. 观看视频,调动已有的知识经验。

观看火箭飞上天的视频,认真观察火箭的外形特点和发射方法。

2. 探索火箭飞上天的原理,动手操作。

(1) 观察材料,提出问题:利用哪些材料能够使火箭飞上天呢? 猜测和讨论。

(2) 动手操作,验证猜测。

(3) 记录与交流。

(4) 教师小结,归纳火箭飞上天的原理:通过挤压的方法形成气流,推动火箭飞上天。

3. 深入思考,再次探究,体会科学原理。

（1）进一步提出问题，引发思考：为什么有的火箭飞得高，有的火箭飞得低？

（2）鼓励幼儿调整操作方法，进一步探索影响火箭发射高度的因素。

（3）集中分享，归纳小结，引导幼儿发现“火箭”发射的高度与力度的关系。

4. 活动小结，情感升华。

火箭里还藏着许多科学的秘密，期待你们长大后也像科学家一样去探索火箭的奥秘！

活动建议

活动前，请家长与幼儿搜集我国航天科技的相关图文和视频资料。活动过程中，引导幼儿分享实验过程与方法，通过分享交流理解火箭飞上天的科学原理。活动后，把操作材料投放到区域中，引导幼儿在平时区域活动中继续操作、探索。

活动七：垃圾分类我做到

活动来源

随着垃圾分类的推广，孩子们对垃圾分类知识的兴趣也越来越浓厚，区域活动时总是喜欢把垃圾分类的学具拿来玩，如果把分类图片的游戏变为社区实践，相信孩子们对垃圾分类的真实体验会更强烈的。

活动目标

1. 在实际行动中加深对垃圾分类标志的了解，掌握垃圾分类的方法。
2. 培养观察、分析、比较、分类等能力。
3. 支持国家提倡的垃圾分类环保行动，树立良好的环保意识。

活动组织形式

小组活动。

活动准备

视频《垃圾分类宣传片》、塑料小瓶、小纸盒、画纸、画笔、统计记录表;已初步认识垃圾分类标志。

活动过程

1. 观看视频,调动已有的知识经验。

引导幼儿观看《垃圾分类宣传片》,进一步了解垃圾分类的标志和方法。

2. 观察材料,明确制作要求。

(1) 引导幼儿观察提供的材料,自由分组并与同伴商量合作。

(2) 利用材料自制分类垃圾箱和分类标志,并把分类标志贴到相应的垃圾箱上。

3. 自由组合制作,教师巡回指导。

4. 进行分类投放和统计记录。

(1) 引导幼儿收集周边的垃圾并按照分类标志投放到自制的垃圾箱里。

(2) 统计垃圾种类和数量,并做好记录。

5. 分享与交流。

集中幼儿,引导幼儿展示自制的分类垃圾箱,并结合统计记录表分享自己的操作。

活动建议

活动后,请幼儿把自制的分类垃圾箱带回家使用,向家人宣传垃圾分类的知识和垃圾分类的意义。

活动八：京剧脸谱

活动来源

乐乐从北京游玩回来，带来了一个京剧脸谱，引起了孩子们的围观，大家纷纷说起了脸谱的“好笑”之处，“怎么这么多颜色呀？”“它脸上好白呀！”“真奇怪，为什么脸上会有黑色，是晒黑了吗？”孩子们的讨论让人忍俊不禁，正好利用这个契机，让孩子们了解一下我们中国的传统文化。

活动目标

1. 在欣赏课件、谈话、创作、欣赏作品中感受京剧脸谱色彩的鲜艳、图案的对称和造型的夸张。

2. 通过京剧脸谱的颜色和人物的装扮，能简单区分京剧中人物的性格特征和人物角色。

3. 感受京剧独特的艺术魅力，萌发对我国传统文化的好奇心和喜爱之情。

活动组织形式

小组活动或个别活动。

活动准备

看过京剧，初步了解京剧是我国的传统文化；音乐《戏说脸谱》、脸谱PPT、无颜色脸谱若干、颜料。

活动过程

1. 出示京剧脸谱，激起幼儿对京剧的探究兴趣。

2. 认识脸谱的特点，了解不同颜色的京剧脸谱所代表的含义。

引导幼儿观察脸谱丰富的颜色、脸谱夸张的造型、脸谱对称的图案。

3. 提出创作要求，幼儿自由创作脸谱。

(1) 根据自己的意愿设计一张符合自己性格的脸谱。

(2) 设计的脸谱颜色要丰富，五官要夸张，左右图案要对称。

4. 欣赏幼儿作品。

活动建议

可把幼儿作品在美工区进行展示，创设机会让创作者进行分享或者投放到表演区，让幼儿戴面具并进行相关京剧表演。

活动九：戏说脸谱

活动来源

在了解京剧脸谱的特色后，孩子们对脸谱中代表的人物特性也非常感兴趣，从美术的角度已不能满足孩子们对脸谱的好奇心，且脸谱本就来源于京剧，就让孩子们在戏曲的陪伴下，满足对脸谱的探索需求吧！

活动目标

1. 熟悉歌词内容，尝试完整唱出歌曲。
2. 通过反复倾听歌曲，感受歌曲浓郁的京剧风格和独特的唱腔。
3. 体验中国艺术文化，萌发对京剧艺术的喜爱之情。

活动组织形式

集体活动。

活动准备

京剧脸谱图、幼儿创作的京剧脸谱、歌曲。

活动过程

1. 出示京剧脸谱图,学习歌词。

2. 学唱京剧《戏说脸谱》。

(1) 教师表演范唱,幼儿耐心倾听。

(2) 感受老师的演唱与平时幼儿唱歌的区别。

(3) 归纳总结,了解京剧唱腔的特点。

(4) 学唱京剧。

3. 歌曲表演。

(1) 教师领唱,幼儿跟唱。

(2) 教师与幼儿合作轮唱。

(3) 幼儿与幼儿合作轮唱。

活动建议

京剧脸谱对于大部分幼儿来说是比较陌生的。因此,教师可在课前通过在区域中投放相关的脸谱书籍、图片,组织幼儿欣赏京剧表演视频,引导幼儿运用各种感官感知京剧及京剧脸谱,为活动的开展积累一定的前期经验。可以把表演道具放到表演区,区域活动时幼儿继续进行歌曲表演。

活动十:功夫小子

活动来源

在才艺展示上,家兴表演了一套武术,这套武术中的力量和动作让孩子们大吃一惊,大家都很喜欢跟着家兴学这个动作、那个动作,高兴极了。

活动目标

1. 尝试创编武术动作,并用“火柴人”的形式完成图示。

2. 能根据图示与同伴相互配合，完成整套动作，发展表征能力和理解能力。

3. 感受中国武术的力量和精神。

活动组织形式

小组活动或个别活动。

活动准备

视频《中国功夫》、画纸、画笔、音乐；对武术的基本动作有初步了解。

活动过程

1. 观看视频，进一步了解武术的基本动作。

2. 提出要求，幼儿结伴讨论。

(1) 教师提出创编要求：创编的动作要以从易到难的顺序循序渐进地呈现。

(2) 幼儿结伴讨论，形成初步构想。

3. 合作创编，教师巡回指导。

(1) 引导幼儿用“火柴人”的形式完成图示，创编动作时把握难易程度。

(2) 创编好动作后，引导幼儿根据图示与同伴相互配合完成动作。

4. 展示与交流。

集中幼儿，引导幼儿分组展示图示。配上音乐，幼儿根据图示完成整套创编动作。

5. 评价。

教师与幼儿分别进行评价。

活动建议

在较好地完成单人动作创编的基础上，鼓励幼儿尝试进行两人或多人互动动作的创编，使武术创编的探索深入开展下去。

活动十一：神奇的造纸

活动来源

朗朗因为不满意自己的作品，把画本上的纸撕了一页又一页，并准备扔掉，思辰看到了，说："这样浪费纸是不对的，妈妈说纸是可以重复用的。""我双面都画过了，不能再用了。""不是的，妈妈说是可以的，以前的纸也是造出来的。"你们对造纸有浓厚的兴趣，那我们一起来探索吧！

活动目标

1. 了解中国的四大发明之一——造纸术，知道再生造纸的方法。
2. 在活动中能与同伴协商、合作，共同解决问题。
3. 体验造纸的乐趣，激发身为中国人的自豪感。

活动组织形式

小组活动或个别活动。

活动准备

胶水、废旧纸、水、木棒、筛网等。

活动过程

1. 观察材料，激发兴趣。

引导幼儿观察造纸材料，激发实验兴趣。

2. 讲解造纸的方法。

教师边示范边讲解造纸的方法和注意事项。

3. 幼儿分组操作，教师巡回指导。

(1) 纸尽量撕得碎一些。

(2) 纸泡好后，水如果太多，提醒幼儿应在加入胶水前将多余的水滤出。

(3) 利用筛网进一步把水滤出，把纸浆平铺在筛网上。

(4) 把沥干水分的纸浆拿到太阳下晒干。

4. 小结。

活动建议

可以用造好的纸进行绘画、粘贴等美工操作。鼓励幼儿回家与家长分享造纸过程，并尝试在家里与家长进行造纸操作。

活动十二：远足——小红军长征记

活动来源

在听完老爷爷讲红军长征的故事后，孩子们对长征的感受很强烈，觉得红军叔叔们太厉害了，活动结束后还在不停地讨论着。那让孩子们也充当一次“小红军”，背上自己的“行囊”，在幼儿园里感受长征的艰难吧！

活动目标

1. 在远足游戏中，锻炼跑、跳、爬、平衡等能力。
2. 遵守游戏规则，能在游戏中注意安全。
3. 发扬遇到困难不退缩、勇往直前的长征精神。

活动组织形式

集体活动。

活动准备

充足的水、汗巾、一套备用衣服、书包、“长征路线图”、幼儿园户外场地。

活动过程

1. 开始部分:热身操活动。

2. 探索部分:小红军长征记。

(1) 情境导入:以小红军长征为任务,激发幼儿参与兴趣。

(2) 观察与发现:出示“长征路线图”,引导幼儿观察线路,讨论行走计划。

3. 游戏部分。

(1) 高空项目——攀爬区、丛林桥、空中飞渡、丛林网墙。

(2) 地面项目——穿越铁丝网、结绳上悬崖、飞跃卧龙山、定向徒步。

(3) 抢收农作物——幼儿园生态园采摘时令蔬菜。

4. 评价与总结。

5. 放松与整理。

活动建议

远足活动是综合性的体育活动。活动前,教师应引导幼儿掌握一定的户外安全技能。活动中,教师应通过游戏帮助幼儿进行各种关键体能的锻炼,并在活动过程中要注重幼儿运动的强度和密度的调整及运动习惯的培养。

▶ 主题故事案例:我们的故事

故事:扎染真有趣

在了解了扎染技术及扎染方法后,班上的扎染工作坊开业了!今天,扎染工作坊迎来了子尧和姝妤两位小客人。首先,要把染布扎结,开始的时候,两个孩子各自操作,但总是不成功。子尧提议:“不如我们来合作扎结吧！我拿布，你来扎；等一下换你拿，我来扎！”姝妤点点头，同意了！于是，子尧负责拿着布固定位置，方便姝妤进行扎结。完成后，再交换操作。

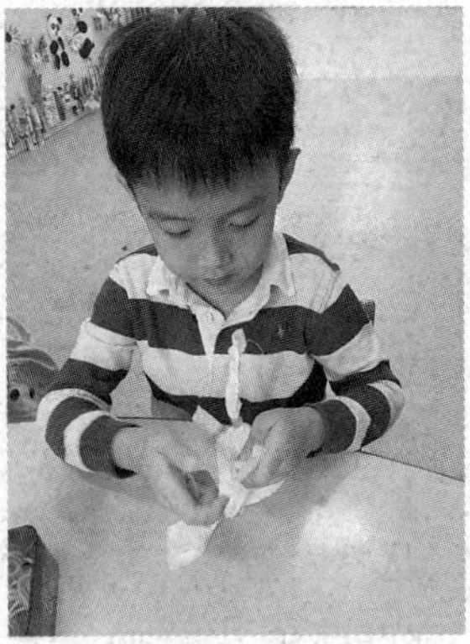

扎结完成后，两个孩子开始染色。姝妤细心地上色，很快就完成了。可是，子尧总是把握不好颜料的用量，深一块浅一块的，连他自己看着都皱起了眉头。姝妤拍拍子尧的肩膀，说：“不要急，我来帮你吧！”说着，姝妤负责上色，子尧则负责不停地移动和翻转布块。两个小伙伴终于合作完成了作品，展开扎染作品之后两个人都露出了开心的笑容。

在这里发生了什么样的学习：

子尧和姝妤，很高兴看到你们对扎染这种中国民间艺术充满兴趣。你们积极地参与其中，在遇到困难时不但没有轻易放弃，而且能够主动寻求帮助。你们有很强的合作意识和合作能力。老师真心为你们的耐心和动手能力感到自豪。瞧，你们的小手真能干，你们合作完成的扎染作品实在是太漂亮了！

下一步学习的可能性：

扎染工作坊里还会继续投放更多的扎染材料，欢迎你们继续来体验和操作，老师也非常支持和鼓励你们合作完成作品哦！中国民间艺术除了扎染外，还有面塑、剪纸、皮影等，以后老师会把相关的知识技能介绍给你们，让我们一起探索吧！

故事：脸谱变变变

最近，班上来了几位“新朋友”——京剧脸谱。悦悦和楠楠最先发现了它们，决定拿来玩一下。可是怎么玩呢？悦悦说：“这是戴上面具去吓人的！”楠楠端详着脸谱，突然说道：“我们可以戴上面具来表演啊。跟海底捞的表演一样呀！”悦悦恍然大悟：“那个表演叫变脸！”于是，楠楠担任“小导演”，指挥几位“小观众”搬来椅子在语言区坐下，然后把一部分脸谱交给悦悦，另一部分则留给自己。他告诉悦悦：“我们从舞台两边出场！我喊‘出’就出！喊‘变’的时候一起变！”于是楠楠和悦悦各自躲到了小柜子后面，“脸谱要一张一张正向叠好！”悦悦一边说一边把脸谱叠好，戴到脸上。楠楠一声令下“出”，他们一起出场，然后悦悦又喊一声“变”，他俩一起摘下一张脸谱，摆好动作。观众席上有人提议：“加段音乐吧！”于是，楠楠拿来了播放机播放音乐，楠楠和悦悦很快就找到了感觉，配合着音乐的节奏进行“变脸”表演，赢得观众们的阵阵掌声！

在这里发生了什么样的学习：

楠楠和悦悦，真高兴看到你们对身边的事物保持高度的关注，你们竟然能结合生活的经验想到了用脸谱玩“变脸”游戏！在游戏过程中，你们能积极动脑思考、商量合作，不断丰富表演的内容，给大家呈现了一场精彩的“变脸”表演，太棒了！

下一步学习的可能性：

老师发现你们对“变脸”有着浓厚的探索兴趣。接下来，我们一起收集更多“变脸”的资料和材料，一起玩“变脸”游戏，好吗？

故事：戏说京剧

区域活动开始了！茗茗和蓓蓓来到语言区，摆弄着几个用卷纸筒和纸黏土制作的人物模型，茗茗提议：“我们一起表演楚霸王和虞姬的故事吧！”“好啊！”蓓蓓答应了。于是，茗茗扮演楚霸王，蓓蓓扮演虞姬。茗茗有模有样地念着：“虞姬虞姬奈若何。”逗得旁边的小伙伴捧腹大笑！正说得起劲时，茗茗突然停下来，转头对蓓蓓说：“如果有一个戏台就好了。”蓓蓓这才注意到，她们一直只是在桌面上摆弄模型，表演得不够尽兴。她环顾课室四周，最后指着生活体验区的“快乐进餐”小食店售卖窗口说：“把售卖窗口变成舞台吧！”说着，她们立刻“转移阵地”，“快乐进餐”瞬间变成“快乐舞台”。除了“霸王别姬”，她们还上演了“桃园三结义”的桥段，博得观众们的阵阵掌声。

在这里发生了什么样的学习：

茗茗和蓓蓓，你们的表演非常生动和精彩。在表演的过程中，你们是多么专注、投入并乐在其中。你们的想象力和创造力在游戏中得到发展，你们的表现力和语言表述能力在表演中得到展现，真为你们感到高兴。在表演游戏中，你们的自主能动性得到了充分发挥，当表演受场地限制时，你们的目光盯上了小食店售卖窗口，你们积极动脑思考，主动寻求解决问题的办法，巧妙地将售卖窗口变成了表演的舞台，给大家呈现了一场精彩绝伦的表演！

下一步学习的可能性：

在京剧表演游戏中，老师看到了你们彼此的合作与相互影响，看到你们的情绪得到释放、个性得到发展。老师会一如既往地充当你们的游戏伙伴和忠实观众，同时给予你们充分的支持、鼓励和协助。接下来，我们一起商量一下，怎样搭建一个京剧表演舞台，好吗？

▶ 活动效果评价：我们的思考

1. 基于教师的思考。

（1）倾听问题，了解经验，关注幼儿的兴趣，满足幼儿的需要。

倾听是教学过程中必不可少的一个环节。倾听行为能向幼儿传达教师对他们的关注、重视、尊重和欣赏，能让教师了解幼儿的兴趣、需要、问题和想法。“我是中国娃”这一主题活动产生于教师注意倾听幼儿平时活动中的谈话,并激发更多幼儿将兴趣聚焦于一个点上。教师引导幼儿围绕“我是中国娃”提出更多的问题,从而为自主探索打下了基础。

(2) 紧跟幼儿的探索足迹,成为幼儿活动的引导者、合作者。

在关注到幼儿对“中国”相关知识的探索兴趣后,教师紧跟幼儿的脚步,在探索过程中时刻关注幼儿的学习发现,帮助他们发现问题、明确问题、积极探索、主动寻找问题的答案。

(3) 创设交流与展示的机会,支持幼儿主动探索、交流和表现。

当幼儿对祖国各民族有了一定的了解后,他们对此次探索活动也到了表达和表现的阶段。他们有了想说、想做、想表现的欲望。这时,教师便成了幼儿活动的欣赏者和支持者,引导他们共同交流自己探索的结果,分享各自的信息和知识经验。

2. 基于幼儿的思考。

“我是中国娃”本质上是为了增强幼儿对自己作为一个中国人的认同感,为了让幼儿更好地了解中国的文化、传统习俗、民族特征等,引导幼儿感受家乡的变化和发展,感受祖国文化的丰富与优秀,激发幼儿爱家乡、爱祖国的情感。这一系列的活动很好地满足了幼儿的好奇心,满足了幼儿的探究心理。幼儿通过看一看、做一做、演一演等活动,极大地提高了探究能力以及解决问题的能力。活动对幼儿大肌肉发育、社会认知的增长、探究能力的提高都有很大益处。拓展开来的中国文化也会起到陶冶幼儿情操的作用。

3. 基于主题的思考。

《纲要》强调“以人为本”的教育思想,强调以游戏为主要活动,重视幼儿的兴趣、需要,让幼儿拥有快乐的现实生活。“我是中国娃”主题的大多数活动以游戏的形式展开,利用幼儿爱玩和好奇的天性,让他们乐在其中。听一听民族歌曲、看一看京剧脸谱等有趣的活动,让幼儿对我国的传统文化有一个更加生动和深入的认识,让幼儿的探究能力、语言表达能力以及解决问题的能力都有了很大的提高。

附:环境创设图片参考

黄土地中国情

中国的民间艺术

青花瓷忆想

我们一起玩扎染吧

天空蓝的骄傲

九、大班：小书虫

▶ 主题活动由来：幼儿的兴趣

书是伴随幼儿成长的伙伴，是打开人类心灵的钥匙。幼儿在一日生活中、学习活动中都会经常接触到图书，对各类图书产生了浓厚的兴趣。他们会不时地围在一起交流书中的内容和自己的发现，还会分享在家里看过的有趣的图书，讨论书中的人物或者说一说自己对书中事物的看法。

对于大班幼儿来说，他们已经有早期阅读的相关经验，喜欢与人交流，喜欢通过图画、文字符号观察、理解书中内容，并尝试用自己的表达方式讲述、描绘阅读图书的发现、体会和想法。大班幼儿即将进入小学，为了让他们做好进入小学的充分准备，实现从学前教育到小学教育的顺利过渡，我们根据大班幼儿的身心发展规律，投放了一些富有童趣、教育意义的图书。

“小书虫”主题活动的开展可以让幼儿接触到形式多样的图书，通过阅读书本、制作书本、购买书本等多种多样的自主体验、探究活动，让幼儿认识各种各样的书，了解书的来历，体验书的制作过程，学习书的分类，使幼儿在与书的对话中喜爱书，和书做朋友，激发幼儿的阅读兴趣，培养幼儿的阅读习惯，提高幼儿的阅读能力，并激发幼儿向往小学学习生活的积极情感，感受从书中学习获得成功的快乐体验！

主题实施网络图：跟随幼儿的脚步

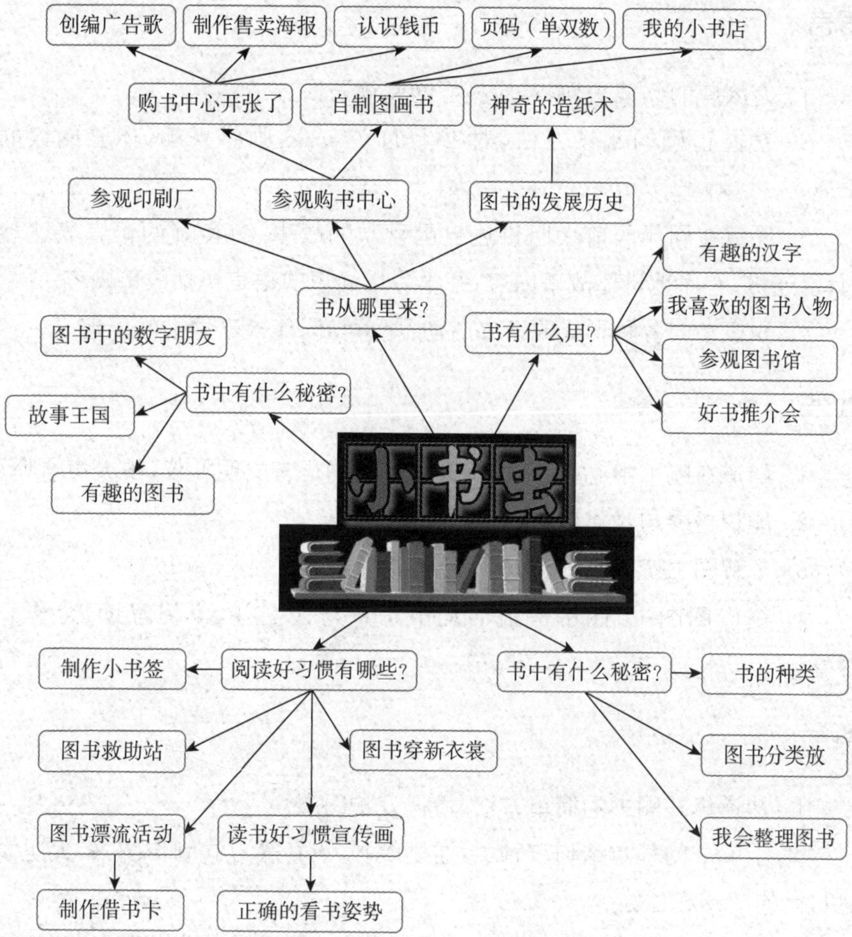

主题活动预期目标：着眼于幼儿的发展

健康

1. 养成正确的阅读用眼习惯和坐姿习惯。

2. 喜欢玩搬运图书等体育游戏,发展身体平衡和协调能力。

3. 看完图书后能将图书放回原处,整理收拾好。

语言

1. 有浓厚的阅读兴趣,养成良好的阅读习惯。

2. 掌握正确的阅读方法,对书上的文字、图画感兴趣,体验阅读的乐趣。

3. 愿意在同伴面前大胆讲述自己喜欢的故事,有良好的语言表达能力;能连贯、有序地讲述故事内容,并学习用简短的语言概括故事内容。

4. 积极参与各种形式的读书活动,愿意与同伴分享读书的乐趣。

社会

1. 知道在购书中心、图书馆等公共场所的语言文明礼仪,不大声喧哗。

2. 能积极参与收集资料,喜欢与同伴分享。

3. 了解图书管理员的工作,尊重图书管理员。

4. 在借阅图书、图书漂流活动中乐意与人交往,学习互助、合作和分享。

科学

1. 知道修补图书的简单方法,懂得爱护图书。

2. 了解书的基本结构和种类,通过绘画、设计等方式制作图书,大胆表达自己的情感和体验。

3. 知道图书馆有藏书、借书、看书的功能,了解图书馆里有书库、阅览室、借书处等不同场所。

4. 在图书的制作中感知页码的排序,了解书的价格以及条纹码的作用,有初步的数概念。

5. 愿意收集整理图书,能按图书的分类整理书本。

艺术

1. 尝试用多种艺术形式表现对书的喜爱。

2. 通过阅读欣赏图书、绘画图书插画、装饰书签等活动提高美术鉴赏能力和美术表达能力。

3. 在图书游戏中尝试根据音乐节奏创编广告词或者根据广告词改编音乐节奏。

▶ 主题活动列举:支持幼儿深入学习

活动一:参观购书中心

活动来源

幼儿还没有尝试过自己到购书中心选购喜欢的图书,对购书中心很好奇,即使有部分幼儿曾经到过购书中心,但是对里面图书的分类、功能的分布等不熟悉,让我们一起去购书中心看看吧。

活动目标

1. 了解购书中心橱窗布置的特点及营业员的工作。

2. 了解购书的过程,完成购书小任务,对购物活动感兴趣。

3. 在参观过程中大胆与人交流,大胆提出问题,能使用礼貌用语。

活动组织形式

小组活动或个别活动。

活动准备

活动任务记录表、笔。

活动过程

1. 提出活动要求。

(1) 简单介绍参观购物中心的流程及布置幼儿在活动中要完成的小任务。

(2) 说明幼儿及家长在活动中需注意及配合的事项。

2. 参观购书中心,听从导购员的介绍,简单记录。

(1) 引导幼儿观察购书中心的环境、橱窗布置特点。

(2) 请幼儿大胆讲述自己的发现,并向管理员提出问题。

(3) 幼儿在家长的引导下,自行完成购买图书小任务。

3. 讨论分享。

幼儿讲述自己在购书时的发现和购买图书的经过。

活动建议

家长与幼儿去购书中心之前把一些问题先与幼儿讨论,收集好幼儿的问题后再去购书中心,针对幼儿提出的有价值的问题进行深入的观察和探索,寻找和了解购书的过程中遇到的问题,尝试解决问题,或者为下一次活动做好准备。

活动二:有趣的图书

活动来源

在收集到的各种各样的图书中,幼儿发现图书的种类很多,如立体书、会发声的图书、布制图书,甚至还有 3D 图书,有的书可以摸一摸、翻一翻、玩一玩,非常有趣。

活动目标

1. 初步了解图书的结构,知道图书的种类及不同的作用。

2. 知道可以从图书中学到很多知识，对阅读感兴趣。

3. 有进一步探索图书相关知识的兴趣和愿望。

活动组织形式

小组活动。

活动准备

和幼儿一起收集多媒体资料、各种各样的图书。

活动过程

1. 介绍图书，引发兴趣。

教师介绍自己的书，从书名、封面、内容等方面进行介绍。

2. 讨论：你喜欢什么图书？为什么？

3. 初步了解图书的种类。

(1) 向幼儿分别展示收集到的图书，如立体书、照片形式的图书、以文字为主要内容的图书等，引导幼儿了解图书的不同用途及适合什么人阅读。

(2) 请幼儿讲讲还见过或知道哪些特别的图书。

(3) 激发幼儿通过多种渠道继续发现多种图书的兴趣。

4. 幼儿与同伴自由交换图书阅读，要求交换时做介绍。

活动建议

幼儿可以和家长一起收集有关书的各种资料。

活动三：图书中的数字朋友

活动来源

幼儿在一次自主阅读时跑来问老师：“我发现书本最后有一串奇怪的

数字，而且每一本书后面的数字都是不一样的。这些数字有什么用呢？”我们来寻找图书的数字秘密吧！

活动目标

1. 探索、了解图书中的数字朋友有哪些，以及其具体的作用。
2. 通过视频了解条形码的使用给购物带来的方便。
3. 能大胆猜测、表达，能在同伴面前表达自己的想法。

活动组织形式

小组活动。

活动准备

幼儿读物若干本、有关条形码的录像。

活动过程

1. 在图书中寻找数字朋友。

幼儿自由阅读图书，寻找图书中的数字，说一说自己找到的数字。

2. 讨论：数字的作用。

提问：你在哪里找到数字的？这些数字有什么用？

3. 欣赏录像，了解条形码的作用。

提问：你看见了什么？条形码在书的什么地方？为什么要贴条形码？它有什么作用？

4. 小结。

数字朋友的作用真大，不同的数字组合就有不同的作用，它们为人们的生活提供了很多方便。

活动建议

家长平常在生活中也可以和幼儿一起寻找带有数字的东西或者地方，

并了解其数字代表的意义，以及了解它给人类生活带来了哪些便利。

活动四：神奇的造纸术

活动来源

在“书吧”里，幼儿发现图书所用的纸是不一样的！纸的世界是怎样的？纸又是怎么造出来的呢？幼儿对造纸很感兴趣，“小小造纸坊”就这样在他们的游戏里开始了！

活动目标

1. 知道中国是世界上最早发明造纸术的国家，造纸术是我国古代四大发明之一。

2. 在尝试和观察中了解纸的特性及用途。

3. 与同伴合作尝试制作再生纸，体验合作活动的乐趣。

活动组织形式

小组活动。

活动准备

造纸工具、各种废纸、小垫板、水杯、视频。

活动过程

1. 观察了解纸制品的特征及用途。

幼儿结合生活经验讨论、表达自己对纸的认识。

2. 观看视频，了解古代造纸术的来历。

结合视频引导幼儿观察再生纸的制作步骤。

3. 尝试再生纸的制作，老师观察并提供相应的支持和引导。

鼓励幼儿遇到困难时学会想办法、大胆尝试、与同伴协商和合作等来解决。

4. 展示再生纸。

活动建议

在活动中，可以多收集不同材质、软硬度、厚薄的纸，让幼儿通过观察、触摸感受不同纸的特点，还可以在区域活动中提供各种纸供幼儿绘画、剪纸等，让其充分感受纸的特性和用途。活动后可利用再生纸进行自制图画书。

活动五：购书中心开张了

活动来源

参观完购书中心后，幼儿收集了各种各样的书，而且他们总是围坐在一起兴致勃勃地阅读和讨论。说起自己在购书中心买到的书，大家非常想创建一个属于自己的购书中心。

活动目标

1. 能自行设计游戏情节及规则，能与同伴协商进行游戏，并有解决问题的能力。

2. 有良好的游戏常规，游戏后有收拾物品的好习惯。

3. 能积极主动参与游戏，感受购书游戏带来的乐趣。

活动组织形式

个别活动。

活动准备

各种游戏材料、书籍、纸笔若干。

活动过程

1. 自主商定游戏主题。
2. 讨论游戏所需材料，幼儿选取、收集材料。
3. 幼儿结伴创设购书中心的环境。
4. 制订游戏规则，分配角色。
5. 游戏体验。
6. 同伴间分享、小结。

活动建议

教师在自主游戏中尽量让幼儿自己商定游戏的内容、玩法、规则，激发幼儿在游戏中的创新意识，鼓励幼儿在游戏中自己尝试解决问题、处理矛盾等。

活动六：创编广告歌

活动来源

经过幼儿的精心筹备，我们的购书店开张了，幼儿为了提高图书的销售量，提出要为购书店准备一些朗朗上口的广告词，本班幼儿有一定的节奏基础，也有仿编、创编儿歌的经验，所以，设计了音乐活动“创编广告歌”。

活动目标

1. 能熟练地打出多个节奏型。
2. 尝试根据节奏型的特点加上与之匹配的广告词。
3. 乐于参与创编活动并感受合作创编带来的快乐。

活动组织形式

小组活动。

活动准备

节奏型卡片若干、广告视频、图谱。

活动过程

1. 谈话唤醒经验，导入创编广告词的话题。

(1) 出示视频，幼儿观看，引发兴趣。

(2) 教师提问，幼儿讨论，说说对广告词的感觉。

(3) 你喜欢哪个广告，为什么呢？

2. 出示节奏型，创编广告词。

(1) 逐一出示节奏型卡片，幼儿复习。

(2) 幼儿尝试创编广告词，教师提炼。

(3) 鼓励幼儿尝试将广告词匹配到相应的节奏型里进行朗读。

(4) 教师协助幼儿进行调整，完善带节奏的广告词。

3. 分组创编。

(1) 幼儿自由分组，合作选取喜欢的节奏型进行创编。

(2) 每组幼儿分享自己的带节奏的广告词。

(3) 鼓励幼儿为广告词创编简单的动作，并大胆地在同伴面前表演。

活动建议

有了广告词，还可以引导幼儿使用道具来烘托气氛以吸引顾客。可以和家长一起制作广告牌以增添游戏的乐趣。

活动七：图书分类放

活动来源

幼儿还没有分类整理图书的经验，所以经常在他们看完图书后，书架上就会出现乱摆乱放的现象。为了让幼儿养成分类整理物品的好习惯，我们设计、开展了此次活动。

活动目标

1. 知道各种书的用途，能按顺序翻找和摆放图书。

2. 在引导下学习归纳图书分类的方法，会按图书大小、用途、内容、色彩等进行分类。

3. 体验图书分类、收纳整理的快乐。

活动组织形式

小组活动。

活动准备

各类图书若干。

活动过程

1. 回忆参观购书中心时向导介绍图书种类的过程。

提问：你在购书中心看到了什么？书是怎么摆放的？书架上都有哪些标记？

2. 尝试给图书分类，讲述理由。

（1）请幼儿将不同种类的书分类。

（2）提问：你是怎么分的？为什么这样分？引导幼儿按大小、厚薄、内容、色彩等进行分类。

（3）讨论书的分类。

3. 归纳分类的方法，再次分类整理图书。

4. 制订本班阅读区的图书分类表。

（1）每组商量按哪种方法分类。

（2）制作相应的标记，贴在阅读区相应的位置。

(3) 把图书分类摆放整齐。

活动建议

父母在家中鼓励幼儿自己按类别收拾整理图书,幼儿还可以协助父母整理父母的书柜,学习、巩固分类的方法,养成整理、分类的好习惯。

活动八:制作小书签

活动来源

有一个幼儿从家中带来了一张美丽的小书签,大家围绕书签的作用和设计展开了讨论,每个人都想用自己的方法制作一张属于自己的、特别的小书签。

活动目标

1. 尝试选择废旧材料或自己喜欢的材料制作小书签。
2. 初步了解书签的特征和用途。
3. 对书签感兴趣,知道书签也是一种艺术品。

活动组织形式

小组活动。

活动准备

各种书签若干(幼儿收集)、废旧吊牌、色纸、剪刀、彩笔。

活动过程

1. 欣赏各种书签,激发兴趣。
2. 仔细欣赏各种书签,了解书签的用途。

知道书签不仅仅有标记书的阅读的功能，书签本身也是一种艺术品。

3. 设计书签，解释自己设计的书签上图案的含义。

4. 自由选材进行制作，教师个别指导。

5. 自制书签展览会。

活动建议

制作好的专属书签可以成为幼儿专用的书签，帮助提高幼儿的阅读兴趣。也可以将自制的书签作为礼物，赠送给其他幼儿，鼓励幼儿养成阅读的好习惯。

活动九：自制图画书

活动来源

幼儿平时喜欢将图画书中的一些人物形象绘画出来，慢慢地就形成了类似连环画一样的图画，如果能自制图画书那不是很有意思吗？

活动目标

1. 能根据故事发展把画面进行排序，尝试制作图画书。

2. 学习使用各种工具，探索制作图画书的基本方法。

3. 体验与同伴协商、分工，共同完成图画书制作的快乐。

活动组织形式

小组活动。

活动准备

纸、笔、订书机、记录表等。

活动过程

1. 通过实体书了解书的结构，设想制作图画书的方法。

(1) 出示单页图画书，回忆书的主要结构——封面、正文。

(2) 引导幼儿充分发表意见，谈论制作图画书的设想。

2. 师幼共同制作图画书。

(1) 先制作正文：重点帮助幼儿分析怎样用五幅图来表现故事。

(2) 按故事顺序给画面编上序号并排好顺序。

(3) 制作封面。教师协助幼儿选择纸张并绘制封面。

(4) 装订成册，教师协助幼儿写上故事名称及制作者，完成一本图画书的制作。

3. 引导幼儿归纳、总结图画书的制作方法。

4. 作品展示，幼儿互相交流、欣赏。

活动建议

家长在日常生活中可以根据幼儿的兴趣或者某方面的教育目的，和幼儿共同绘制故事内容，创编新的故事，并装订成故事书；还可以把自制故事书带回幼儿园进行图书漂流活动。

活动十：有趣的汉字

活动来源

在“小书虫”自主性主题活动中，幼儿接触了各种各样的图书，虽然幼儿阅读的图书以图画为主，但是汉字还是存在的。个别幼儿可能在家长的熏陶下已经认识了不少汉字，在游戏中有时还会辨认出图书中汉字的意思，其他的幼儿被吸引，因而引发了大家对认汉字的兴趣。

活动目标

1. 了解汉字的起源和特点。

2. 认识象形字,建立象形字与现代汉字之间的联系。

3. 萌发对汉字的好奇心和探索兴趣。

活动组织形式

小组活动。

活动准备

多媒体资料、汉字演变过程视频,汉字卡片、图书若干。

活动过程

1. 游戏:找汉字。

在屏幕上同时出示各种字,让幼儿指出哪一些是中国的汉字。

2. 汉字变变变。

观看视频,知道汉字的演变过程。

3. 汉字对对碰。

出示相对应的象形字和现代汉字若干组,不规则摆放,让幼儿配对。

4. 看谁找得快。

选择与人数相等数量的图书,人手一本,出示汉字卡片,让幼儿在手里的图书中找出这个字,看谁最快找出来。

活动建议

活动只是让幼儿对生活中常见的简单标记和文字符号产生兴趣,而不是死记硬背汉字,老师切记不要用机械记忆或强化训练的方式让幼儿认识大量的汉字。

活动十一:图书救助站

活动来源

在图书架上,我们经常会看见一些被幼儿“宠爱”得较多的书本破损了,幼儿一致认为需要修补破损的图书。于是,借助《白雪公主和洞洞》的故事,老师和幼儿展开了讨论:怎么修补破损的图书?

活动目标

1. 理解故事《白雪公主和洞洞》的基本内容,领会故事的主题思想。
2. 学习几种修补图书的方法,能独立地修补图书。
3. 培养热爱图书、爱护图书的情感。

活动组织形式

集体活动。

活动准备

撕破的、有破洞的图书若干本、新书一本、纸张、修补工具、修补图例。

活动过程

1. 讲述故事《白雪公主和洞洞》,理解故事内容。

提问:晨晨为什么把书上的图片剪下来了?妈妈为什么讲故事时总说“洞洞”?晨晨为什么脸红了?他是怎么做的?

2. 出示破书和新书,激起幼儿爱护书、修补书的愿望。

提问:这里有两本书,你们喜欢哪一本?为什么?

讨论:除了像晨晨那样用透明胶补,还可以用什么方法?

3. 指导幼儿修补图书。

（1）归纳出几种基本的图书修补法。

（2）和幼儿共同修补图书。

（3）幼儿独立修补图书，教师观察、指导，及时给幼儿提供必要的帮助。

4. 展示修补好的图书。

将修补好的图书放在书架上，激发幼儿爱护图书的情感及为自己的劳动成果而自豪的情感。

活动建议

在日常阅读图书中发现图书有破损时，老师和家长都可鼓励幼儿尝试自己修补图书，在修补过程中寻找更好的图书修补方法，并培养幼儿养成爱惜图书的良好习惯。可将修补工具放在图书区，鼓励幼儿随时修补破损图书。

活动十二：好书推介会

活动来源

班上的图书漂流活动引起了一系列关于图书、故事的自发性活动。幼儿除了每天利用自由活动时间去借阅以外，还向身边的小伙伴推荐并讲述自己最喜欢的故事书。

活动目标

1. 学习用简短的语言说出喜欢这本图书的理由，以及自己对图书内容的理解。

2. 培养良好的阅读习惯，能和同伴分享自己喜欢的图书。

3. 初步感受阅读活动所蕴含的意义，促进身心健康成长。

活动组织形式

小组活动。

活动准备

收集有教育意义的好书、纸笔。

活动过程

1. 收集故事书，挑选一本自己最喜欢的图书。

教师观察幼儿选择与阅读图书的兴趣，了解幼儿喜欢的理由以及对图书内容的理解。

2. 把书中最有趣的内容记录下来。

3. 展示、介绍和分享。

建议幼儿用画图或符号的方法表征书名及自己的推荐理由，鼓励幼儿向大家推荐自己喜欢的图书。

4. 小结，提升经验。

引导全班幼儿欣赏同伴的“好书推荐”，并展开交流：“看了图书推介，你想看这本书吗？为什么？”

活动建议

引导幼儿在阅读完同伴推荐的图书后将贴有自己照片的夹子夹在展示板上相应图书的旁边，以表示自己喜欢这本书，并把喜欢的理由用绘画的形式简单地表达出来。

▶ 主题故事案例：我们的故事

故事：购书中心开张了

“小书虫”主题活动里，有一个小组的孩子们打算开购书中心。锦萱和伙伴们把桌子靠在墙边，图书放在桌子上，挨着墙壁倾斜地摆放，中间摆了一张桌子，平放着一些图书，确实很像书店展示图书的样子。

过一会儿再去看时，只见锦萱在便利贴上认真地写着，写完撕下来贴在书桌上图书的前面。凑近一看，她写的是数字，前面还有一个“＄”符号，锦萱认真地介绍着：“这是图书的价钱。”“原来是这样啊！不过这个符号是什么意思呢？”锦萱说：“其实我也不会写。”我摸摸她的头，然后说：“没关系，我们一起想办法！”

当天的游戏分享环节，我把锦萱遇到的困难告诉了大家，最后，他们决定回家问爸爸妈妈，看看爸爸妈妈懂不懂这方面的知识。

隔了一天，文朗小朋友的妈妈主动联系我，了解孩子们想知道哪些知识，经过沟通，文朗妈妈准备的活动如期进行了。

在活动中，文朗妈妈播放了PPT，小朋友们知道了货币的历史，认识了人民币的面值。最好玩的是买卖图书的游戏，可以在小黑板上写刚刚学的标价，还可以拿教学专用纸币假装买书。

下一次自主游戏时，我发现在购书中心“工作”的孩子会用正确的方式标价了。

在参加购书中心的活动以后，孩子与扫码器有了亲密接触，知道了它的作用，在游戏中就用玩具拼了一个“扫码器”，玩游戏时方便多了，“顾客”也受到启发，用玩具拼了手机扫二维码付款，这简直就是一个缩小版的购书中心。

在这里发生了什么样的学习：

锦萱，无论在任何一个游戏中，你都积极想办法，游戏外的你总是那么胆小，对未知的事总是很担心，可能就是因为这个原因，你会更积极想办法去解决担心的事情。在游戏中能看出你在平常生活中是一个善于观察的孩子，你能将积累的生活经验都用在游戏中。虽然你写的价格符号不是人民币的，但是正好给了我们一个探索、学习的机会。

下一步学习的可能性：

从后面的游戏中看出，孩子们从生成的活动中获得了有关的知识与经验，对价格、货币、买卖等领域的知识有了初步的认识，接下来我们可以把数学知识融入游戏中，寓教于乐。生活中含有教育，教育用于生活，正是我们幼儿园开展自主性游戏的初衷。

故事：新书推介

今天的自主游戏开始了，大家都忙着选择自己喜欢的方式进行游戏，在阅读区的洁睿小朋友架起话筒，吸引了我的注意，我走过去问道："洁睿，你在准备什么呀？"洁睿回答道："老师，我开了一个书店，我想要给他们推销这周的新书，肯定有人愿意买我的新书的。"

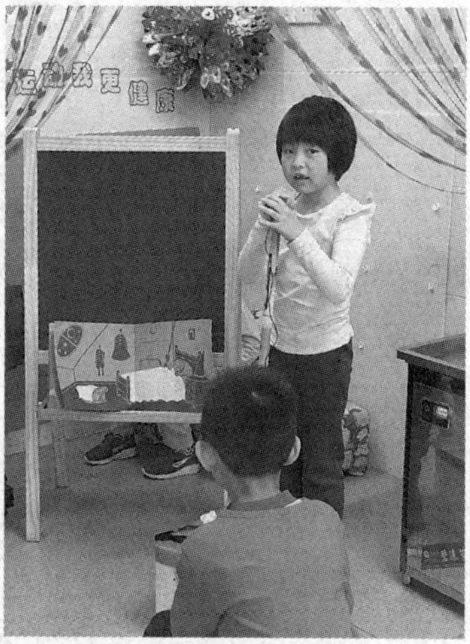

于是，洁睿继续布置阅读区，准备好新书、黑板等后，她拉起旁边的几个同伴，梓涵说："大家看一看、瞧一瞧，今天我们书店推出新书啦，快来买呀！"洁睿随手拿起一本新书就开始推介，为了让所有小朋友都能看到新书，洁睿把新书架在黑板的支架上，然后对着话筒声音洪亮地说："同学们，今天我给你们介绍一下新书，特别好看，首先你们先看这封面。"洁睿拿起新书的封面给他们看："猜猜里面讲了什么故事？猜对有奖哦，而且今天我们有个活动，买一本送一本，还可以免费试看哦，数量有限，抓紧时间哦，如果你觉得好看就把它买下来吧，不好看可以不买，快来看咯！"坐在旁边的小朋友们下意识地都往这边看，目不转睛地看着洁睿介绍新书，大家都想看看新书，洁睿还没有讲完，他们就迫不及待地跑过去拿起新书认真翻阅，并用纸代替钱向洁睿购买新书。看到自己推介的新书卖了一本又一本，洁睿的成就感油然而生，介绍起来更卖力了。最后洁睿的新书推介很成功，几乎每个小朋友都跑过来买了她所推荐的新书。她的书店吸引了越来越多的小朋友。

在这里发生了什么样的学习:

洁睿,今天老师看了你的新书推介,发现你的推销能力、口才都不错。我发现你对新书的内容特别熟悉,你平时自己也非常喜欢看书,看了书之后会跟其他小朋友分享,今天你把自己的长处展现出来了,我相信你开的书店一定会大受欢迎的,加油!

下一步学习的可能性:

你们这么努力地推介新书,书店这么受欢迎,来买书的客人肯定非常多。那么你们有没有对图书进行分类或者定下图书的价格呢?我们可以一起来想一想这两个问题哦!

故事:图书的秘密

自从班里开展了有关图书的主题活动,我们班的小朋友一进入图书馆就非常兴奋,很喜欢和好朋友坐在一起看书。今天均均和俊俊坐在一起看书,两个人看书时渐渐地在图书上发现了许多"小秘密",俊俊说:"你看!这本书46.80(把数字直接读出46.80)元。"均均说:"你怎么知道?"俊俊说:"在书的背后有啊,还有条形码,可以扫描支付。"两个人拿着这本书开始研究起来。

于是他们发现原来书有封面、图画、文字、价格等,渐渐地他们发现越来越多的"小秘密",他们大声地说:"这里有英文字母、有符号、有线条、有白色的短线(装订线)。"他们还开始比较不同图书的厚薄、形状……

在这里发生了什么样的学习：

老师真被你们两个人的发现震惊到了，为你们对图书的好奇、专注探索竖起大拇指，你们这份爱探索的精神激发了大家对图书秘密的探索愿望，谢谢你们！

下一步学习的可能性：

既然你们想了解更多有关图书的秘密，老师就和你们一起开启这个活动，全班孩子分组对图书里有什么、图书的结构等你们感兴趣的问题开展深入的探究。

故事：制作图书标记

孩子们决定两人一组合作制作标记，一个负责画标记，一个负责贴标记。画标记的小朋友要数一数一共有几本图书，需要画几张，而贴标记的小朋友要把标记贴在图书的左上角。分工合作，他们很快完成一整个小书架的图书标记制作。在把图书放进小书架时，顾僮轻轻一拉，前一本图书的标记就折起来了，他把图书拿出来重新再贴好，但发现三角形标记的每个角都翘起来了。原来贴标记的小朋友只是横贴一条透明胶把三角形标记固定在书本上，三角形的三个角都没有贴牢。我问他们："有什么方法让角翘不起来？"顾僮马上说："把三个角都贴上透明胶就好了。"我说："好办法，那你们仔细检查每本书，把标记上的每个角都贴好。"于是两个人一起检查标记，很快就完成了重贴工作。我说："你们俩当小检查员，看看其他组的标记是否贴完整，如果没贴好，你们去教他们如何贴。"于是，两个人就当起了检查员。一向被动的裕盛马上变得很积极，走过去，直接就对别人说："我教你们贴标记吧，标记的每个角都要贴上透明胶才能牢固。"在他们两个人的带领下，团队的贴标记工作顺利完成。

在这里发生了什么样的学习：

游戏中孩子发现问题后能自己想办法解决，两人积极落实解决方案，还把自己的经验在小组中推广。顾僮的思维比较活跃，而且他善于观察，所以他很快找到问题的关键点并找出解决的方案。他平时做事不够仔细，但在这个活动中他的精细动作得到了发展，从刚开始撕透明胶撕得很慢到后来能很快撕下，他手下的标记每个都贴得整整齐齐。裕盛做事一向比较被动，但他通过实践也知道了自己的粘贴方法有误，就马上调整并把自己的经验告诉团队的其他伙伴。在这个过程中他锻炼了自己的动手能力，而在与同伴的交往中得到了别人的认可，自信心得到了提高。

下一步学习的可能性：

当出现新问题时，老师尽量做一个旁观者，让孩子自己想办法解决问题，让他们解决问题的能力得到进一步提高。

▶ 活动效果评价：我们的思考

教育并不是要追求外在的形式，而是要注重内在的品质。在“小书虫”自主性主题活动中，教师以幼儿的自主探索、主动学习为基点，结合社区场景体验、区域活动、领域教学、自主游戏等多种教育形式，让幼儿主动参与到阅读、探索、自我表现等活动中来。

书是一个奇妙的、彩色的世界，也是幼儿常接触的、熟悉的世界，主题活动中通过选用内容鲜明、色彩强烈、画面精致的书本让幼儿主动观察、阅读、制作、体验，让幼儿从中增长与图书相关的知识。教师为幼儿营造了一个爱阅读、读好书的良好氛围，通过图书漂流促进师生共读、同伴共读和亲子共读的良好关系的形成，感受分享阅读的快乐。

幼儿根据自身的认知经验提出问题，全心全意地投入探索，从中体验到了快乐，互相分享着想法与经验，学会了如何解决问题。幼儿把自己的生活经验和丰富知识融入购书游戏和其他活动中，他们的好奇心和探究欲得到了最大的满足。在阅读活动里，幼儿专注于阅读，甚至平时比较活泼好动的幼儿都很安静、专注地阅读图书。幼儿从认识书、了解书，到喜欢书、制作书，再到爱护书、制作宣传画向身边的人宣扬爱书观念，这无疑是受到了主题活动潜移默化的影响，也是幼儿具有自我学习、自我发展潜能的印证。

对于幼儿园大班幼儿来说，他们即将进入小学，如何让幼儿从学前教育顺利过渡到小学教育？各种各样的书籍可以引领幼儿自我学习许多知识和本领，这也是幼小衔接中非常重要的一环。班级中建立书吧后，幼儿喜欢翻阅图书，有着浓厚的阅读兴趣，养成了良好的阅读习惯，他们喜欢在书的海洋里汲取养分。阅读成了幼儿最开心、最向往的事情，他们有更多的话题和朋友们讨论和交流，他们甚至还会扮演书中的角色，故事表演成为幼儿每天自主游戏的增味剂。当他们发现图书损坏后就无法阅读时，便自发修补图书，同时产生了“爱护图书”的意识。根据家长反馈得知，部分幼儿在家里已经养成了分类整理的习惯，能够按类别整理家里的图书了。

家长资源的合理利用以及家长对主题活动的配合与支持，也是“小书虫”自主性主题活动得以顺利开展，是推动幼儿主动探索、亲身体验和保持兴趣的重要保障。很多活动都离不开家长的帮助，例如协助幼儿收集各种图书，带着幼儿实地参观图书馆、购书中心、印刷厂等地方；陪幼儿阅读，让幼儿感受到阅读时光的美好和有趣。

阅读为幼儿打开一扇认识世界的窗。专注的阅读、快乐的阅读使图书成了幼儿最好的伙伴。幼儿从小养成爱阅读、会阅读的习惯，将成为他们一生的财富。

附：环境创设图片参考

故事小屋

我们来宣传

课程故事篇
我们的故事

一、香香的果皮

记录对象：涛涛 班级：小班

独特的你

涛涛是一个生性害羞、腼腆的小男孩。他在上幼儿园之前一直寄养在老家，由外公外婆照顾。三岁之前，涛涛接触的人相对比较少和简单，因此，他的安全感和自信心不足。刚入园时，涛涛产生了强烈的分离焦虑，他不愿意参加集体活动，每天背着书包躲在课室的角落，是名副其实的“书包哥”。经过教师的激励、引导和家园共育，涛涛逐渐喜欢参与集体活动，愿意与熟悉的同伴交往。虽然涛涛的话不多，但是他心思细腻，喜欢关注身边的事物，是一个爱动脑筋的孩子。

爱的追随

水果餐时间到了，今天吃橘子。涛涛正在剥橘子。突然，果皮的汁液溅到涛涛脸上，他似乎发现了什么，突然愣神，继而把刚剥下来的一块橘子皮放到鼻子前闻了起来。接着，他把橘子皮递给了旁边的琦琦：“给你闻一闻，香香的！”琦琦闻了一下说：“嗯，好香的橘子皮啊！”涛涛放下橘子皮，两只手搓了搓，油油的，凑到鼻子前，用力吸：“啊——”然后把手递给了琦琦：“手也是香香的！”琦琦闻了闻涛涛的双手，也闻了闻自己的手，最后也把手递给了涛涛：“我的手也是香香的哦！”腼腆的涛涛忍不住也把橘子皮递到我面前：“你闻闻，好香！”我接过橘子皮闻：“真的很香！”得到认可后，涛涛突然大胆地抓住了我的手：“手也变得香香的，你闻闻！”我故作好奇，把手凑到鼻子前：“啊，手也是香香的！谢谢你把发现告诉我！”说着，琦琦、涛涛和我相视而笑。

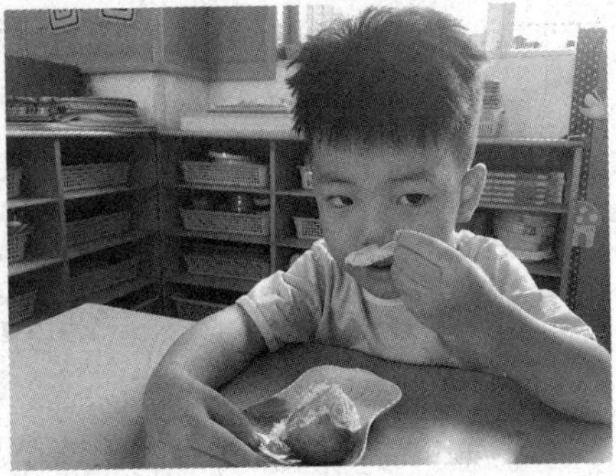

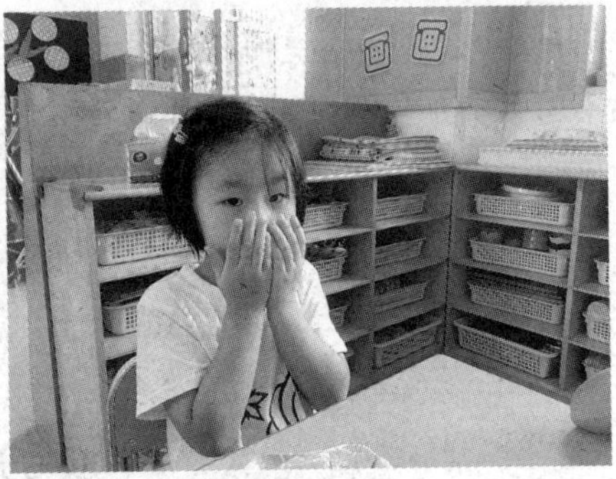

这时，涛涛有了新提议："不如我们把橘子皮拿去晒，看看晒干后还香不香？"于是，涛涛和琦琦合力把剥出来的橘子皮都放到篮子里，拿到阳台

有太阳的地方晒。他们的举动吸引了其他孩子的注意,大家都小声嘀咕着:“为什么要晒橘子皮呢?”水果餐后的自由活动,我组织了简短的分享环节,鼓励涛涛解答孩子们的疑问。面对着集体,涛涛显得有些不知所措,我示意大家闻闻自己的双手,大家惊讶地发现,手上都留着刚才吃的橘子香味,当大家一如既往地用崇拜的眼光看着我的时候,我却把目光投向涛涛:“这个秘密是涛涛发现的哦!”话音刚落,大家崇拜的目光转移到了涛涛身上,涛涛腼腆地笑了笑,一旁的琦琦忍不住给涛涛竖了个大拇指:“涛涛的鼻子真厉害!”我顺势补充道:“涛涛不仅鼻子灵敏,眼睛还善于观察,脑袋也善于思考,还能大胆地与同伴分享发现。”被赞许的涛涛勇敢地打开了话匣子:“我想知道橘子皮晒干后有没有香味,所以和琦琦把橘子皮拿去晒了。”孩子们恍然大悟。“你们愿意和涛涛一起寻找答案吗?”大家都举起了小手。

心的追随

1.《指南》中指出,小班孩子能用多种感官探索物体。涛涛,在剥橘子、发现橘子皮有香味的过程中,你的探究能力慢慢地得到了展现。

2. 你认真、细致地一片一片把橘子皮剥开,快乐地享受着自我服务的乐趣。虽然你是小班的小朋友,但是小手已经很灵活了。你有敏锐的洞察力,用灵敏的鼻子发现了橘子皮是香香的。更令我惊喜的是,平时话不多的你,今天能够大胆、主动地与同伴分享你的发现。

3. 与同伴的互动进一步激发了你探究的热情,你还发现碰过橘子皮的双手是香香的、油油的。在你的感染下,同伴也主动和你分享了发现。你们在自主探究、自主发现、自主交流中自主构建了新的经验。而这种新构建的经验又激发着你进一步思考:橘子皮晒干后香不香呢?你并没有像往常一样把话藏在心里,而是大胆地把疑问提出来,与同伴合作完成了初步的实验操作。是你强烈的求知欲和好奇心壮大了你的胆量,老师真为你的进步感到高兴。

4. 是不是所有的果皮都是香香的呢?香香的果皮晒干后还会有香气吗?香香的果皮有什么用呢?涛涛,老师期待你的实验结果,到时候别忘了向更多的小伙伴分享你的发现哦,相信大家也很愿意和你一起继续探索。接下来,我会创设机会和环境支持你们继续探究果皮的秘密,提供材料让你们尝试进行相关的操作和实验。小小科学家们,加油吧!

我们的思考

1. 有效观察,给予精准支持。

在师幼互动中,教师充当着多种角色,其中一个很重要的角色,便是观察者。水果餐本是一日生活中一个很平常的环节,很庆幸我能捕捉和观察到这个有价值的时刻,发现了涛涛的闪光点。《指南》中指出,教师要支持幼儿在接触自然、生活事物和现象中积累有益的直接经验和感性认识。从活动中不难发现,涛涛虽然不善言辞,但有敏锐的洞察力和独特的见解,我从旁观察,适当引导,以此激发涛涛积极探索的热情,提高他主动与人分享的自信心。我想,有效观察、创设宽松自由的探索环境、保护其好奇心,也是支持幼儿积极探究的一种方式。

2. 积极评价,帮助幼儿建立自信心。

《指南》中指出,对幼儿好的行为表现多给予具体、有针对性的肯定和表扬,让他对自己优点和长处有所认识并感到满足和自豪。结合涛涛的个性特点,我觉得这一点建议用在涛涛身上特别合适。因此,在水果餐后,我及时在集体面前给予了涛涛具体、积极的评价,让他正确认识自己,同时感染其他幼儿,使涛涛切实感受到自己被尊重和被肯定,从而有效地帮助他树立自信心。

3. 真诚接纳,激发探究热情。

在整个探索过程中,我始终保持着尊重的态度,真诚地接纳涛涛的发现、见解以及行为,鼓励他自主决定后续的尝试和猜想,这样做的目的,一来增强他的自信心,二来也继续激发他探究的热情。在后续的探索中,我会在保证安全的前提下，提供条件和材料让涛涛和小伙伴一起尝试进行相关操作实验。例如果皮制作酵素的操作活动、品尝各种果皮零食等，让他们进一步认识果皮的特征，了解果皮的作用。随着探究活动的深入开展，更需要同伴间的合作，相信涛涛在保持对身边事物关注热情的同时，交往能力也会得到提高。一次偶发性的事件，因为有了最初的关注，便发展成了可深度展开的、有探索价值的活动。

二、杯子城堡

记录对象:琳琳　班级:小班

独特的你

琳琳,你是一个活泼可爱,动手能力强的孩子。做事时你有自己的想法,能坚持,遇到困难会迎难而上、永不退缩。在班上,你结交了很多好朋友,和他们友好相处,一同游戏。在各种活动中,你做事情又快又好,是班上孩子们的好榜样。每当进区学习时,你那认真操作、努力思考的样子,深深地吸引着老师,你真是又聪明又懂事。在家里,你是一个小妹妹,常常与姐姐追逐打闹,难以控制自己的情绪。和在幼儿园时的你相比,完全是两个样子。

自主游戏即幼儿在一定的游戏环境中根据自己的兴趣和需要,以快乐和满足为目的,自由选择、自主开展、自发交流的积极主动的游戏活动,活动过程是幼儿兴趣需要得到满足,天性自由表现,积极性、主动性、创造性充分发挥和人格建构的过程。今天的游戏地点在课室外面的空地,这块地没有大小限制,也没有游戏地域限制,能充分展现自主游戏的开放性。游戏材料以一些低结构材料为主,如饮料瓶、卷纸筒、盒子等。但今天投放了一种新材料——彩色纸杯。

爱的追随

在今天的自主游戏里,教师尝试投放了新材料——彩色纸杯,想看看孩子们能玩出什么新花样来。大部分孩子拿着纸杯一个接着一个排队,或者拿纸杯装食物玩扮家家游戏。

突然，我发现有两个孩子玩出了新花样。琳琳和菀欣用粉红色的纸杯摆出了像围墙一样的城堡，只有单一的一层，谁知搭着搭着纸杯不够了，她又拿来了一筒粉色的纸杯，继续往上叠加，越叠越高。这时，一阵风吹过，把纸杯吹倒了。菀欣扁了扁嘴，走开了。但琳琳把纸杯都捡起来，又开始一只一只地叠加上去。好不容易建好了，又被风吹倒了。但是琳琳还是坚持把纸杯捡起来，不停地重复搭建着。这时，我也拿了一筒纸杯，悄悄地走到琳琳身边，在她的旁边开始默默地用她的方法搭建着。但我做出了一丁点变化，我摆的并不是单一的平的城堡，而是下面大、上面小的城堡。这时，又一阵风吹过来。琳琳的城堡又倒了，但我的城堡没有倒。这下引起琳琳的注意。她来到我身边问："刘老师，为什么你搭的城堡不会被风吹倒呢？我的城堡已经被风吹倒好几次了！"我先让琳琳观察一下我的城堡与她的城堡的区别，琳琳发现我的城堡并不是单一的墙面搭建，而是立体的围圈搭建，而且在搭建时上一层的每个纸杯都会摆在下一层两个纸杯之间的空隙上，使原本松动摇摆的纸杯变得更稳。

在活动分享中，琳琳介绍自己搭建的是一座"杯子城堡"，但多次被风吹倒。我把问题提出来，让全班孩子一同回家想办法，在下一次的游戏中，我们用新的办法来搭建城堡，看看能不能让城堡更加坚固。

心的追随

1. 游戏是孩子们的伙伴。琳琳，在游戏中你的想法很奇特，虽然只有简单的纸杯，但是你专注地玩了几十分钟并乐此不疲。在游戏中，你能自己尝试搭建，感受与同伴在一起的快乐，还能推陈出新地想出新花样，我相信你各方面的能力都得到了提高。

2. 在整个游戏过程中，琳琳，你那坚持、不放弃、专心、认真的样子深深地吸引了我。老师很想告诉你，老师真心表扬你。你那一次又一次不气馁地把被吹倒的纸杯捡起来继续搭建的样子，真的很吸引老师的眼球。

3. 琳琳，你的观察能力很强，虽然老师在你身边搭建时没有与你交流，但你也发现老师搭建的城堡与你不一样，不会那么容易被风吹倒。你会大胆地过来询问老师，尝试用新的方法进行搭建。

我们的思考

1. 巧投材料，引发思考，创新玩法。

在幼儿园的自主游戏中，材料选择与投放时间都需要与幼儿的年龄特点、思维特点、兴趣爱好、发展水平相适宜。教师应尊重幼儿，解放幼儿的头脑、眼睛、手、嘴巴、时间和空间，为幼儿增添更多可探索、可变化、可创新的材料，让幼儿真正成为幼儿教育的主人。例如，在上述案例中，教师提供了许多大小一致、颜色不同的纸杯，让幼儿创造出有特色的游戏内容，有的幼儿玩卖果汁的游戏；有的幼儿用纸杯建小路；有的幼儿用纸杯摆图形……而琳琳是个特别的幼儿，她会使用搭建乐高的方法尝试把纸杯叠高变成一座城堡。这样简单、常见的纸杯，居然引发出如此多种类的游戏。另外，教师要针对幼儿的年龄特点，科学选择和投放游戏材料，充分发挥材料的教育功能，引发幼儿的自主游戏兴趣，强化幼儿的探索意识，提高幼儿的创新能力。

2. 把握好垂直介入和平行介入的互换关系。

平行介入是指教师以同伴或游戏角色等与幼儿平行的身份介入游戏、参与游戏，适时给予指导，从而完成幼儿在游戏中学习和发展的教学任务。可见平行介入有利于保护幼儿的学习欲望和兴趣。而垂直介入是指教师以教导者的身份对幼儿自主游戏进行干预、指导，以促进幼儿更好地发展和学习。例如，在上述案例中，教师发现琳琳重复搭建被风吹倒的纸杯后，使用了平行介入的方法，以游戏者的身份，在琳琳身旁开始搭建城堡，成功引起了琳琳的注意与观察。当琳琳主动来问教师时，教师就使用了垂直介入，为琳琳做正面的指导与帮助。教师指导应以平行介入为主，垂直介入为辅，与幼儿交流、对幼儿游戏活动进行指导，使教育践行真正的自由和民主。

3. 善于观察，发现教育契机。

自主游戏是一个动态的、连续的过程，幼儿的每一个尝试或每一句话都有可能蕴藏着教育契机，这就要求教师必须具备敏锐的观察力，以捕捉稍纵即逝的教育契机。上述案例中，琳琳是一个能坚持、遇到困难不放弃的幼儿。但她没有想一想为什么纸杯城堡这么容易被风吹倒，教师应该鼓励琳琳想一想，怎样搭建，城堡才会更坚固，不会那么容易被吹倒。当幼儿发现问题后，应该先自己想办法解决问题，以提高解决问题的能力。在天性得到充分解放的自主游戏活动中教师能直接了解幼儿的想法，分析幼儿的行为，尽可能追随、支持幼儿的兴趣，激发幼儿的学习主动性、能动性，在幼儿的一言一行中寻找、记录教育的发光点，合理、科学地组织教学活动，真正成为幼儿潜能的发掘者。

三、卖糖果

记录对象：曦曦　班级：小班

独特的你

曦曦，你是一个喜欢结交朋友，又爱独立思考的孩子。做事时你有自己的想法，而且会让别人认同自己的想法与做法。但是，在交友时，你往往不懂得应用方法，遇到困难时爱发脾气，甚至会动手打人。经过与家长多次沟通与了解，老师知道你在家里时，也常常会主动要求到小区里玩耍，每次游戏时都能认识一些好朋友，但也时常会与他们发生冲突或与朋友意见不合。这时的你不知道如何处理，也会出现发脾气和打人的情况。经过家长的介入与调解后，你会认识到自己的错误，会听取别人的意见，并大胆尝试用各种方法与小伙伴玩游戏。

户外自主游戏是开放、自由、自主的，孩子们的游戏对象、游戏材料、游戏方式、游戏内容都是他们自己选择的。曦曦在每一次的户外自主游戏中都会邀请男孩子一起玩游戏，但人数不多，只会邀请一到两个男孩子，她甚少与女孩子一同玩游戏。在今天的活动中，曦曦结交了很多朋友，不只是一两个游戏伙伴。

爱的追随

今天开展户外自主游戏时，有几个孩子围着方块积木自主搭建。突然，曦曦跑过来拿走了旁边闲置的几块绿色积木并对旁边的小男孩说："我们一起去玩卖糖果的游戏吧！"他俩找到一张地垫，面对面坐下来。曦曦大声喊叫："卖糖果啦！卖糖果啦！"几个孩子听见了，也学他们拿着几块积木，一起叫卖起来。一时间，操场上都是叫卖声。

曦曦见状，转过头，皱起眉头对其他孩子说："你们这样好吵哦！"说着，就随手把别人的积木拨开了。大家看到了，都很不高兴。这时，与曦曦一同游戏的小男孩说："曦曦，我们和他们商量一起游戏吧！"曦曦想了一会儿，说："我来卖糖果，你们大家来买糖果，好吗？"其他孩子都同意了。只见曦曦把其他孩子的糖果收集起来，按照不同的颜色进行分类，并摆在相应的碟子里。其他孩子都站在他前面排成一纵队，曦曦笑嘻嘻地开始问："请问你要买糖果吗？"这时，一位小女孩问："糖果多少钱啊？""一颗一块钱。"曦曦回答说。"我要两颗糖果，给你两块钱，谢谢！""不用谢！"曦曦把糖果递给小女孩，开心地收下了两块钱。

游戏继续进行，突然，曦曦站起来，跑到玩具箱里拿了一叠废纸，再跑回去。只见他帮几个一起买糖果的孩子把手中的糖果用废纸包了起来。曦曦看了看，笑了，买糖果的孩子也笑了。

心的追随

1.《指南》中指出，小班孩子有比较强烈的情绪反应时，能在成人的安抚下逐渐平静下来。曦曦，你总是主动交朋友，在游戏中你非常热情。虽然有时表现得急躁，但你愿意听取同伴的意见，并及时调整自己的情绪，这一点做得很好。

2. 你知道并会运用基本的礼貌用语，愿意对别人表示感谢，是大家学习的榜样。在游戏中，你还懂得运用数量之间简单的相互关系，知道一块钱买一颗糖果，两块钱应该买两颗糖果。这次游戏展现了你的数学逻辑思维。

3. 当你发现“小顾客们”拿不了这么多糖果时，你动脑筋解决问题，自己寻找替代物，不需要别人的帮助。老师看到你这么棒，真的为你感到高兴。

我们的思考

1. 课程与游戏有机结合，促进幼儿在游戏中全面发展。

环境与游戏有着密不可分的关系，我们既要为幼儿创造环境支持他们的游戏，也要为游戏不断调整或创造适宜的环境。既然幼儿对买卖糖果的游戏这么感兴趣，教师应当抓住这一教育契机，在教育环境中创设糖果店。幼儿的游戏活动和生成的教学活动交互进行、相互促进，不仅促进了幼儿游戏经验的积累，而且拓展了生成活动的内容，逐步构建了生成课程的主题网络。例如，我们可以开展“甜甜的糖果”主题活动，结合自制糖果、打包糖果、买卖糖果等游戏，提高幼儿的动手能力与游戏能力，深入探索幼儿在自主游戏中生成的内容，从而让幼儿获取更多的知识。

2. 成为有心的观察者，发现幼儿的可塑之处。

对于小班幼儿，我们可以进行个别、小群体游戏的观察，兴趣和个性较相同的幼儿常会自发地组成一个个小群体，在一起游戏和活动。这时候就需要教师采用观察记录的方法，在自然的游戏场景中，抓住幼儿的独特行为，或是对幼儿在一段游戏时间内的语言、动作和行为反应进行持续的记录，以便了解幼儿在游戏中的情感态度、注意力、社会性等各方面的发展倾向，为幼儿的持续发展提供支持。曦曦的游戏能力很强，能想出与众不同的游戏主题，吸引了许多幼儿过来和他一起玩游戏。虽然在游戏中发生了一些事情，但曦曦都能想办法解决。在本次的游戏中，教师以细致的观察、丰富的经验和专业的理论知识为基础，分析幼儿情绪、行为变化背后的原因，灵活地运用教育方法、技巧进行新颖、独特且有效的教育，帮助幼儿认识问题，达到自我约束、控制的教育效果。

3. 适时参与游戏，促进幼儿发展。

小班幼儿生活经验少，对成人的依赖性强，他们喜欢游戏又不会游戏，有时他们迫切需要教师的具体指导和帮助。因此，在接下来的系列活动中，教师可以尝试扮演角色，融入幼儿的游戏中去。当教师扮演角色，成为他们的游戏伙伴时，幼儿会格外开心，当教师以游戏伙伴的身份提出意见，幼儿也容易接受。在小班，教师可以担任游戏的主要角色或一般角色，也可以不固定角色，仅用游戏的口吻提醒幼儿，具体扮演哪种角色要根据需要灵活调整。就如陶行知先生说的：教师要“变成幼儿”，与幼儿共享欢乐。教师的童心、游戏心会使幼儿倍感亲切，会营造出轻松和谐的游戏氛围，有助于教师更深入细致地了解幼儿，从而有目的地施加教育影响。当然，教师始终不能忘了自己的角色和参与游戏的目的，要把握好时机和分寸，以不干扰幼儿的游戏为前提，要以幼儿游戏的快乐为出发点，以促进幼儿的全面发展为目的。

4. 家园合作，积累生活经验。

陶行知倡导生活就是教育，反对填鸭式、机械性教育。将生活教育理论运用到小班幼儿自主游戏中，既能引导幼儿联系生活实际更好地认知事物，又能够促进其语言、自理等各项能力的发展。教师可以通过组织周末亲子活动，请家长们带幼儿到糖果店里参观，让幼儿从观察、记录、尝试、总结中，获取更多的知识和经验，感受学习过程与探索过程的乐趣。生活是一个丰富多彩的大课堂，它给予我们许多课本中缺乏的知识与经验。鉴于小班幼儿的年龄与能力发展特点，在自主游戏开展中融合生活教育理论，能让生活化的游戏环境、内容更好地激发小班幼儿的游戏参与兴趣，更顺利地达到教育目的。

四、甜品DIY蛋糕店

记录对象:林希　班级:小班

独特的你

林希是个聪明的孩子,他的脑袋里有许多办法,帮他解决所有的问题。虽然在班里他的年龄偏小,但做事非常干脆利落,从不拖泥带水。他在学习活动中会认真思考,但是遇到自己喜欢的物件时,会因为性格急躁,出手过快,而被他人投诉。在幼儿园举办的一次亲子活动里,我第一次见到工作忙碌的林希妈妈,双方交流后发现,因为父母工作很忙,林希由爷爷奶奶帮忙照顾,爷爷奶奶觉得林希年龄偏小,所以偶尔也会溺爱他,这也是林希父母比较担心的事情。

爱的追随

"甜品DIY蛋糕店"游戏开始啦,林希和几个孩子动作敏捷地拿着游戏卡来到蛋糕店里充当蛋糕师的角色,有的搬蛋糕奶油出来,有的搬着制作蛋糕的桌子往里挤,有的把蛋糕成品摆在橱柜里开始叫卖。

林希说:"今天我是蛋糕店的老板,甜品DIY蛋糕店新开张的日子,我们接了很多订单,会有点忙。"瑄瑄听完后说:"那我们要多弄一个烤箱,这样可以让更多的客人吃到我们做的蛋糕。"林希听完,赶紧找来一个扁扁的盒子放在桌子上面,说:"这就是烤箱了,我奶奶在家里就经常用它做蛋糕,很方便,等下客人来了就可以吃上甜甜的蛋糕了。"瑄瑄竖起大拇指:"这个烤箱真棒,那它的开关在哪里呢?"林希看了看盒子,然后到材料区仔细寻找,他见蓝蓝手里拿着唯一的一个巧克力铁盒,想了想便说:"蓝蓝,你看我现在正在做烤箱，可不可以把你手里的巧克力铁盒让给我？”蓝蓝马上说：“不行，我不想给你。”林希小脑袋转了转说：“你看，今天我们蛋糕店新开张，我可以免费送你一份甜品尝尝，但是我急着需要这个铁盒做烤箱的开关，可以吗？”蓝蓝笑了笑：“给你吧！”就这样，林希把巧克力铁盒带回来，用双面胶把它粘贴好。

瑄瑄又问：“烤箱需要通电才能运行啊，电线在哪儿呢？”林希又跑到材料区找到了五颜六色的扭扭棒，用小手轻轻地扭一扭、卷一卷，变成一条条电线。林希这次用透明胶把扭扭棒固定在“烤箱”的一边，因为个子不够高，他叫了我一声：“何老师，你可以来帮帮我吗？帮我把这根电线绕过桌子，我把插头插在墙上面。”就这样他们的烤箱做好了。

心的追随

1. 在幼儿艺术领域教育里，教师需要充分创造条件和机会，启发幼儿感受和体验生活化元素如何整合，以便发展幼儿的想象力和创造力。自主选择、自由创造、多样化是幼儿活动设计的理念。林希，你在“甜品 DIY 蛋糕店”游戏里，把自己的生活体验融入游戏中，充分运用了观察到的奶奶在家用烤箱做蛋糕的经验。

2. 你是个爱动脑筋的孩子，遇到困难时总会先想到办法。你利用半成品材料、废旧材料制作出一个独具特点的烤箱，你还能结合自己的生活经验，知道烤箱有开关、电线、插头，说明你平时善于观察。

3. 当蓝蓝手里拿着你想要的巧克力铁盒时，你并没有像往常一样手快地抢别人的东西，而是用恰当的语言向别人咨询，当别人给出的回应并不是你想要的时，你用礼貌得体的语言表达自己的想法，提出合理的交换条件，而不是暴力争抢，老师真为你感到高兴。

我们的思考

1. 相信幼儿有自主解决问题的能力。

随着新教育理念深入人心，学前教育领域越来越强调幼儿参与活动的自主性，强调让幼儿在游戏中自我学习、自我探索、自我发现、自我发展。角色游戏是幼儿园游戏活动的重要构成部分，游戏中幼儿自身的经验和表征能力非常重要，直接影响游戏情节是否能不断得到丰富。在游戏中，教师并没有提供精美的成品，也没有创设舒适的游戏环境，林希在游戏中发现缺了烤箱，他用自己的生活经验和表征经验告知同伴，并共同制作。林希从游戏一开始就按需制作场景中所需要的工具，这体现出林希特别有想法。游戏环境的创设应交给幼儿，教师切忌包办代替。

2. 引发想象和创造行为。

在游戏中，低结构材料可以帮助幼儿更好地发展想象力，半成品材料、废旧材料可以帮助幼儿发挥创造力。比如一个纸杯，可以做大喇叭，可以做花瓶、笔筒，还可以经过简单的整合，变成游戏的玩具。在一定程度上，越是低结构的材料，越能引发幼儿的想象力和创造力。在“甜品 DIY 蛋糕店”游戏中，林希回忆已有的生活经验，用盒子做烤箱，巧克力铁盒做开关，扭扭棒做电线。幼儿在游戏中会制造工具，他们在制造工具的过程中，会不断思考、丰富游戏的情节，这些激发了幼儿游戏的兴趣，也体现了幼儿在游戏中的自主性。

3. 细致观察游戏过程，适时参与。

在游戏中，教师让幼儿成为游戏的真正主人，从游戏开始，教师努力做一个观察者，观察幼儿在游戏中的动态发展，让他们自由发挥、自主游戏，按自己的意愿、兴趣和能力进行游戏。

五、 我是小小蛋糕师

记录对象:瑞瑞　班级:小班

特别的你

瑞瑞是小班孩子,她在班里不善于表达。她不愿意与同伴交往,经常一个人默默地坐在小椅子上玩自己喜欢的玩具,需要帮助时,用拉、拍、打的肢体动作表达自己的需求,只是偶尔用简单的词语表达需求。其他小朋友接近她、同她交往时,她要么不理睬,要么推开小朋友。当有的小朋友做出古灵精怪的表情动作时,她也会露出可爱的笑容。当遇到喜欢或感兴趣的事情时,她愿意与老师一起分享。观察她大概一周后,我与瑞瑞父母交流她的情况,原来瑞瑞的语言发育迟缓,她在家的情况比学校好不了多少。

爱的追随

在今天的游戏活动中,瑞瑞选择坐在蛋糕店里做蛋糕,只见她拿着太空泥左看看右瞧瞧,然后模仿"蛋糕师"开始忙碌起来,我安静地坐在她旁边,扮作"蛋糕师"来进行观察。她取出一块泡沫做蛋糕胚,再拿起紫色的太空泥团圆、压扁做成奶油,然后她想用太空泥包住泡沫,但太空泥没有完全地把泡沫包裹住,她重新打开太空泥,直到完全包裹住泡沫为止,她再用其他颜色的太空泥搓了许多小小的圆球作为点缀,就这样,一块、两块……瑞瑞做蛋糕做得很认真。这时,瑞瑞发现我看着她,她把蛋糕放在我的面前。我摸着她的小脑袋,竖起我的大拇指:"今天你做蛋糕的本领真大,我在向你学习。"

她把做好的蛋糕放在蛋糕店里售卖，婷婷是今天的售卖员，见到瑞瑞的蛋糕如此精致，便开始叫卖，瑞瑞也加入叫卖行列，瑞瑞学着婷婷叫卖：“快来买，快来买！”“客人”逐渐多了，“客人”指着黄色的蛋糕问瑞瑞：“蛋糕多少钱？”瑞瑞笑着低下头，不敢说，婷婷马上回答：“两元。”

瑞瑞跟着说：“两元、两元。”第一单生意做成功，瑞瑞看着我，我摸着她的小脑袋，竖起我的大拇指，瑞瑞笑了，随后“客人”指着红色的蛋糕问：“这块蛋糕多少钱？”这次瑞瑞不再像之前一样，低头不说话了，而是抢着说：“两元，两元一块蛋糕。”她们继续卖蛋糕，就这样，蛋糕店的生意红红火火的。

心的追随

1. 游戏一开始，你便马上进入“蛋糕师”的角色，你对自己做的蛋糕要求很高，在游戏的过程中发现太空泥包裹不好时，你重新拆开并包裹，你基本掌握了搓、团圆、压扁的美工技能，从你的操作可以看出，你的手部小肌肉发展得较好，动作很灵活。你扮演“蛋糕师”的角色，对制作蛋糕的步骤很熟悉，你用太空泥搓成小的圆球作为点缀，看得出你在家里或者外面有过制作蛋糕的经验，并把这些经验用在了活动中。

2. 你虽然是一个不爱表达的孩子，但是卖蛋糕时，你看到同伴的示范销售后，勇敢地开始与小伙伴交流，在后期的蛋糕店游戏中，甚至一度出现了你和婷婷抢着叫卖的情况，这对你来说，是一个很大的进步，你勇敢地跨出了第一步，不再停在自己的舒适区，好样的，老师真为你高兴！

3. 从制作蛋糕的过程中我发现你很有耐心，整个蛋糕店的蛋糕几乎都是你一个人制作的，制作这些蛋糕差不多花了 30 分钟，在没有客人的时候，你坚持做蛋糕，还会把店里的垃圾收拾好，整理好被客人动过的蛋糕，你的坚持和耐心值得老师和小朋友们学习！

我们的思考

1. 因势利导，积极鼓励。

《指南》中指出，教师要为幼儿的学习与发展提供重要的创作机会和条件，注重激发和保护幼儿的求知欲和学习兴趣。鼓励和引导是激发幼儿兴趣中的重要一环，因此，教师在游戏中要抓住契机，适时介入游戏，鼓励幼儿不停前进，支持幼儿快乐成长。在案例中，当瑞瑞没勇气告诉客人价钱时，及时地鼓励她，帮助她提高自信心。开始叫卖时，瑞瑞是有心理压力的，这时，教师需要及时给予幼儿肯定和鼓励，帮助幼儿获得解决问题的能力、获得战胜困难的信心。

2. 挖掘兴趣，促进探索。

角色扮演是幼儿非常喜欢的游戏活动。内向的瑞瑞，在热爱与兴趣面前，还是选择大胆开口，勇敢向前，最终体验到游戏的快乐，因此，教师应该结合幼儿年龄特点、发展需要及《纲要》目标，从幼儿的兴趣和爱好入手，准备多种具有发展意义的有益游戏，帮助每个幼儿体验成功的喜悦。

3. 创设机会，丰富语言。

《指南》语言领域目标指出："愿意讲话并能清楚地表达。"瑞瑞表现得很好，她积极地介绍蛋糕价格，用心倾听客人们的要求。《指南》社会领域目标指出："能与同伴友好相处。"瑞瑞主要负责做蛋糕，婷婷负责销售，婷婷忙不过来时瑞瑞也会加入其中，她们配合默契、合作愉快，符合《指南》的目标要求。因此，结合以上两点，教师要为幼儿创造说话的机会，鼓励和支持幼儿与同伴一起玩耍、交谈，相互讲述见闻，让他们体验到语言交往的乐趣。

六、 小小建筑师

记录对象:翰翰、乐乐　班级:小班

独特的你

翰翰是一个性格开朗,爱黏人的小男孩,他喜欢与人交流,但是遇事喜欢黏着成人,接受新事物的能力差。翰翰的动手能力较差,与家长沟通后,了解到是因为家里的阿姨经常帮其穿脱衣服、盥洗、进餐。

乐乐是个性格稍内向、心思细腻的小男孩。乐乐有个双胞胎哥哥也在本班,平时在班上乐乐比较黏哥哥、依赖哥哥,较少主动与其他孩子沟通交流。但是乐乐的动手能力强,穿脱衣服、盥洗、进餐都能自己完成。通过与乐乐的家长沟通后,我了解到乐乐在家里的表现与在幼儿园的情况完全不一样,在家里乐乐是“小小管家”,做事很有主见,喜欢管着哥哥。

爱的追随

早上的自主游戏活动一开始,孩子们就争先恐后地选择自己喜欢的材料。在材料区,我们投放了卷纸筒、矿泉水瓶、易拉罐、益力多瓶、纸皮、报纸、彩色杯子等。翰翰从材料箱里拿了许多牛奶盒和彩色杯子,看到他的行为后我走过去问他:“你拿这么多牛奶盒和杯子想做什么呢?”翰翰很兴奋地说:“冯老师,你待会就知道了,你等一下再过来看看吧。”听完翰翰的回答后,我说:“好呀!待会你再邀请冯老师参观好吗?”说完我离开了他的游戏范围。

过了5分钟左右,我再次来到翰翰的游戏范围,翰翰把牛奶盒摆成一条长长的S形,摆了好一会后翰翰对我说:“冯老师,我摆了一条好长好长的马路呀，我待会要做一个大大的公园。”我说：“哇，你的马路好长啊，我觉得你的马路虽然很长，但是范围有点小，冯老师逛过的公园可大了，我想看看翰翰的公园是不是也很大。”翰翰说：“我的公园也是很大很大的！只是我还没做完。”这时乐乐走过来说：“翰翰，我来帮你一起摆吧？我们一起做一个大大的公园吧。”于是，两个小伙伴就开始一起利用不同的材料摆出了一条又一条长长的马路。

那天的风有点大，把部分牛奶盒吹倒了，乐乐看到被吹倒的牛奶盒后马上把牛奶盒扶起重新摆放。乐乐在多次扶起牛奶盒后试着把牛奶盒平放，这时我走过去问乐乐：“咦？为什么有的牛奶盒睡在了地上？”乐乐说：“风太大了，牛奶盒容易被风吹倒，这样放就不容易被吹倒了。”我说：“哇，乐乐你真聪明，在开动小脑筋。”到后面马路基本成形了，这时乐乐大声地说：“大家快来看看，我们做的公园多漂亮多大啊，有很多长长的马路。”不一会就有好几个小朋友跑过来并在马路两旁搭建房子，乐乐提醒搭建房子的小朋友：“你们搬材料的时候要慢点走，不然我的马路会倒的。”

心的追随

1.《指南》中提到，3—4岁孩子的社会目标是：想加入同伴游戏时，能友好地提出要求，在成人的指导下，不争抢、不独霸玩具。乐乐，当你想参与翰翰的游戏时能有礼貌地询问翰翰后再一起进行，你真有礼貌！翰翰，你愿意接纳乐乐加入你的游戏，真是一个懂得合作的好孩子。乐乐、翰翰，你们今天一起合作完成一件事情的时候，知道征求别人的意见，懂得同伴之间互相合作，互相帮忙，能为别人着想，老师真欣慰，乐乐、翰翰，你们成长了。

2. 你们俩通过合作和自己的想象用牛奶盒和杯子整齐有规律地摆放成了一条条长长的马路，你们的马路为大家创作作品奠定了基础。最后你们通过与小伙伴们合作摆出了一个大城市，你们真棒，是大家的好榜样！

3. 你们还懂得保护自己的作品，能提醒别人玩的时候要小心，真好。整个自主游戏持续了30分钟，你们能专注于游戏，不受他人影响，且能吸引别人参与你们的游戏，老师真替你们开心。

我们的思考

1. 为环境“添砖加瓦”。

蒙台梭利认为：儿童具有有吸收力的心灵，能够在有准备的环境中学习。在活动前教师要通过多种方法多种途径收集大量的、功能不一的材料，尽量满足幼儿不同层面的需求。通过户外开阔的场地，让幼儿最大化地发挥其学习的主动性和生活实践能力，真正做“游戏的主人”。

2. 转变教师角色，适当调整教育行为。

《纲要》指出：“教师应成为幼儿活动的支持者、合作者、引导者。”教师应在活动中真正关注幼儿，敏感地察觉他们的需要，捕捉他们在活动中发出的有价值的信息，及时调整教育行为。在翰翰和乐乐的搭建过程中，我以旁观者的身份加入他们的游戏,关注他们的搭建过程,尊重他们的想法与做法,帮助他们完成活动,使他们体验到成功的快乐,感受到搭建的乐趣。在自主游戏进行的过程中我做好观察指导,发现乐乐和翰翰的最近发展区,在适当的时候给予言语的支持和鼓励,给予他们的"作品"高度的赞赏,鼓励其他的小伙伴共同参与到他们的游戏中。

3. 互动与分享,拓展幼儿的活动。

翰翰和乐乐刚入园3个月,自主游戏的玩法尚未成熟,结合《纲要》提出的"善于发现儿童感兴趣的事物、游戏和偶发事件中隐含的教育价值,把握时机、积极引导"。活动时我发现班上幼儿都对翰翰和乐乐搭建的长马路非常感兴趣,并进行了模仿,于是在活动后开了一个分享大会,我把活动过程中拍到的大量照片通过投影仪放出来,请"小作者"翰翰和乐乐上来分享他们的作品,在分享的过程中我适时地抛出问题,为下一轮的自主游戏创造自主探究的环境。

4. 学之有方,持续发展。

幼儿的想法是丰富多彩的,对于幼儿的天真,不能用成人的眼光来看待、判断,而是要尊重幼儿的想法,通过创设一定的条件,鼓励幼儿把自己的想法表达出来。在幼儿表达的过程中,教师要注意加以适当的引导,发挥他们的想象力,激发他们参与表达的兴趣,让幼儿在分享、交流的过程中丰富经验,以便于下一步有效、有益经验的积累。

七、神奇的小护栏

记录对象:贝思　班级:小班

独特的你

贝思是个性格较为外向的小女孩,平时在班里乐于与同伴交往、共同游戏,她也是个有主见与想法的小女孩。在平时与她父母的交流沟通中,我们发现贝思日常在家喜欢搭积木,并乐于主动向家人、同伴介绍自己的搭建成果,家长也会及时鼓励与表扬她的独特想法。另外,在幼儿园搭积木、手工制作等活动中,贝思总是展现出较强的动手能力,从入小班以来,她不仅喜爱此类动手操作的活动,而且乐于与自己喜欢的同伴一起游戏、共同进步。

爱的追随

今天是我们班和大班哥哥、姐姐们一起玩构建游戏的日子。贝思在一旁看着哥哥姐姐们拼搭房子。看了一会儿,贝思走过去问大姐姐:"姐姐,我可以和你一起玩游戏吗?"姐姐说:"可以啊。"贝思加入姐姐的游戏后,姐姐告诉贝思要拿一些砖头来搭建,贝思便到材料区拿了一些不同颜色的砖头,随后便一起搭房子。

搭建了两层后,还要搭第三层,老师问:"贝思,为什么你还要搭上去呢?房子已经很好看了。"贝思说:"我想多搭些,让很多人一起住,爸爸、妈妈、爷爷、奶奶,还有我的好朋友。"说完,贝思找来一些小公仔玩具放在房子里,小公仔玩具放满了房子的每一格。这时,姐姐看见了,拿来了护栏,放在小公仔的前面,一边放,一边对思贝说:"用护栏拦着,这样人就不会掉下来了。”贝思看见了，拿着护栏比了一下，说：“好，我也要用护栏，保护我的爸爸、妈妈和好朋友。”说完，贝思找来了一些护栏，放在每一个小公仔前面，还对老师说：“老师你看，我和姐姐做的房子有护栏，是不是很安全啊？”我听了竖起大拇指：“贝思你真棒！有了护栏，爸爸、妈妈和好朋友都可以安心地住进去啦！”听了我的话，贝思笑了笑说：“谢谢，我还要和姐姐一起继续搭房子！”就这样，贝思又继续玩搭房子的积木游戏。

心的追随

1.《指南》中提出：“每个幼儿心里都有一颗美的种子，幼儿艺术领域学习的关键在于充分创造条件和机会，引导幼儿用自己的方式去表现和创造美。”由此可见，幼儿在日常游戏的过程中无时无刻不在用自己的方式表达对世界的认识，贝思，今天你和姐姐搭建了一座五颜六色的房子，很好看！这也表明你已经拥有了自己初步的审美与搭建能力。

2.《指南》中提出：“3—4 岁幼儿想加入同伴的游戏时，能友好地提出请求。”贝思，今天的你在想要和姐姐一同游戏时，能够主动提出加入游戏，最后和姐姐一起通力合作搭建了房子、护栏，这表明你能够与同伴友好相处、加入他人的游戏。

3. 贝思,老师为你感到高兴,你不只和姐姐合作搭建了一座美丽的房子,还关心你的家人和朋友,让他们一起住进你搭建的房子,同时为房子围上了护栏,保障了他们的安全,你的家人和朋友一定很喜欢住进这座美丽的房子。你真是一个有爱心、有责任心的孩子。此外,你能够向姐姐学习造护栏的方法,这表明你能够模仿他人的行为,并能举一反三地在实际操作中运用,老师为你的进步与成长感到骄傲。

我们的思考

1. 引导幼儿学会观察,形成习惯。

观察是一种有目的、有计划、比较持久的知觉过程。在幼儿向教师寻求帮助时,教师可以有意识地引导幼儿进行观察,通过提问的方式引导幼儿思考并对事物进行比较观察或连续观察,从而找到问题的解决方法。在本次搭积木活动中,贝思能够通过自己的观察发现姐姐搭建小护栏的方法,并运用到自己的搭建中来,这是自我观察同伴行为而产生的一种学习。不同年龄阶段的幼儿观察能力不同,对于小班幼儿来说,他们能在教师的引导下进行初步的观察,开始注意事物比较细微的特征。因此,贝思能够自主观察到这一内容是十分难得的。教师应及时鼓励她,引导她在今后的游戏中学会进一步观察。

2. 支持幼儿自发的合作行为。

在幼儿的一日活动中,可能会有很多自发的合作行为,例如,在本次游戏中,贝思与姐姐相互合作、共同搭建出具有美感的房子,而《指南》中对大班幼儿才提出合作的要求,这表明贝思在这一方面发展较好。因此,教师应对贝思的这一行为给予表扬,同时引导其他幼儿向其学习。

3. 适当介入,支持游戏。

教师介入幼儿游戏的目的是为了推进幼儿的游戏,促进幼儿游戏向高水平发展。在本次游戏中,教师并没有用自己的行为动作介入幼儿的游戏,更多地使用了言语介入。教师认为除了利用语言了解幼儿的游戏内容外，还可引导幼儿模仿游戏中的其他幼儿，例如，本次游戏中贝思学习姐姐搭建护栏的行为。这样不仅能降低教师的介入程度，而且能引导幼儿相互学习，从而获得更好的发展。

教师在幼儿游戏中起着重要作用，因此在活动中，教师要尊重幼儿，把活动的空间尽量留给幼儿，要真正做到这一点，教师需要时时反省、处处努力，支持贝思向更好的方向发展。

八、小小停车场

记录对象:芊潼　班级:小班

独特的你

你总是瞪着大大的眼睛,笑眯眯地来找我们说家里的事情,你总是有说不完的话,入学不久就和我们熟络起来。你在游戏中经常发出爽朗的笑声。在班上你乐意与小伙伴们交往;做起事情来,你很麻利,虽然不是很细致,但是愿意动手去做,大家还在换衣服,你已经做完事情了。但是上学时的你却是一个在妈妈面前撒娇、想要抱抱、哭鼻子的小女孩,如果哪天心情不好,你还会大哭一场。你姐姐也在我们幼儿园,户外活动时如果见到姐姐你会兴奋不已,恨不得马上拥抱在一起,见面后要分别了,你噘起嘴巴,眼泪汪汪,一副可怜的样子。

爱的追随

又到了孩子们最喜欢的户外自主游戏时间啦!我班的游戏场地在小五班的游戏场地旁边,为了让孩子能够在不同的场地进行交往与游戏,共同使用两个班的材料,于是,我们两个班经过商讨后开始了混班游戏。不过,大部分小班孩子宁愿在自己班进行游戏,不过芊潼就不一样,自从有了这个混班游戏机会,每次游戏一开始她就主动去小五班寻找伙伴并加入游戏,远远望去,她玩得很投入。

有一天,小五班的彭老师专门走过来对我说:“你们班那个大眼睛的小女孩找你几次了,看见你不在又回去了,可能有什么要告诉你。”“是吗?我刚才带孩子去上厕所了,我现在去看看她。”来到芊潼与小五班同伴玩游戏的地方，我问："潼潼，你刚才有什么事跟我分享吗？"芊潼马上趴在垫子上，拿起汽车，不停地介绍，原来她把牛奶盒用层叠的方法搭出一个停车场的入口，芊潼很认真地说："小车从这里开进去，开到这里就停在这边，好了！"我连忙点头表示称赞，还谢谢她热情地向我介绍作品，我答应她以后都会多来看看她，她笑得合不拢嘴。

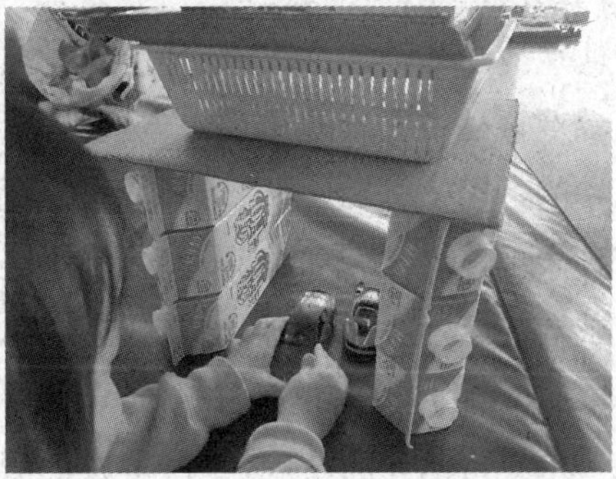

心的追随

芊潼，喜欢你乐于表达、乐于交往的性格，正因为这样你赢得了很多游戏的小伙伴。虽然你讲的普通话不太标准，但是敢于表达想法的你确实很自信，在游戏中你会带动大家玩得很开心。

芊潼，老师很愿意倾听你的想法，以后游戏时我会多关注你一点，我知道在旁边认真倾听就是对你最大的支持。不过你也可以把游戏的玩法与其他的小伙伴一起分享，他们也会跟刘老师一样喜欢你的作品的。

我们的思考

1. 发自内心的倾听。

《纲要》中提出："教师应成为幼儿学习活动的支持者、合作者和引导者。以关怀、接纳、尊重的态度与幼儿交往。耐心倾听，努力理解幼儿的想法与感受，支持、鼓励他们大胆探索与表达。”不是所有的指导都需要语言，站在幼儿的角度，倾听也是对幼儿游戏的支持，让幼儿在活动中发展语言表达能力和增强自信心。

2. 鼓励自发的表达。

自主游戏中我们鼓励幼儿能够身心放松、积极活动、充分表现自我。幼儿向别人介绍自己的游戏，会让他体会到自己的力量和感到自信，会让他从成功和创造中获得愉快的体验。班上每一次自主游戏结束，我们会把游戏过程中拍下的照片在电视上展示出来，让幼儿一起分享、讨论。从开始的一问一答，到现在幼儿用自己的语言来描述，正是幼儿变得自信的一种表现，一个幼儿的描述也促使其他倾听的幼儿更加愿意分享自己的自主游戏内容，鼓励他们自发、自愿、主动进行活动。

3. 关注经验的迁移。

小班幼儿的游戏，在很多方面跟婴儿的游戏差不多，游戏的主题更多的是反映一些日常生活中的事，他们总喜欢模仿大人的一些动作。芊潼的停车场游戏，应该是她平时生活经验的体现，我们可以从此游戏出发进一步探究停车场，鼓励幼儿进一步观察，从而在游戏中、生活中获得更多的经验。

4. 了解心理需求。

自尊包括重要感、自我胜任感等。重要感指的是由于幼儿在心理上渴望得到他人的注意、接纳或者接受、支持、喜欢，通过言语、身体姿态、面部表情等方式来展示自己，从而获得他人肯定的情感体验。对于在家当妹妹的芊潼，爸爸妈妈的爱被分成两份，要获得重要感，确实是需要更多的方式来展示自己，从而满足自己的心理需求。

九、 造桥小能手

记录对象：思诺　班级：小班

独特的你

思诺，你刚来幼儿园时很少说话，与其他小朋友的交流也很少，平时想与你拉近关系，你只会用摇头、点头表达意愿，遇到困难时的你选择站在原地不说话，多问你几句就眼泪汪汪，老师只好一一列举猜测的问题，让你选择。但想不到的是，不善言辞的你在游戏中总是能表现出独特的一面，看得出来你平时是一个多么善于观察的孩子啊！而且你在游戏中会通过思考利用适当的材料构建出自己需要的作品。

爱的追随

户外的自主游戏开始啦！我们把班里很多半成品材料搬到场地旁边让孩子们自选，其中有一种材料是环境布置剩下的长方形纸皮，孩子们会怎么用呢？游戏开始，我到处看看，一圈走下来，发现有些孩子拿这些纸皮来盛扁扁的积木，他们说是在运送“饼干”；有些孩子把纸皮垫在地上，作为拼砌公园的地板，围起一个区域来。

走到活动场地的角落，我发现思诺用一张长方形纸皮在水池比较窄的一处把两边的路连接起来，在班上第一次看见有人用纸皮这样玩游戏，我蹲下来问思诺：“这是什么呀？”思诺轻声地说：“是桥。”旁边大嗓门的华霖拿着几块拼砌好的玩具喊道：“船来咯！”船快要通过桥下时，思诺不动声色地把纸皮掀起一头，并一直扶着，让华霖的船通过后才放下，我为这座升降自如的桥连连拍手，因此我与思诺约好，回到课室后他和华霖在分享环节介绍这座桥，思诺轻轻地点了一下头。

分享环节，当我打开思诺和华霖游戏的照片时，我看见了思诺高兴的眼神，含蓄的笑容。华霖很主动地解说照片中他们的船和桥，我也请思诺来说一说：为什么照片中他用手扶着桥？思诺轻轻地慢慢地说：“船来了，桥就打开。”华霖补充道：“船太高了，会碰到桥的。船走了，桥就会放下来。”多么有创意的想法啊！想当初我们摆放纸皮的时候根本没有预想到孩子会这样利用它。

心的追随

思诺，从你大大的眼睛里，老师似乎感受到你内心有很多话，或许你暂时还不愿意一一跟我们分享，但是我相信在以后的日子里会听到你说出心里话的。

思诺，你游戏中的创意和成功，为什么必须要在大家面前分享呢？因为除了把你的想法告诉大家，更重要的是要增强你的自信心，期待你以后更自信地分享自己的想法和作品。

从用纸皮搭桥和升降桥可以看出来，思诺平时一定是一个细心关注周围事物和主动思考的孩子。以前用三种颜色的圆柱体积木为马路配上红绿灯、用自己的方法把球固定不乱跑都是你的想法，老师被你一次次的创意吸引住了。

我们的思考

1. 提供材料支持。

在游戏中往往存在幼儿简单使用材料的现象。幼儿在游戏中时刻与环境材料相互作用着，及时提供及更新游戏材料对幼儿游戏的发展有着重要的作用，教师可以在游戏中观察幼儿游戏的情况，按需要随时增减材料。通过图片、视频分享活动，可以让幼儿认识材料的多种功能。

2. 善于积累经验。

幼儿由于缺乏生活经验，在游戏中难免会出现停滞不前的现象，教师要善于观察幼儿在游戏中遇到的这些困难，并适时介入，帮助幼儿顺利开展游戏。游戏是幼儿对日常生活的反应，也是对日常生活的虚拟化和模拟化。在分享环节，幼儿通过观看其他幼儿活动的成果逐渐了解了坚持的重要性。

3. 关注个性品质。

《指南》里说："要珍视每个孩子不同的个性与品质，鼓励他们按照自己的方式去学习、去成长。"我们要相信每个幼儿都能自己学习与发展，这样才会有更多的"哇"时刻展现在我们面前。

十、小蚂蚁的秘密

记录对象:婉妤　班级:小班

独特的你

婉妤是个活泼好动的小女孩,喜欢攀爬,手里总摆弄玩具,思维活跃,认知和速记能力强,能快速记忆古诗和流利学习英语自然拼读。她喜欢益智类游戏,对于长时间静坐的活动没有兴趣。她很阳光,喜欢与人亲近;她大方友善,身体很健康。家庭教育以陪伴为主,她能安静地自己看书,勤学好问。她喜欢美术创作,但需要妈妈协助。四岁的她,自理能力明显提高,懂得了自我管理,能自己吃饭、收拾玩具和按时作息。

爱的追随

户外自由活动时间,小朋友们四散开来自由活动。这一次平时活泼的婉妤却没有和小伙伴一起玩耍,而是趴在大树下,认真地观察着什么。我走近一看,原来她在看大树脚下的蚂蚁。婉妤告诉我,它们正在找吃的,小蚂蚁的背上驮着食物,有饼干屑、米饭粒、面包渣。看着忙碌不停的蚂蚁,婉妤格外感兴趣,也格外有耐心,有几只蚂蚁偏移了大部队,婉妤拿着树枝,小心地把它们引导到正确的位置上来。

后来,婉妤观察到还有几只蚂蚁掉队了,婉妤着急地向我求助,我问她:"想想看这是为什么呢?它们老是掉队。"于是婉妤开始分析了起来:"是不是因为它们没有吃饱所以没有力气?你看这几只蚂蚁这么小,肯定是因为平时吃得比较少,它们跑不动。"于是婉妤在大树旁找到了一条小虫子,给几只掉队的蚂蚁单独开了小灶,另外有几只蚂蚁看到食物,想过来分

一杯羹，婉妤用树枝把看起来比较大个的蚂蚁赶走了，一边赶一边说："这么大了还要抢别人的东西吃，羞羞羞。"

在观察蚂蚁的过程中，天气逐渐阴沉起来，马上就要下雨了，我组织孩子们开始往教室里走，善良的婉妤惦记着蚂蚁们，担心它们会被雨淋湿，于是找来了树枝、叶子和石块帮蚂蚁们搭建了一个雨棚。最后，在我的催促下，婉妤恋恋不舍地往教室走了。

心的追随

1. 陈鹤琴先生说“大自然、大社会都是活教材”,儿童的知识是由经验得来的,儿童与自然的互动越多,他们的经验就越丰富。从美丽的大自然中,婉妤你发现了感兴趣的蚂蚁,并观察到了蚂蚁的食物、行为动作代表的意义。这说明你有比较敏锐的观察力,善于观察细微的地方。

2. 婉妤你不仅具有敏锐的观察力,还是一个充满爱心的孩子,你给蚂蚁们寻找食物,帮助偏离大部队的蚂蚁重新找到组织,帮助弱小的蚂蚁吃饱,给蚂蚁搭建雨棚。原来,在一次简单的观察活动中,你已经表现出了帮扶弱小、友爱的品质,爱的种子正在你心里萌芽。

3. 小小的蚂蚁很明显抓住了你的注意力哦,平时的你活泼外向,但不是很有耐心。这次在大树下观察蚂蚁,你整整观察了 20 分钟,从蚂蚁的食物到蚂蚁的群体特征,你都很感兴趣,原来,你也是一个很有耐心的孩子。

4. 看见掉队的蚂蚁,在我的引导下,婉妤你开始分析它们掉队的原因,并想出了好几种解决办法,老师相信你在解决问题的过程中,也收获了成功的喜悦。

我们的思考

1. 创设环境,激发兴趣。

创设与教育相适应的良好环境,培养良好的学习兴趣,促使幼儿全面发展,是幼儿园教育的又一大目标。在观察蚂蚁的过程中,婉妤变得很有耐心,这说明了兴趣在幼儿活动中的重要性,可以说,兴趣是学习的动力,是积极思考的前提。因此教师在设计活动时,可以多从幼儿的兴趣点入手,创设多样化的活动环境,激发幼儿兴趣,让幼儿处于一个新奇有趣的环境中,提高幼儿参与活动的积极性与主动性,从而促使幼儿获得全面的发展。

2. 运用提问,引起思考。

提问不仅是课程的一种智力调动行为,而且是启动非智力因素的一个重要手段。提问能使幼儿集中注意力,激发幼儿的探索兴趣和活动愿望。在婉妤观察蚂蚁的过程中,我总会适时地提出疑问,例如,“想想看这是为什么呢?”在问题的引导下,婉妤开始思考,尝试探究,从而找到了答案。皮亚杰强调要为幼儿创造一个适合他们探索的环境,反对给幼儿提供现有知识和答案的做法,这就要求教师必须为幼儿提供自己获取知识、寻求答案的机会,避免用现成的答案去代替幼儿的思维过程,浇灭幼儿的智慧火花,因此我们可以多引导幼儿思索“为什么”,激发幼儿更加主动地去探索。

3. 尊重个体差异,创设多样化活动。

“尊重个体差异”的理念是《纲要》的亮点,也是贯彻《纲要》的难点。婉妤活泼外向,热心善良,但是缺乏耐心,事实上,每个幼儿都有着自己的个性特征,我们应该充分尊重幼儿的个体差异,设计多种形式的教育教学活动,为幼儿提供充分发挥主动性的机会。在集体活动、分组活动、区域活动、集体与个别相结合的活动中,均要发挥幼儿的主动性。

十一、震动吧，盒子

记录对象:景淳、皓舜　班级:小班

独特的你

景淳是一个特别爱玩的孩子。什么好玩新奇的东西,他总要摸一摸,看一看,摆弄个不停。和同伴交往的过程当中他并不是十分主动,但是只要有好朋友在身边,他会和好朋友友好相处。对自己感兴趣的事情,他总是不愿意停下来。

皓舜是一个十分活泼好动的孩子,嘴巴特别能说,什么事情他都能说得头头是道。他喜欢和好朋友一起玩游戏,特别是一些刺激的、有趣的游戏,他总喜欢摆弄得跟别人不一样,常常有自己的想法。

爱的追随

不知道从什么时候开始景淳和皓舜成了好朋友,他们经常在一起玩。今天的自主游戏开始了,他们不自觉地走到了一起,一起搬来了一些牛奶盒、牛奶罐、牛奶箱子,还有一些纸皮和小瓶子,一大堆东西放在桌面上显得有点凌乱。

过了一会儿,急促的拍桌子声音把我吸引了过去,我走到旁边,看到他们两个人一直很兴奋地拍桌子。当我正想去制止他们的时候,发现牛奶箱子上面的牛奶盒倒下来了,然后他们两个一起哈哈大笑。接下来,景淳重新把牛奶盒放到牛奶箱子上面摆整齐,而且还特意地将牛奶盒靠着牛奶箱子的边缘摆放,然后两个人又开始一起拍打着桌子,声音很大,但是并没有影响到旁边的孩子。

过了大概十秒钟左右，牛奶盒又倒下来了，这一次，当景淳再摆上去的时候，特意在上面多加了一个牛奶盒。皓舜说："再加一个吧，我们可以再堆高一点的。"景淳回答："好啊好啊，那我们就再堆高一点吧。"于是他们很努力地把三个牛奶盒叠在一起，可是还没有等他放手，牛奶盒又倒下来了。就这样，一次又一次，大概四五次以后都没成功，景淳发现原来这个牛奶箱子底下还有一个蜡笔盒，因此牛奶箱子是倾斜的，上面的牛奶盒没有办法站稳。他马上把底下的蜡笔盒挪开，然后重新把三个牛奶盒堆起来。堆好以后，两个孩子又兴奋地开始拍打着桌子。啪啪啪，牛奶盒又倒下来了，然后他们两个哄堂大笑。

就这样，他们的游戏一直在重复着，牛奶盒越堆越高，每一次都在他们的拍打声中倒下来，然后听到他们欢快的笑声，接下来我走过去说："你们的游戏很有趣哦，不用手就让牛奶盒倒下来了，在桌面上可以，在地板上可以吗？"于是他们把牛奶盒都挪到了地板上，然后开始拍打地板，但是试了一次牛奶盒没有倒，然后景淳尝试用嘴巴吹，皓舜也跟着他一起用嘴巴吹，于是放在地板上的牛奶盒被他们用嘴巴吹倒了。

他们重新把牛奶盒搬到桌面上，然后重复着刚才的游戏。这时候，大家围过来，觉得牛奶盒倒下来的游戏很好玩，于是也想参与进去，我提出了问题："哎呀，为什么一拍打，牛奶盒就会倒下来呢？拍打桌子会倒下来，为什么拍打地板就不会呢？"他们想了想，哈哈大笑，说："就是啊，只有拍桌子，那个牛奶盒就会动啊，你看他们动起来了。"然后他们一边说一边拍起来，"一动一动，它就会倒下来了。"皓舜说。

心的追随

景淳和皓舜，你们是爱探索爱发现的孩子，能够不断尝试牛奶盒在震动下发生的现象，虽然还不能用很清晰的语言表达，但在这个过程中，你们用了大牛奶盒、小牛奶盒、竖着放、横着放等方式，用了多种方法和多种材料进行尝试，在不断地尝试中发现问题并调整方法，从而让更多的牛奶盒堆起来并在拍打中倒下来。景淳善于观察和发现，看到牛奶盒无法堆高的时候，找到了原因并解决问题。我相信你们的探索会丰富你们的经验，成为你们成功的奠基石。这个充满欢笑的游戏老师也很喜欢。

我们的思考

1. 体验是活动，也是结果。

《指南》指出，幼儿的主要学习方式是模仿、同化、强化和体验，体验是活动过程，也是活动结果。

这个震动游戏，我不知道如何向小班的幼儿解释，但是很明显，他们已经掌握了其中的巧妙，只要桌子的震动传到了牛奶箱子，牛奶箱子的震动传到牛奶盒，那么这个牛奶盒就会倒下来，甚至牛奶盒上面的小牛奶盒都会倒下来，于是他们重复着这个游戏。旁边的幼儿看到了说："老师，他们是在做什么呢?"我说："他们不用手碰到最高的牛奶盒，就能让最高的牛奶盒倒下来，他们在玩这样的游戏。"我相信在他们不断的探索当中，他们会知道是震动使牛奶盒倒下来的。

幼儿通过体验积累经验的过程就是学习，这样的学习当有了标准的答案，也许就停止了，幼儿愿意在不断尝试的过程中发现和探索，积累自己的经验。

2. 允许幼儿用自己的方式交流。

小班的幼儿很喜欢玩这样的游戏，特别是堆高、推倒游戏。在堆高、推倒游戏中，他们没有用手推，而是通过震动让牛奶盒倒下来，两个幼儿虽然没有过多的语言交流，也没有出现很多的认知行为，但是他们在互相观察、尝试、模仿的过程中不断地探索，一次又一次深入地探索着震动传递的整个过程。不断地尝试用不同的方法让牛奶盒倒下来。一个特别能说的幼儿和一个并不太会表达的幼儿一起游戏，我们没有听到太多的语言，但是，幼儿在自己的世界里用笑声、动作、模仿认同和肯定着彼此。

3. 多感官的参与。

小班幼儿的科学探索，一般不会用太多的科学词汇表达自己的发现，他们更多的是用所有的感官去体验，然后逐步形成自己的看法和经验。这两个幼儿就是通过自己的触觉、听觉、视觉去体验和感受整个震动的过程，拍手制造震动，看着牛奶盒震动，他们的整个身体都在玩游戏。正是这样多感官的参与让幼儿不断重复、探索、发现。

十二、驾驶室落成了

记录对象：熙熙　班级：中班

独特的你

熙熙是个聪明又有独特见解的小男孩，他的思维很活跃，经常提出与众不同的点子。可同时，由于家庭教养不当，熙熙个性随意，自由散漫，规则意识相对薄弱。还记得小班入学的第一天，我正带着孩子们在大花园里玩吹泡泡的游戏，总不爱紧跟集体的熙熙一溜烟地就爬上了旁边的攀爬架且不肯下来，我和配班老师轮流哄劝不成，最后被经过的体育老师硬拉下来。在一次“一周之星”颁奖活动中，熙熙因为得不到奖励而发脾气，气急的他还抢别人的奖状。最后，老师们教育安慰了许久他才平静下来。虽然熙熙很渴望得到老师的赞许和同伴的认同，但总是不得要领、用错方法。久而久之，小伙伴们只看到熙熙调皮捣蛋、爱发脾气的一面，看不到他的闪光点。

爱的追随

班上正在开展“地铁”主题活动。每天的自主游戏时间，就是孩子们玩“地铁”游戏的欢乐时光。熙熙在游戏中发现了一个大纸箱，他像发现了新大陆一样兴奋地拉着我去看：“白老师，这个纸箱很适合做地铁驾驶室的操控台。”转头时，他又发现了堆放在旁边的泡沫板，于是，他把泡沫板平铺在纸箱上，小声嘀咕：“把操控台垫高，更容易操作。”紧接着，瓶盖也被他用上了，只见他在泡沫板上整齐地放置了大大小小的瓶盖，并有模有样地扭和按各种瓶盖：“这些是‘按钮’，小心不要按错哦！”

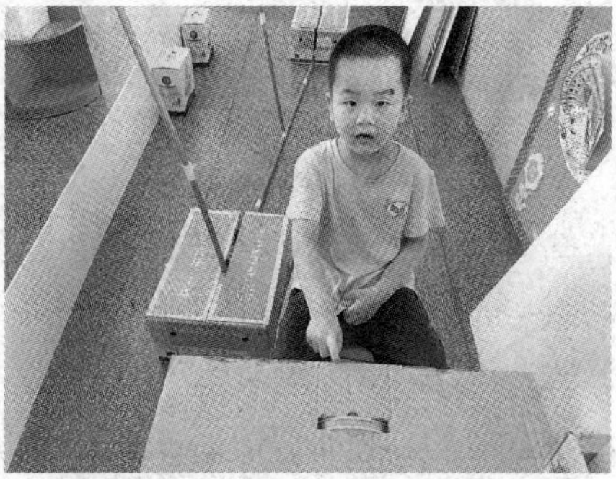
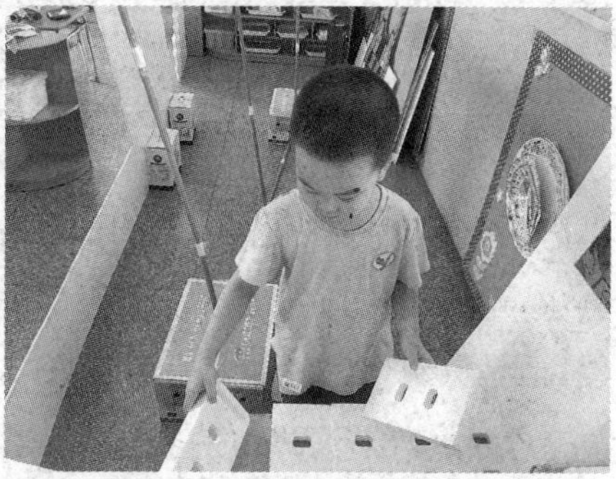
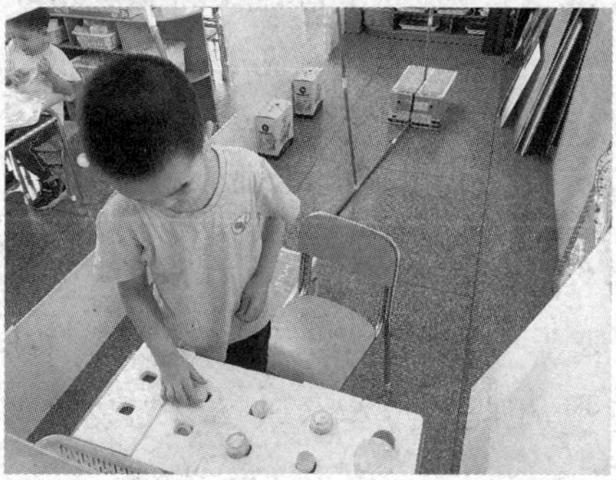
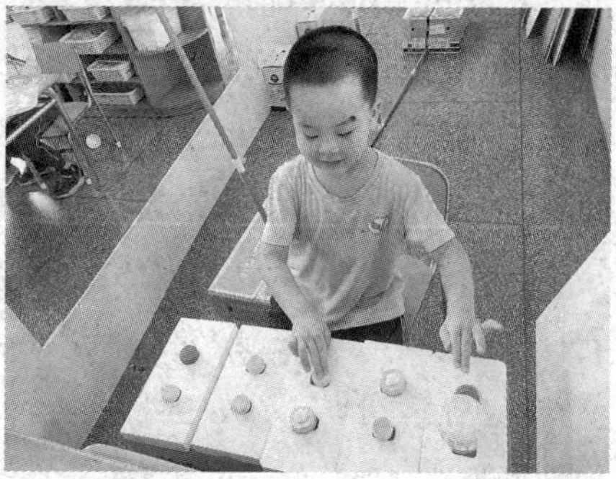

第二天，熙熙从家里带来了一个有透明塑料片的纸盒，他准备用这个纸盒帮操控台“升级”。只见他把纸盒竖放在昨天已制作好的操控台上，瓶盖“按钮”整齐地铺排在透明的纸盒里。熙熙扭动“按钮”开地铁的同时，还不忘透过塑料片跟我打招呼：“挡风玻璃做好了！”熙熙迫不及待地在新落成的“驾驶室”里开“地铁”，把“乘客”们都吸引过来了。

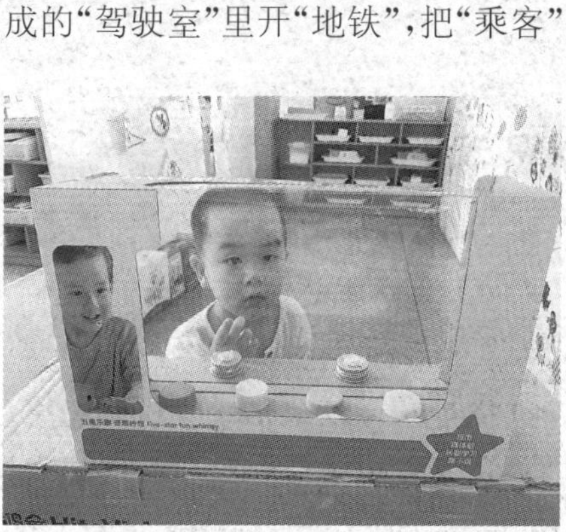

心的追随

1.《指南》中指出,中班的幼儿喜欢动手动脑探索物体和材料,并乐在其中,这在熙熙身上得到了很好的体现。熙熙,虽然你平时比较随意和散漫,但是遇到你感兴趣的事情时,你总能专注、投入、坚持到底。

2. 我惊喜地发现你一直保持着对身边生活环境及事物关注的热情。你一定经常坐地铁,而且观察过司机开地铁,所以你才对地铁的驾驶室和操控台如此熟悉,才能把生活中的已有经验迁移到游戏中。

3. 你把身边的废旧材料与地铁驾驶室的操控台建立联系,你充分发挥想象力,积极思考,大胆尝试,选择几种合适的材料并组合在一起,初步构建了一个“操控台”。更令我赞叹的是,你并没有就此停步,而是始终保持着探究的热情。第二天,你又从家里拿来了一个类似“挡风玻璃”的透明纸盒,拼搭到已初步构建好的操控台上。增加了这个“挡风玻璃”,驾驶室更加惟妙惟肖了。你真是一个能干的小司机。

4. 熙熙,你构建的驾驶室已经成功吸引了其他小朋友的注意,赶紧抓住这次机会,大胆地向小伙伴们介绍一下你的驾驶室和操控台,他们一定很喜欢你的创意,乐意搭乘你开的地铁。你还可以和小伙伴们一起商量,合作完善地铁里的设施,共同制订乘坐地铁的规则,相信你会有更大的收获。

我们的思考

1. 有效观察,捕捉幼儿闪光点。

观察幼儿行为,做出正确的评价。观察能力对于教师来说至关重要,是保障自主游戏活动有效开展的关键。观察是发挥教师指导作用的关键。从游戏开始,熙熙挑了个大纸箱进行游戏,我便意识到他会给我带来惊喜。果不其然,从纸箱、泡沫板、瓶盖到透明纸盒,他循序渐进地发挥着自己的创意，不断地叠加、组合，最后成功构建了一个惟妙惟肖的驾驶室操控台。在整个过程中，我充当着观察者的角色，尽量不去打扰他的探索和左右他的意愿，只是对熙熙的行为进行连续的观察及详细的记录。及时捕捉他的闪光点，给予更多的是支持性和鼓励性的眼神、肢体动作等。

2. 隐性指导，充分尊重幼儿。

幼儿的游戏及探索是一个动态发展的过程，他们有主动学习的能力。在这个过程中，幼儿会自主调整、改变想法及游戏材料，以便更好地满足自己的探索需求。当单一的材料无法满足自己的探索需求时，熙熙便自觉地寻求更多适合的材料继续游戏。材料提供都是开放的，没有区域及种类的限制，因此，这大大满足了幼儿的自主探索需求。熙熙在游戏中有了更多的材料可以选择，自然而然发展了游戏情节，获得了心理满足，体验到了探索的成就感。

3. 积极评价，创造交往的环境和机会。

《指南》中指出：教师要创造交往的机会，让幼儿体会交往的乐趣。幼儿园应多为幼儿提供自由交往和游戏的机会，鼓励他们自主选择、自由结伴开展活动。当熙熙的驾驶室吸引同伴注意后，我及时给予具体的、积极的评价，让熙熙体会成功的喜悦，切实认识到专注、认真和遵守规则的重要性。同时，我也创造了机会让其他幼儿看到熙熙的闪光之处，对熙熙有了全新的认识。我对熙熙表达了期望，鼓励他大胆向同伴介绍自己的构建作品，与同伴商量合作，继续丰富游戏内容，发展游戏情节，不断内化自身的规则意识。这无形中为熙熙创设了与同伴游戏和交往的机会。

十三、 今天谁当小队长

记录对象：君懿　班级：中班

独特的你

君懿性格活泼开朗，喜欢和小朋友一起玩各种各样的游戏，平时在班上也很喜欢讲话。小伙伴们都喜欢和他一起玩、一起聊天，他也乐意帮助有困难的小伙伴。但他玩起来爱动手动脚，经常有小朋友告他的状。平时只要老师指出他不对的地方，他就会低下头，表示会改正，但一转身他就忘得干干净净。通过和家长交流后了解到，他爸爸长期上夜班，基本没时间陪伴和教育他。妈妈是幼儿园老师，主张尊重孩子的个性培养，一直采取放养的家庭教育方式，认为要充分尊重和保护孩子的好奇心和探索欲，不能低估孩子的能力，要学会放手，让孩子去尝试。

爱的追随

我们开展自主性活动“鞋子王国”有一段时间了，今天的体育活动我准备了许多鞋盒，让小朋友们分组商量怎样利用鞋盒越过障碍。第一组的小组长请假了，君懿第一个跑来问我：“罗老师，我们没有小组长怎么办?”我微笑着对他说：“你愿意带领你们组的小朋友一起想办法玩吗?”他挺了挺胸，声音响亮地说：“我可以的。”于是他带领他们组，选择了画有数字格子的场地，并一起商量，他看了地上的格子后对同伴们说：“我们可以这样摆……”他边说边用手比画着，同伴们按着他的思路摆放鞋盒，然后大家分别确定起点和终点。

游戏开始了，他们一个跟着一个排队，用自己喜欢跳的方法通过摆放的障碍物，每个人都很兴奋。我引导他们提高难度，鼓励他们接受挑战，克服困难。他歪着小脑袋，想了想，接着和同伴们一起把鞋盒重叠起来，改变了一些鞋盒的方向，障碍物变得更高了。他们组的黄皓个子矮小，胆子又小，面对较高难度的障碍物，每次轮到他，他没跳就排到队伍的后面。我提醒黄皓："你要勇敢地通过哦！"君懿听到后，马上跑到黄皓的面前，稍蹲下看着黄皓说："你试一试，真的不难，我们帮你加油！"大家都热烈地为黄皓喊加油。黄皓皱了皱眉，在大家的鼓励下，他跨跳过第一个障碍物，接着是第二个障碍物，最后他双脚并拢跳过了后面的障碍物，君懿对黄皓竖起了大拇指，黄皓自己做了个胜利的手势，我也和他们一起鼓掌。

心的追随

1.《指南》指出,中班孩子要知道自己的一些优点和长处,并对此感到满意。今天的体育活动中,你在小组长没来园的情况下,主动承担小组长的责任。你发挥了自己聪明、想法多的优点,带领同伴一起协商游戏玩法。

2. 你是个懂合作、能接受挑战的孩子,你敢于带领同伴一起协商玩法,在玩的过程中你主动和同伴分享自己的想法,还能帮助能力弱的小朋友,鼓励他,和他一起克服困难。

3. 在最后的游戏环节你能够双脚并拢跳过40厘米高的障碍物,真的很棒!

我们的思考

1. 支持和鼓励。

《指南》中建议,教师要以欣赏的态度对待幼儿,注意发现幼儿的优点,接纳他们的个体差异。在幼儿主动提出当小组长的要求时,我采取了支持和鼓励的做法。

2. 明确任务。

幼儿在与环境、材料互动的过程中进行自主的学习,通过提供适宜的学习环境、明确的学习任务、能验证学习结果的材料、及时有效地介入指导等,不但给幼儿带来了游戏的快乐,而且让幼儿的各种能力得到很好的发展。

3. 培养注意力。

游戏是幼儿喜欢的活动,我们要利用游戏有意识地培养幼儿的注意力。幼儿对活动的兴趣越浓厚,越容易集中注意力。幼儿在游戏活动中与人沟通,愉快地合作,把视觉、听觉、触觉等集中在某一事物上。在合作游戏中相互影响,相互推动,促进了幼儿运动能力和合作能力的提高。

4. 促进发展。

关注幼儿本体,促进幼儿自身发展。教师不能把一切要求强加于幼儿的身上,可以通过民主的方式增强幼儿的自主意识,允许幼儿自己去思考规则和要求,探索规则和要求的合理性。君懿是个能力很强的幼儿,但平时偶然也会欺负其他幼儿,引起他们的不满。君懿要是学会了怎样与同伴交往,就能减少与同伴的冲突,会更受大家的欢迎。

十四、快递箱

记录对象:星睿、朗朗、明瑞　班级:中班

独特的你们

星睿的爸爸是军人,妈妈是老师,他们愿意倾听孩子的意见和建议,对星睿的教育遵循自己的事情自己做的原则。爸爸经常在军队,基本是妈妈带孩子,遇到困难时孩子喜欢哭。可在班上,星睿是个十分受欢迎的孩子,他非常有主见,喜欢与人交往和分享,动手能力强,画画与记录总少不了他。

朗朗,他是家里的第二个孩子,但父母觉得男孩子就应该多锻炼,对他采取放养的方式,朗朗的动手能力比较强,小班时很多的生活自理方面的事情都能自己完成,比较少依赖成人的帮忙。虽然朗朗平时并不十分活跃,但只要遇到感兴趣的事情总能坚持完成,且自有一套与同伴相处的方法。

明瑞,班上的大宝,龙凤胎中的哥哥,明瑞的爸妈学历高,十分关注孩子的大脑开发,家里的藏书和玩具特别多,明瑞的小脑袋也因此特别灵活,总有“好点子”。但有时爸爸妈妈也非常担心,因为明瑞经常会为了实现自己的构想而受伤。在班上,他平时总露出甜甜的笑容,他脑袋里有着各种各样的知识和想法,特别喜欢与别人分享他的奇思妙想。

星睿、朗朗、明瑞,你们三个是班上的开心果,总是喜欢在一起玩耍,游戏时会主动表达自己的意见和想法。三个宝贝的动手能力都很强,小班时便是自我服务能力不错的孩子,这次,你们在一个小组里会有怎样的碰撞呢?

爱的追随

根据计划，今天的小组主题是“快递箱”，提出主题后，小组成员是你们——星睿、朗朗和明瑞。你们开始商量了，星睿说：“我家的快递箱有二维码的，用手机扫一扫就开门了。”明瑞说：“可是我们没有箱子啊，怎么办？”朗朗说：“课室外面的柜子是有数字的，我们去那里看看吧。”于是，快递箱小组便组队去看了。看了很久，他们开始讨论了。朗朗说：“太好了，有数字我们把快递放在里面就行啦！”明瑞和星睿说：“是啊是啊！不过快递被人拿错了怎么办？”明瑞说：“要不我们做一些票吧，拿到票的就去拿快递，没有票就不能拿。”其余两位同意了，于是，他们分工合作，明瑞负责剪纸，朗朗负责写数字，而星睿就负责制作二维码，做完后，明瑞就把二维码贴好，朗朗根据数字把票放在了相应的格子里。

开始投放快递了，星睿说：“我们先试试吧！”接着就把一瓶酸奶放到了5号位置，放完后拿着票给了我：“门老师，你的快递。”“我的快递？”“是啊，你拿着这个号去拿吧！”于是，我拿着5号票拿到了酸奶，然后就走了，明瑞大声叫了起来：“门老师，你要把票放回去才可以。”“好的，不好意思啊！”我说。

星睿看到后说：“快递箱制作成功啦，我们去叫小朋友寄快递吧！”随后，在小组成员的大力推荐下，小朋友们都围观这个新奇的快递箱，小组成员们开始解释。小朋友们开始使用，拿到快递的小朋友都笑眯眯的，小组成员们脸上都洋溢着笑容，小头抬得高高的！

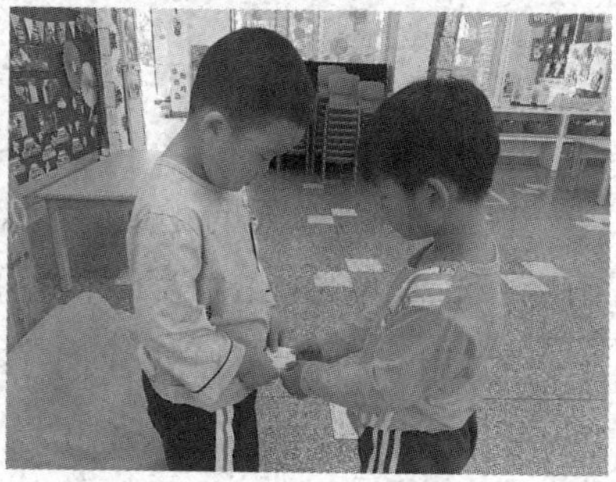

心的追随

1.《指南》中指出，中班的孩子能对事物或现象进行观察比较，发现其相同与不同，并能根据观察结果提出问题，大胆猜测答案。孩子们，你们都做到了。星睿，你能够根据现实生活中快递柜的取件方法，想到使用“二维码”进行取放快递，观察和实施能力真让老师觉得欣喜；明瑞，你喜欢解决同伴们发现的问题，提出用票解决快递的投递问题，这个与你平时的知识积累是分不开的，老师为你自豪；朗朗，看到你带领同伴们一起在课室四周观察，看到适合制作快递箱的鞋架时，就马上提出自己的建议，老师非常欣赏你对游戏的投入和大胆设想。

这次的你们比上次制作招牌的时候更有主见了，你们认真思考，在整个游戏过程不停地观察、发现、沟通、实施，各种能力都得到发展和提升，老师真为你们高兴。

2. 在游戏里，你们能通过简单的调查和尝试来收集信息，想到运用试运营的方法，让老师成为你们的第一个实验者，你们在实验中认真观察，从实验中发现问题和收集信息，提醒实验者，最终确定了游戏玩法后，你们再跟同伴们分享。老师为成为你们试运营的第一个客人而感到自豪。

3. 在游戏中，你们尝试了分工合作，体验了分工合作带来的好处，知道了自己的长处在哪里，勇敢地尝试了自己的新任务，这几点都让老师刮目相看！

4. 你们能用图画或其他符号等对游戏中需要的材料进行制作，游戏里包含很多制作活动，包括美工、数字书写及一一对应，甚至连时下最流行的二维码也制作出来了，一个小时的快乐游戏，你们是繁忙的，不过我相信你们也是收获颇丰的，为你们加油！

我们的思考

1. 耐心等待，给予幼儿轻松且充满信心的游戏环境。

在游戏中遇到问题时，幼儿需要时间和心理空间来尝试新事物，制订计划，从而找到解决问题的方法。因此，对于三个幼儿游戏中的每一个步骤，每一个问题，每一次尝试，我都耐心地观察，对他们每次的尝试与发现都报以鼓励和支持，对他们每次的选择和决定都表现出兴趣和好奇，让他们对自己的计划和实施充满信心。

2. 沉下心来，让幼儿用自己的方式进行学习。

游戏和学习的材料千变万化，但其行为背后所指向的关键经验始终不变。我从中观察到三个幼儿解决问题的意识、动手操作的能力以及运用各种材料辅助游戏的想法，包括数字的运用、美工制作等，都是幼儿在运用平时积累的经验，用自己的方式主动学习的体现。

3. 了解需要，促进幼儿进一步发展。

在游戏试运营时，星睿选择了我成为他们试运营的第一个客人，了解到幼儿的需要后，我参与到他们的游戏中，按照他们定下的规则进行游戏，并在游戏中故作“不懂的样子”，让他们在解决问题的过程中，通过思考获得快递箱运营的最佳方法。在幼儿眼中，我是小客人；在游戏当中，我是参与者，支持者，也是引导者。

4. 整合思路，对幼儿进行深度支持。

《指南》里指出，教师应支持、引导幼儿学习用适宜的方法探究和解决问题，或为自己的想法收集证据。如在游戏中，他们三人能通过记录表把整个过程记录下来或者对使用者进行一个小回访的话，对于他们后续有关快递箱的想法和改进是否有积极的作用呢？在以后的游戏活动中我会逐步增加记录表，让幼儿尝试在记录表上用图画或其他符号科学又方便地为自己的想法收集证据，如访问使用者的想法等，通过记录表分享学习心得，提供交流的依据，最终提升沟通能力，构建完整经验。

5. 坚持游戏，发展幼儿的创新意识与潜能。

游戏能促进幼儿创新意识和潜能的发展，是其生长的重要方式。游戏的过程也是幼儿自我意识不断社会化的过程。通过"快递箱"这个游戏，星睿收获了学习主动性和计划性这一学习品质；明瑞收获了发现问题和主动解决问题的能力；朗朗则在游戏的团队合作中收获了协商的能力，体验到了听取同伴意见的重要性。

十五、 买玩具

记录对象:朗朗　班级:中班

独特的你

朗朗是个活跃的小男孩,虽然是家里的第二个孩子,但父母觉得男孩子应该多锻炼,对他持放养的态度。他的动手能力比较强,小班时很多生活自理方面的事情都能自己完成,如穿脱衣服、盥洗、进餐等,比较少依赖成人的帮忙。平时在班上遇到自己喜欢或感兴趣的问题时他能够大胆发表自己的意见,语言有逻辑,有条理,能够清晰地诉说。游戏时,他有时会跟同伴们合作,意见不同时能尽量协调;有时候他会安静地在桌上摆弄玩具。他在班上有固定的好朋友一起玩耍、游戏,他在团队中能发表自己的意见和见解,具有独立思考的能力。

爱的追随

创意小商城的快乐游戏开始了,今天,我也投入到了游戏中来,开起了玩具店,扮演老板售卖各种玩具。根据上一次游戏时幼儿的讨论结果,在装玩具的盒子上贴了不同的形状和数字,再把玩具放进盒子里,盒子上的数字代表玩具的价格,形状代表钱币的类型,幼儿根据盒子上的形状和数量买玩具。你也是其中一个,买完一次又一次,且每次都能根据“价格”成功地买回自己喜欢的玩具。这次,你看到了一个双联的变形小汽车,只见你看到了盒子上的圆形和数字 3 时,像之前一样拿出了 3 个圆形钱币给我,并准备拿走那个双联的变形小汽车。这时候,我对你说:“对不起,你的钱只够拿一个哦!”这时,你停下来,放下那个双联的变形小汽车,从我手上拿回那 3 个圆形钱币，之后，又从袋子里拿出 3 个圆形钱币，把双联的变形小汽车拆开，放在了地上，把小汽车中的一部分对着 3 个圆形钱币，另一部分对着另外 3 个圆形钱币，随后就把手上的 6 个圆形钱币一起给我，说了一句："这次对了吧？我可以拿走了吗？"我说："可以了，交易成功！"然后，你拿起心爱的变形小汽车蹦蹦跳跳地走了。

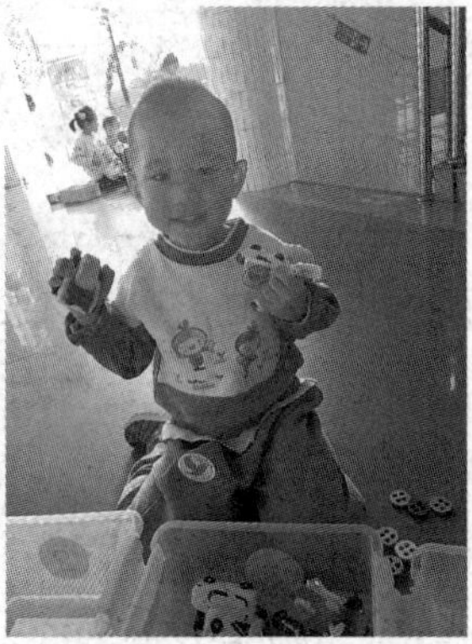

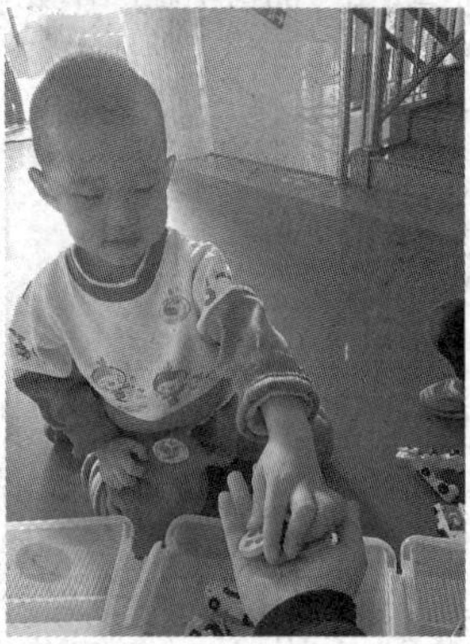

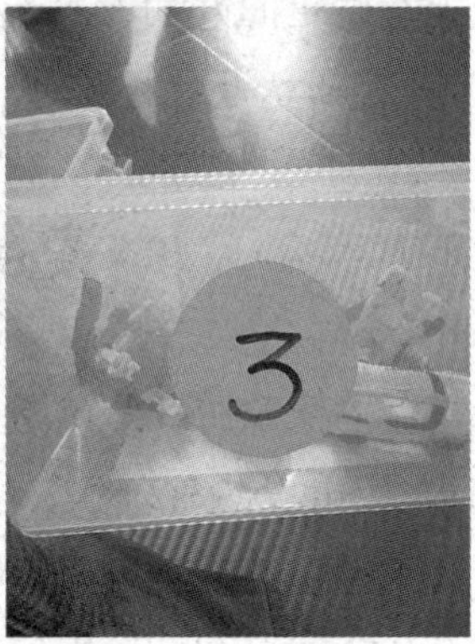

心的追随

1.《指南》中指出，中班的孩子喜欢动手动脑探索物体和材料，并乐在其中。朗朗，你是一个有想法且能够独立思考的孩子，你能够围绕自己的目标，在遇到钱不够的情况时动脑筋解决问题，而且用的是你自己的方式，老师特别欣赏这样的你。

2. 遇到双联的变形小汽车这个特别的玩具时，你用灵活的小手尝试运用“3个圆形钱币兑换小汽车的一部分”这个一一对应的方法解决了遇到的问题，而且还能举一反三地知道了2个玩具一起买的价格，初步了解了加法的含义，看到这个属于你自己的学习方法，老师真为你感到开心。

3. 整个游戏活动你一直乐在其中，你得到答案后仍然勇于挑战。你开动脑筋想办法，是大家学习的榜样。你还把自己的发现在分享时大胆地讲述和演示出来，让同伴们也能在游戏中学习和运用，大拇指属于你。

我们的思考

1. 坚持与鼓励，激发幼儿继续探索的欲望。

鼓励性与启发性的语言给幼儿营造出积极鼓励的环境氛围，从而激发幼儿的好奇心和求知欲。因此，在朗朗的探索过程中，我总是报以鼓励的眼神和微笑，增强他的自信心，使他在直接观察、亲自操作的探究过程中获取知识，建构经验，我为他的成功感到高兴。

2. 提供具有自由操作的空间，让幼儿与游戏环境进行和谐的互动。

自主性游戏富有启发性，这种游戏的环境是开放性的。在这样的环境中，幼儿完全自由地感知、接触周围众多的事物。这样的环境激发了朗朗广泛而又强烈的好奇心，促使他无拘无束地投入到游戏中进行全新的尝试和探索，积累知识和经验，在知识和能力等方面获得发展。

3. 以适当的追问引发思考，促进幼儿自身发展。

《纲要》指出，“要指导幼儿利用身边的物品或废旧材料制作玩具、手工艺品等来美化自己的生活或开展其他活动。”因此，仔细观察他玩的过程，发现他能够轻松地买完每一次玩具后，我根据游戏中玩具的特征，以提问的方式引发他的再次学习，以帮助他提升和建立新经验。

4. 根据幼儿需要，支持深度学习。

《指南》在科学领域中的数学认知中表明，中班幼儿能通过数数比较两组物体的多少，并能通过实际操作理解数与数之间的关系。此次游戏中如果给朗朗提供一个记录表，对其经验的构建是否有帮助呢？因此，在以后的游戏活动中我会根据幼儿的需要提供记录表，以支持幼儿的深度学习，让幼儿尝试记录探索的足迹，为交流分享学习心得提供依据，从而最终提升幼儿的沟通能力。

5. 有所启发，将游戏进行到底。

游戏深受幼儿喜爱，幼儿要通过亲身实践才能更好地理解许多数学知识。通过"买玩具"游戏，朗朗收获了发现问题、解决问题的数学实践经验，收获了坚定地向自己的目标前进的自我效能感。将游戏融入数学教学活动中将会更受幼儿的欢迎。

十六、有袖子的衣服

记录对象：王皓、茂茂、小煜　班级：中班

独特的你们

王皓、茂茂和小煜是班上爱思考、爱动手操作的小朋友。他们经常一起合作完成有挑战的游戏。他们的爸爸妈妈也经常积极担任班里的家长老师，给小朋友们带来精彩的活动。因此王皓、茂茂和小煜非常喜欢参与到班级里不同的活动中，他们也积极和其他小朋友合作，遇到问题时很喜欢动脑筋，经常想出不同的办法来解决问题，是小朋友们眼中的游戏“小能手”。

爱的追随

这天班上进行“我型我秀”的自主游戏活动。王皓、茂茂、小煜向我走过来：“唐老师，我们的衣服好像都是背心，可是我们想要做有袖子的衣服呀。”我开心地回道：“这个主意可真不错，有袖子可能会更好看。”茂茂说：“可是我们不知道袖子要怎么做。”小煜说：“对呀，我只知道袖子就是圆圆的，有两个洞。”茂茂说：“是啊，它就像一个小隧道一样。可是我们怎么做呀？我们应该剪一个圆形吗？”小煜说：“不行，我试过了，剪了一个圆形，可变不成一个袖子。”茂茂这时候就着急了起来：“那怎么办呢？唐老师，你来帮帮我们吧。”

这时候，我拿来了一张画纸，说：“你们闭上眼睛啊，老师要给你们变一个魔术。”说完，我把画纸卷成一卷，让他们睁开眼睛看一看：“你们看！画纸的形状跟袖子的形状像吗？”茂茂说：“对了！就是这样，像小隧道一样。”

“我现在要把它打开咯，你们看看，它会变成什么形状呢？”茂茂惊喜地说：

“这是正方形。”王皓说：“不对！这是长方形。”茂茂挠了挠脑袋，说：“对，这是长方形。”机灵的茂茂马上说：“我知道啦，我们可以把袋子裁成长方形。然后再像唐老师那样卷起来，不就可以当作袖子了吗？”小煜和王皓马上附和着说：“是的，我们赶紧来试试看吧。”

我问：“那你们要做多大的袖子呀？”小煜看到恐龙组小朋友做手工留下的纸皮条，她拿了起来，小心翼翼地对着王皓的手臂来回量，说：“哎呀，这个这么短，一个可不行哦。”小煜量完了以后，说：“王皓的手有三个这种纸皮条那么长。”说完小煜马上想把王皓的尺寸记下来。茂茂说：“哎哟，我们怎么记录？”王皓说：“这个纸皮条上面不是有一个一吗？我们就写三个一吧。我们把这个纸皮条叫一号纸皮条。”我又问：“那谁来负责记录呢？”这时小煜把楠楠叫了过来：“唐老师，就让楠楠来记录吧！他是我们班上公认的小画家。”楠楠笑着说：“好的。”说完，楠楠就拿起纸和笔准备记录。接着茂茂给王皓测量。一开始茂茂用了一号纸皮条，他用了四个一号纸皮条来量的时候，发现超出了一点点。于是他换了一个一号的纸皮条、一个三号的纸皮条，发现这样刚刚好。最后，楠楠把每个人的测量结果都记录了下来。最终他们开心地做出了有袖子的衣服。

心的追随

1.《指南》科学领域指出，中班幼儿“常常动手动脑探索物体和材料，并乐在其中”。王皓、茂茂、小煜，你们想要做有袖子的衣服，在没有思路的情况下向老师求助，并积极思考，最终想出了把袋子裁成长方形并卷起来的方法来制作衣服的袖子，这是你们积极思考的结果。

2.《指南》指出，中班幼儿“能用图画或其他符号进行记录”。通过老师的提示，你们想出了制作袖子的方法，还尝试用符号来记录袖子的尺寸，并进行分工与合作，有条不紊地完成袖子的制作，你们是大家学习的榜样。

3. 整个活动持续了40多分钟，你们遇到困难时能够积极动手动脑解决，你们不放弃，你们团结合作，最终制作出了满意的袖子，老师为你们感到骄傲。

我们的思考

1. 接纳幼儿的探索行为，成为幼儿游戏的支持者与引导者。

《指南》指出，教师需要“真诚地接纳、多方面支持和鼓励幼儿的探索行为”，教师要认真对待幼儿的问题，引导他们猜一猜、想一想，支持和鼓励幼儿在探究的过程中积极思考,解决问题。在王皓、茂茂和小煜来向我求助时,我决定利用身边的材料做示范,引导他们观察和思考,最终他们获得了思路,想到用卷袋子的方法来解决问题,我便鼓励他们按照自己的想法试着解决问题,我是他们游戏的引导者和支持者。

2. 营造宽松的游戏氛围,鼓励幼儿尝试有一定难度的任务。

在"我型我秀"自主游戏活动中,每个幼儿都能够按照自己的想法制作想要的造型,也能够和同伴分工合作,共同完成任务。《指南》指出,教师要"鼓励幼儿尝试有一定难度的任务",在活动中我大胆放手,支持幼儿按照自己的想法做事情,提供材料帮助幼儿实现想法,同时也鼓励幼儿分工合作、共同完成任务。本案例中,王皓、茂茂和小煜三个人正是在这种宽松的游戏氛围中,积极探索,共同完成袖子的制作。

3. 整合思路,促进幼儿经验的提升。

教师要维护幼儿的好奇心,充分利用生活中的机会,引导幼儿观察与探索,建构经验。在今后的游戏中,我将继续支持幼儿的游戏,也结合《指南》的教育建议,支持幼儿和同伴合作探究与分享交流,引导幼儿回顾、分享自己的探究过程,思考下一步如何做,促进幼儿深度学习,推动幼儿经验的提升。

十七、我来做菜单

记录对象：欣然　班级：中班

独特的你

欣然性格安静、做事慢条斯理。虽然她总是在进餐、收拾等活动中漫不经心、拖拉，但是欣然自理能力很强，喜欢自己动手，有主见有想法，遇到问题时愿意积极想办法去解决。在集体中她乐意帮助他人，愿意和老师、同伴分享自己的想法。家长反映欣然在家里比较独立，很有想法，不太愿意接受别人的意见。另外，在家里她也会出现做事拖拉、需要催促的情况。

爱的追随

跟随孩子们的兴趣，最近班上的“美食一条街”主题活动搞得热热闹闹的，在爸爸妈妈们的帮助下，孩子们一起体验了一次购物的经历，也发现了购物中价格牌是不可缺少的。在“快乐早茶”游戏中，孩子们迫切地感觉到，早茶店应该有一个价格牌，这样会更方便！于是，今天早茶店的工作人员就有了一个重要的任务：做价格牌。孩子们分头行动了，有的说我来做价格牌；有的说我在碗上贴数字；有的说我把价格牌贴到食品架上……孩子们把自己购物时看到的价格牌用到了游戏中。一旁的欣然站了很久，看着同伴们忙碌地做价格牌，她提出了一个问题：“把价格牌贴在碗上，那顾客吃的时候弄脏了怎么办？把价格牌贴在食品架上，顾客还是不方便看呀！我妈妈带我去吃早茶时，是有一个菜单的，在喜欢吃的点心旁边打钩，还可以看到这个点心需要多少钱。”她的提议立即引起小伙伴们的赞同，大家决定制作菜单，欣然自告奋勇说：“我来做菜单！”

我在一旁说:“我们的菜单上应该有些什么呢?”

欣然:“可以把那些点心画下来,还要写上数字,就知道多少钱了。”

我:“需要我帮忙吗?”

欣然:“不用了,我会自己画,老师给我一张大纸好吗?”

“好,美工区有很多纸,你可以随便挑!”

她拿了一张大大的白纸告诉我:“早茶店的点心很多,用白纸画更清楚! 唐老师,你帮我画格子好吗?”

我:“格子有什么用呢?”

欣然:“可以看得清楚一点”。

于是,我帮欣然把纸折成了格子,她开始画起来。

一会儿菜单就制作好了。我说:“欣然,这个菜单好像有点大,不知道顾客点餐时是否方便。”

欣然说:“这个就贴在早茶店门口给大家看,我再画一些小的,给顾客在上面打钩点餐!”

我:“你太能干了,今天你为我们早茶店做了一件大事,有了菜单,顾客们就方便多了。”接着我又提出了一个问题:“欣然,小朋友们能看懂菜单上都有哪些点心吗?”

欣然笑了，说："一会告诉小朋友们就可以了。"说完她又继续制作菜单。

心的追随

1. 幼儿的行动是学习过程的体现，幼儿是通过直接感知、实际操作和亲身体验来学习的。行动帮助幼儿获得有益的经验。欣然，你真是一个小小的行动主义者，你想到什么就马上动手去做，虽然你平时看上去总是漫不经心、慢吞吞的样子，可是你对自己感兴趣的事情很积极，你喜欢画画，今天用你的小画笔帮了大忙。

2. 欣然，你在生活中一定是个爱观察的孩子，你用自己智慧的双眼细心观察周围的生活；你爱思考，能发现问题，提出问题；你喜欢自己动手尝试；你喜欢自己想办法，遇到困难时你愿意自己想办法解决；今天的你也很愿意接受老师的意见，并及时调整自己的行为。你今天真的是让老师感到太意外了！为你的想法、主动和创意点赞！

我们的思考

1. 给予幼儿充分的游戏空间和时间，让他们在游戏中用行动提升经验。

游戏来自生活，幼儿要提升经验就要回到行动中，回到过程中。幼儿在"早茶店"刚开张的时候就提出过吃早茶的时候要有菜单，可以自己点餐，可是幼儿进入游戏后忙于角色扮演，一直没有发现需要做菜单，随着游戏的深入开展，幼儿开始发现和注意游戏中的具体事情，发现菜单的重要性，幼儿就决定制作了，从制订价格到菜单的形成，这些都建立在幼儿对生活经验和游戏经验的直接运用的基础上，他们将生活中的经验迁移到游戏中，进而更新了他们的直接经验。我在幼儿刚开始游戏的时候，也曾想过制作一份漂亮的菜单，但是这样做对幼儿的游戏真的有帮助吗？如果游戏变成一种单纯的模仿,那么它的意义将会降低,所以我给予幼儿行动的空间和时间,让他们自己在游戏中成长,将经验用于过程,用过程提升经验。

2. 相信幼儿具有游戏的力量,尊重幼儿的游戏。

他们生来就有一种"追求胜任"的内在欲望,生来就有去做、去学习如何做的冲动。当我提出帮他们做菜单时,是想到他们可能画不出菜单上的食物,但是幼儿拒绝了我的好意,且用自己的符号、简图、数字轻而易举地完成了。我们不需要菜单有多逼真,在这个过程中我们看见了:幼儿具有游戏的能力,他们可以在游戏中像成人一样无拘无束地展示自己的想象,可以在游戏中动脑筋,出主意,淋漓尽致地抒发着自己的情感。

3. 教师灵活定位自己在幼儿游戏中的角色。

《纲要》中指出:教师应成为幼儿学习活动的支持者、合作者、引导者。它向我们明确提出了幼儿园教育活动中教师所承担的角色。有时我们可以是观察者、倾听者;有时我们可以是组织者、援助者;有时我们可以是引导者、支持者、鼓励者、幼儿学习活动的共同探究者等。在制作菜单的过程中,我就是一个倾听者、支持者,在和幼儿的一问一答中我就是他们的游戏伙伴,我们是完全平等的关系,幼儿在如此宽松的气氛中,更容易接受别人的意见。

十八、 我是服务小明星

记录对象:轩轩 班级:中班

独特的你

轩轩是个调皮的孩子,大大咧咧、精力旺盛、规则意识较差,常常控制不住自己的行为,所以在集体生活中他不是一个受同伴欢迎的孩子,平时能和他一起游戏的同伴不多。家长因工作忙,陪伴轩轩的时间较少,因此轩轩在家里更是一刻也闲不住,乱吵乱闹,把家里折腾得乱七八糟,常拆毁、损坏玩具或物品,为此家长也很着急。但轩轩适应能力、自理能力和模仿能力都强,敢说敢干,遇到困难能主动想办法克服。

爱的追随

今天轩轩想做早茶店的服务员,可是有小朋友说轩轩喜欢到处走,一会顾客来了,而服务员不见了怎么办? 轩轩一听就着急地说:"我不会到处走的。"看见他着急的样子,我说:"好,唐老师相信轩轩今天能做个能干的小服务员,一定不会离开岗位的。"

游戏开始了,不知道为什么,今天的早茶店生意不太好,没有什么顾客上门,轩轩一早就麻利地穿好小围裙,在早茶店门口来回地走着,等了很久也没有顾客上门,他有点不知道干什么好了。

这时,梓梓小心翼翼地来到店门口东看看西看看,轩轩看见了,马上走上去拉着他的手把他领到座位上坐下说:"欢迎光临,快请坐!"接着又马上倒了一杯茶给他:"请喝茶,请问你想吃什么呢?"内向的梓梓看到热情的轩轩有点不知说什么好。轩轩看他不说话,马上又说:"我帮你问问今天有什么好吃的吧！”轩轩和小厨师沟通后，接着又热情地问梓梓想吃什么，梓梓想了一会儿说：“我想吃面条，还想吃煎蛋。”轩轩又赶快去告诉小厨师。很快梓梓就吃到了他想吃的美味食物。看着梓梓吃面条，轩轩高兴地笑了。

过了一会，梓梓吃完面条，准备离开了，可是我们的轩轩突然想到了什么，对梓梓说：“你还没付钱呢。”我们的小服务员没忘记收钱。两个孩子开心地笑了。

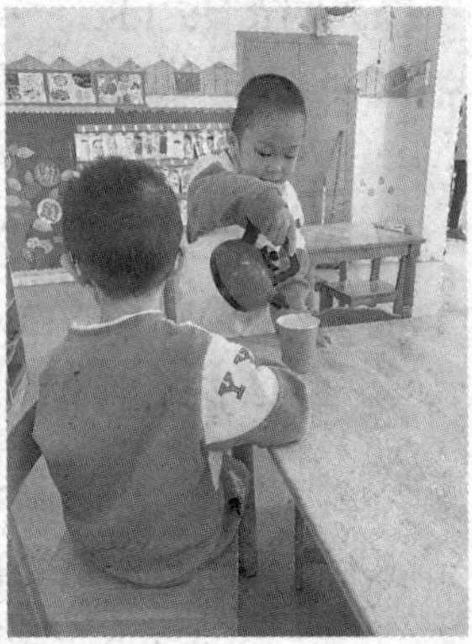

游戏结束，我将自己看到的两个孩子间的故事与小朋友们分享，小朋友们使劲地为他鼓掌，轩轩有点不好意思了。今天的游戏，我们的轩轩获得了“服务小明星”的称号。

心的追随

1. 轩轩,今天老师意外地看到了热情有礼貌的你。平时游戏中的你经常会被小伙伴们投诉,可是今天老师看到了友好的你,你热情地接待顾客,忙上忙下地完成了你的职责。今天我们的小顾客是个比较文静内向的孩子,当他站在门口犹豫要不要进早茶店时,你用你的热情感染了他。你热情地接待他、给他斟茶递水、帮他点餐……梓梓在你的影响下,高兴地加入游戏中,你们俩有问有答进入角色的样子让老师感到欣喜。

2. 你是一个积极主动的孩子,好不容易看到有顾客来时,你主动热情地想办法留住你的小顾客。在游戏中,你一直都积极主动,用你的热情感染你的同伴,老师看到你们脸上的笑脸,感受到了你们的快乐。

3. 老师还看到了一个忠于职守的小服务员,当没有顾客的时候,你并没有像以往那样到处走,而是一直在门口等小顾客,你遵守了自己的承诺。当有顾客的时候,你认真完成自己的职责,当顾客用完餐,你还记得"我们的游戏规则",没忘记收顾客的钱,为早茶店赚下了第一笔钱。

我们的思考

1. 老师要有一颗爱孩子的心。

老师对孩子的爱是打开他们心灵的一把钥匙,只有爱他们才会真心去关注他们,才能发现他们的优缺点,进而更好地教育他们。对于调皮的孩子,在对他们进行严格教育的同时,也要特别注意保护他们的自尊心,不要过多地批评指责,而要注意耐心地指点和引导他们,当这些孩子受到老师的鼓励和肯定的时候,会激发孩子心中积极向上的动力。教育调皮的孩子,有爱心就会有办法,喜爱是教育这类孩子的首要条件。

2. 老师要有一双善于发现的眼睛。

在老师的眼里,这是一个调皮的孩子,他无数次调皮惹麻烦总让老师头疼，可是这样的孩子是不是就一无是处呢？要客观地看待这个孩子，他是一个大胆的、积极的孩子，勇于尝试。他大大咧咧的性格，让他能更快地适应环境，这是孩子身上特有的品质，老师不能被他的“惹是生非”蒙蔽了发现的眼睛，不应当给孩子“贴标签”，要善于发现孩子的闪光点，并且让孩子的闪光点继续发亮发光。

3. 发现游戏的力量。

在游戏里我们看到了什么？对于“活动量大，调皮、自制力差”的孩子，除了满足其正常的要求以外，还可通过游戏，让孩子担任一定角色，以角色的行为规范来约束他们。当孩子自己提出来要担任小服务员时，虽然有同伴提出质疑，但是有老师的支持和鼓励，他最终赢得了同伴的赞赏。为了有效地利用《指南》来观察、了解孩子，首先要完整、深入地理解《指南》的结构及其内涵。其次重视观察孩子在日常生活与游戏中的表现。最后应当积极地看待孩子学习与发展的每一点进步。游戏是轻松愉快的，在这样的氛围里，老师更容易发现孩子在游戏中最真实的自我表现，老师作为游戏过程中的观察者，要关注孩子在游戏过程中的言行举止，分析和思考了解孩子的需要、意愿、困难和情绪体验，才能发现孩子成长的自我力量。

十九、饮料店的桌子

记录对象：萱萱　班级：中班

独特的你

萱萱刚来幼儿园时是个比较害羞的小女孩，升上中班以后她的变化比较大，上课有时也能举手回答问题了。萱萱性格温柔、比较听话，但有时又很倔强，认准了的事情就一定要做。由于萱萱的妈妈特别注重孩子的仪容仪表，每天都喜欢把她打扮得美美的，所以她自己也特别爱整洁，不喜欢待在脏乱的地方。萱萱妈妈也是个急性子，当看到萱萱做事慢了或做事有困难了，就忍不住上去帮忙，所以萱萱有时做事没耐心，喜欢东张西望，自制力还有待提高，独立性不够，遇到困难时依赖别人帮忙解决。

爱的追随

美食街里的饮料店开门营业了，萱萱把准备售卖的饮料放进玩具托盘里，然后摆在榻榻米地板上。可是，萱萱看着那堆饮料，总觉得哪里不对劲。过了一会儿，她从旁边拿了三块相同的方形泡沫垫连在一起拼成一个"门"的形状。拼完后萱萱再次看了看，发现这个东西不太稳固，容易左右摇摆。

于是萱萱又拿来了一块同样的泡沫垫拼在靠近自己的空位处。对接的第一条边很快拼好了，拼第二条边的时候，需要与之前拼好的另一块泡沫垫对接上，萱萱用力拉了一下，结果把刚拼好的第一条边扯开了。没办法，萱萱只得从头再来一次。重复刚才的步骤，萱萱先把对接的第一条边重新拼好，拼第二条边的时候，萱萱这次只是轻轻地将一块泡沫垫拉过来与另一块泡沫垫对接，可是第一条边仍然被扯开了一段。萱萱犹豫了一下，看到有一小段还是连接着的，就没管了，继续拼第二条边。第二条边也拼好了，需要拼第三条边了，萱萱小心翼翼地把另一块泡沫垫拉过来，两条边对接上，一个扣一个扣地慢慢扣上，第三条边终于也拼好了。这时萱萱才回过头把之前扯开了一段的第一条边也拼回去，一个正方体的四个面都拼好了。

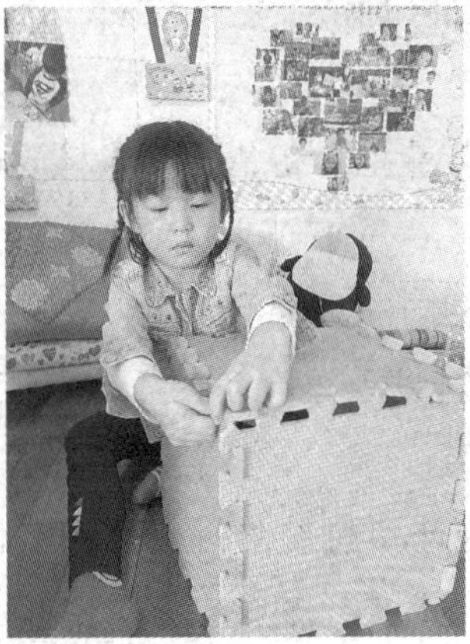

这时萱萱拿了一个饮料瓶放在上面。原来她拼了这么久就是想做一张桌子。可过了一会儿，桌面没有支撑的一边开始向下塌，导致饮料瓶倒了。

萱萱思考了一下，又拿来了一块泡沫垫，在桌子的一面缺口处拼了起来。拼着拼着，萱萱发现泡沫垫突出来一点，原来是新加上的泡沫垫没有与原来的对整齐。萱萱小心地、慢慢地把这块泡沫垫拆下来，再次对准拼了一次。一个扣、两个扣，一条边、两条边，萱萱细心地拼着，汗从额头滴下来了，也顾不上去擦。好不容易这一面也拼好了，加上这一面，萱萱一共拼出了正方体的五个面。

萱萱转了一下正方体，把空的一面朝下，正好就是一张桌子。萱萱开始往桌上放东西，先放了几个酸奶杯，这次酸奶杯放得稳稳当当的。萱萱又从旁边多拿了几块泡沫垫，用同样的方法再做了一张桌子，再放上其他饮料瓶。商品都摆放好后，萱萱开始高高兴兴地售卖饮料了。

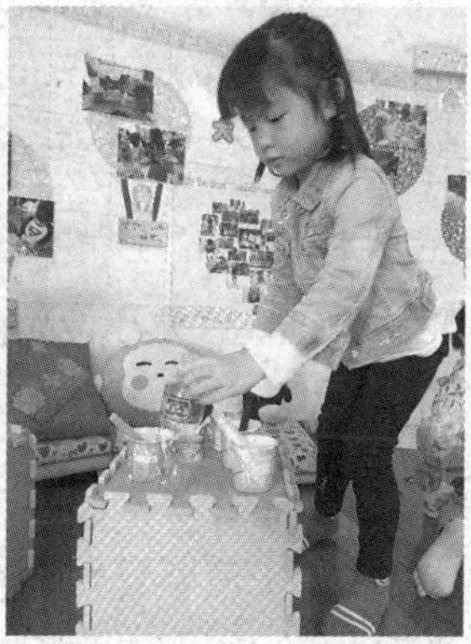

心的追随

1. 萱萱，你是个爱整洁且对自己有较高要求的孩子。你勇于改变现状，当觉得饮料放在地上售卖不合理时，你没有视而不见，而是想办法去完善和调整,马上想办法做出了桌子,以便游戏可以顺利地进行。

2. 萱萱,你在遇到困难时能努力克服,并想办法完成任务,经历了发现问题、解决问题、尝试、遇到挫折、再尝试,直至成功的过程,你收获了经验,战胜了以前的自己,最终迎来了成功。你的坚持性、独立性获得了发展,克服困难的态度逐步得到了改善。

3. 拼桌子的过程对于你来说困难重重,其间你遭遇了一次又一次的失败,可是你并没有灰心丧气,也没有依赖别人的帮助。为了制作这张桌子,你足足坚持了快半小时,甚至流汗了你也顾不上擦,你的专注、坚持和努力,老师也要为你点赞!

我们的思考

1. 相信幼儿,让幼儿在实践中学习。

《指南》在幼儿社会领域及科学领域目标中提到,应支持和鼓励幼儿在探究的过程中积极动手、动脑寻找答案或解决问题。当幼儿遇到困难时,教师应该给予他们充分的时间和空间,相信幼儿有自主学习的能力,不要急于给幼儿答案,免得剥削了幼儿探索和学习的机会。在这个活动中,当萱萱在制作桌子的过程中遇到困难时,教师并没有立即介入,而是充当着“观察者”的角色,关注着她的进一步探索。事实上,萱萱经过自己的尝试,获得了满满的成就感,不但积累了物体平衡、受力点等方面的实操经验,而且增强了自信心。

2. 提供丰富的材料,实现幼儿自主构建与学习。

《指南》在中班幼儿健康领域目标中提到,要“创造条件和机会,促进幼儿手的动作灵活协调。幼儿园在布置娃娃家、商店等活动区时,多提供原材料和半成品,让幼儿有更多机会参与制作活动”。在幼儿的游戏中,材料是相当重要的,教师应该有目的、有计划地为幼儿提供各种材料,使幼儿能根据自己的兴趣爱好、能力水平,自由地选择材料,与材料互动,从而提高动手能力,激发创造力,促进各方面能力得到多层次的发展。在本案例中,萱萱就是利用了自己需要的材料，创造性地制作了桌子，开展她的饮料售卖游戏。

3. 捕抓闪光点，重视幼儿经验的回顾与提升。

及时进行有效的归纳与提升，才能使幼儿在活动中有收获、提高和发展。教师要帮助幼儿总结经验，让幼儿不断提取已有经验和分享经验，帮助他们在活动中积累和更新个体的经验。在本次活动后，教师通过照片、作品展示等方式，与全班幼儿一起回顾萱萱的整个活动，分析、回顾活动中的闪光点，肯定萱萱的进步，这既让萱萱增强了自信心，又加深了幼儿对已获得的感性经验的理解，同时还可以让同伴学习别人的优点，更新、拓展自己已有的经验。

二十、长在软垫上的小草

记录对象：天天　班级：中班

独特的你

天天是一个想法很多的孩子，他较少加入同伴的游戏，比较喜欢按照自己的兴趣做事情，和同伴之间的互动相对比较少，但是他也不拒绝同伴的加入，在与同伴交往中相对比较被动。他的语言表达能力较强，能清晰地描述事件，喜欢提出"为什么"的问题，偶尔会自言自语，和同伴之间的交流比较少。天天的动手能力相对还是比较强的，喜欢动手操作，爱刨根问底。

爱的追随

户外游戏活动时，大家都沉浸在滑梯的快乐游戏中，天天却一个人蹲在角落里静静地观察着软垫间隙处长出的一撮小草。悦悦走了过来，蹲在天天的身边问："你在玩什么啊？"天天回头看了她一下，用手指了指软垫上的小草，悦悦说："小草有什么好玩的，我们去玩滑梯吧！"天天回答道："很好玩的，你摸摸看！"说完他自己伸出一根手指轻轻地拨弄着那些小草。在天天的带动下，悦悦也尝试着伸出手指去触碰小草，并发出"呵呵"的笑声。悦悦说："好痒啊！"这时芷钰和几个小伙伴也被吸引过来了，天天看了看他们，提出自己的疑问："为什么这里会有小草呢？"芷钰想了想，摇了摇头表示不知道。天天接着说："会不会是软垫下面有小草的种子呢？"大家还是不确定，几个小伙伴走开了，继续去玩他们的游戏，只剩下了天天和芷钰。

天天对芷钰说："我们看看软垫下面有没有种子吧。"芷钰表示赞成。

于是，天天开始尝试从边沿的位置把软垫掀起来，可是软垫实在太重了，他只能够掀起一点点，没有办法把整块软垫掀开，还没有来得及看看软垫下到底有什么，很快他就没有力气了，只能把软垫放下。想了想，天天对芷钰说："你可以帮我一起掀开软垫，然后我们看看下面有什么吗?"芷钰答应了，两个小伙伴便一起行动起来。

终于，软垫被掀起了一点点，芷钰和天天赶紧蹲下来侧着头去一探究竟。"哇，这里有泥土!"芷钰高兴地喊起来，天天也开心极了，他对着小伙伴大声地喊："快来看啊，原来软垫下面有泥土!"几个刚刚离开的小伙伴又回来了，这回大家一起合力把软垫掀得更开一些，他们发现这些泥土看上去湿湿的，而小草正是长在这些湿湿的泥土上，并从软垫的缝隙中露出了地面。

心的追随

1. 天天,你是个很有想法的孩子,对身边的事物充满了好奇心,像个小小科学家,所以你总能发现很多有趣的新鲜事物。今天的户外游戏活动中,你没有像其他小伙伴一样着急地去玩滑梯,而是对软垫里冒出来的小草产生了兴趣,并且认真地观察和探究,所以你有了后面的许多发现,你观察得真细致!

2. 当小伙伴们觉得没趣,离开去进行其他游戏的时候,天天你却没有放弃探索,你开动脑筋思考问题,依然坚持寻找答案,你大胆提出自己的疑问,并且努力尝试验证。在整个过程中,你并没有受到小伙伴们玩游戏的影响,而是专注地探索,我看到了你的坚持!

3. 平时,你更喜欢一个人玩游戏,但是在今天的探索中你学会了和小伙伴一起分享、合作,甚至遇到困难时,你还能主动地邀请小伙伴帮助你,这可是一个了不起的本领,它会使你认识更多的朋友,并且体验到和小伙伴一起游戏的成就感、愉悦感。

我们的思考

1. 充分挖掘大自然独特的教育价值。

大自然充满了神奇，我们经常思考如何挖掘幼儿科学教育的内容。但其实大自然本身就有着独特的教育价值，我们应该引导幼儿接触自然，亲近大自然，使他们感受自然界的美与奥妙，学会关爱动植物，关心周围的生活环境。在这个案例中，天天关于"为什么这里会有小草呢?"的疑问，其实就是对"植物生长"的好奇与探索，只是在大自然的环境下，孩子的科学活动变成了一种主动求知的游戏过程，而不是教师特意组织的高结构的教学活动过程。

2. 激发幼儿的认识兴趣和探究欲望。

《纲要》指出，幼儿的科学教育是科学启蒙教育，重在激发幼儿的认识兴趣和探究欲望，以幼儿身边的事物和现象作为幼儿科学探索活动的对象，让幼儿体验发现的乐趣，培养他们对科学的兴趣。在这个案例里，教师充分尊重天天的兴趣，允许他"离群"蹲在角落里，不过多控制他的"游戏"，给予他自主探索的机会，支持他的探索活动。

3. 尊重幼儿身心发展的规律和学习特点。

充分关注幼儿的经验，幼儿的学习过程应该是幼儿主动探索的过程。当天天遇到不懂的问题时，教师没有着急给他答案，而是注重让天天运用感官，通过实际操作、亲身体验，动脑去发现问题、解决问题，更进一步激发他的积极性，促进他创造性的发展。

4. 经验分享，促进互动；活动延伸，增加交流的机会。

天天更喜欢一个人游戏，和同伴的交流比较少。以后可以开个小小的经验分享会，让天天与其他幼儿分享自己这次探索的过程和发现，引导他与其他幼儿进行互动。教师可以让幼儿将自己的探索过程用记录表或画画的方式记录下来，帮助幼儿养成良好的记录习惯，也可以让幼儿对其他幼儿说一说自己的记录，这有助于幼儿语言表达能力的提高。

二十一、蜗牛是植物的朋友吗?

记录对象:成成　班级:中班

独特的你

成成是一个特别有主见的孩子,比较自信,他在家里常常给家长表演,喜欢和爸爸妈妈一起去户外活动,成成很崇拜爸爸,十分活泼开朗。他的语言表达能力比较强,愿意表达自己的想法,语言完整、连贯,只是有时候他喜欢和同伴斗嘴,不太喜欢听取他人的意见,因而会发生争抢玩具、吵闹斗嘴的现象。成成爱动脑筋,喜欢新鲜事物,对自己感兴趣的事物,总能大胆尝试,不害怕困难。

爱的追随

游戏开始了,成成今天选择留在"绿色图书馆"里看书。活动前他已经拉着皓皓商量了许久,经过协商后他终于借到了皓皓的漫画书《植物大战僵尸》。突然,皓皓大声地叫:"成成,快来,不好了!"皓皓快速跑过来拉起成成的手就往植物角跑。原来是成成的长寿花"生病"了,植物角的小管家们正在发愁。成成一到场,小伙伴们七嘴八舌地抢着告诉他小植物的叶子有很多变黑色了,看上去像是要死掉了一样。成成皱着眉头,不慌不忙地对小伙伴们说:"别吵别吵,我帮它体检一下!""花也能体检啊?"皓皓表示怀疑,成成想都没有想地回答说:"我爸爸妈妈是医生,教过我的。"只见他蹲下来,用手在长寿花的植株上拨了拨,又看了看,发现整棵植物都是湿湿的,便对皓皓说:"肯定是你们浇太多水啦,长寿花不需要很多水,浇多了水它会生病的。"听了成成的话,皓皓不开心了,嘟着嘴巴说:"我们没有啊!

才不是我们浇太多水弄的呢!”想了想他又生气地喊道:“哼,书还给我,不借给你了!”成成一下子似乎不知道怎么回答了,看着皓皓陷入了沉默。过了一会儿,成成试着小声地对皓皓说:“要不,我教你怎么给花体检好不好?”皓皓听了点点头,两个小伙伴就这样和好了。成成再次用手指轻轻地拨开了长寿花的小叶子。“蜗牛,快看,有蜗牛啊!”皓皓大声地喊起来,很多孩子聚集过来,他们蹲下来,围着长寿花瞪大了眼睛努力寻找。“我也发现了,这里也有蜗牛!”成成兴奋地喊道,“一只,两只,三只,好多蜗牛啊!”成成想把蜗牛从植物上拿下来,他抓住蜗牛的壳,拉了几下都没有成功,最后一使劲便把蜗牛连叶子一起扯了下来。成成说:“这蜗牛是大力士吗?好难把它拿下来啊!”小伙伴们都笑了。皓皓说:“会不会是蜗牛舍不得小叶子呢?它肯定是小叶子的好朋友吧,所以它到哪里都带着小叶子。”这个想法引起了小伙伴们的兴趣,有的小伙伴十分赞成皓皓的想法,而有的却提出了不同的意见,洛慈说:“也许蜗牛在吃叶子呢!”这下孩子们感到困惑了,他们谁都不能确定答案。“我回去问问我爸爸妈妈吧!”成成提出建议,他想了想又提出:“或者我们先试试蜗牛吃不吃叶子吧!”只见成成摘了一片长寿花的叶子,放到了几只蜗牛的旁边,大家聚精会神地观察着。过了许久,蜗牛并没有吃叶子,甚至一直躲在它的房子里。“这是怎么了?为什么蜗牛不出来?”皓皓好奇地提出了问题。“也许它怕我们?难道它被我们吓到了?”成成捂着嘴巴笑了,大家都笑了。

今天的“快乐时光”到尾声了,孩子们要去做下一阶段分组活动的准备了。我们把今天“快乐时光”的分享场地由平时的活动室搬到了“小小植物角”来,并且把“怎么处理蜗牛呢?”这个难题在分享时提了出来,以便让更多的小伙伴一起想办法解决。成成他们把事情的经过和遇到的难题告诉了更多的小伙伴,最后大家给出的建议是暂时养着蜗牛,再想更好的办法来解决“困难”。就这样,蜗牛在班上安了新家,孩子们对蜗牛的观察也开始了。

心的追随

1. 成成，你今天特别棒，会用商量的方法向皓皓借书，当和皓皓发生不愉快的事情时，你并没有发脾气，而是想办法重新和皓皓成为好朋友，这样的方法真好，大家都很开心。其实，有时候讲道理、协商比争吵、斗嘴更加有帮助，你发现了吗？

2. 你很会开动脑筋思考，而且你还善于模仿，像爸爸妈妈一样，是个有模有样的“小医生”。你的小眼睛仔细地观察，发现了有些植物不喜欢太过潮湿的环境，这和你喜欢问问题、学本领的个性特征有关，你真是个小科学家。

3. 我喜欢你遇到事情不着急、不怕困难、能冷静思考的样子，你勇敢地尝试解决问题，不懂的时候主动提出回家求助于爸爸妈妈，真厉害！你很乐观、幽默，总能给身边的人带来快乐，大家和你在一起觉得特别开心。

我们的思考

1. 尊重幼儿的兴趣，将活动的主体地位还给幼儿。

《纲要》和《指南》都强调幼儿是活动的主体，教育的内容应该来源于幼儿的生活，来源于他们感兴趣的事物。教师应该在尊重幼儿兴趣的基础上有创造性地去开展、组织教学活动，充分调动幼儿的积极性，让他们在玩中主动地尝试、体验、思考，从而获得有利于其发展的经验。在这个案例中，我将“幼儿主体论”的课程观念同样落实到了游戏—教学过渡的环节中，给予幼儿自主安排自己活动的权利，不做高控制的组织者，同时尊重幼儿对蜗牛的兴趣，给予他们充分观察、探索蜗牛的空间和时间。

2. 善做一名观察者，及时捕捉有价值的教育事件，支持幼儿的深入学习。

一直以来，我们知道《纲要》和《指南》里提出的教师的角色定位，时刻牢记做幼儿的观察者、辅助者、支持者、合作者。在这个案例里，我能较好地进行教师自我角色的定位，真正尊重并信任幼儿是有能力的学习者和沟通者，客观地站在旁边，跟着幼儿的自主脚步，有目的、有计划地观察并记录幼儿的活动，并在幼儿的“游戏”即将“浅尝辄止”的时候，适当地引导他们产生新的思考，引导幼儿在分享环节里描述自己的发现和困难，学会求助于小伙伴，我将解决问题的机会留给了幼儿，让他们学会观察、思考、分析，并尝试合作解决问题。

3. 巧妙提问以及回应幼儿，延续幼儿深入学习的兴趣和欲望。

教师是引导者，我们应该给予幼儿空间和时间充分地思考、探索，而不应该着急地告诉他们答案、以灌输式的方法教给幼儿知识。相对而言，学习品质的培养才是我们更应该注重的。在这个案例后面的分享环节，我多次善用“装傻式”和“回抛式”的提问、回应方法，让幼儿的话题延续下去，激发了他们进一步探索的欲望，使他们深入学习。

二十二、欢迎来到我们的表演舞台

记录对象:华华　班级:大班

独特的你

华华是个活泼外向的小男孩,从小跟着奶奶长大的他,经常学奶奶说话,学奶奶一样和熟人打招呼和聊天。他跟奶奶去市场买菜,碰到叔叔阿姨都有礼貌地主动打招呼,会和比较熟悉的人聊天。他最喜欢和别人分享看到或想到的事情。因为他的热情有礼,华华在幼儿园里有很多好朋友,他会将自己的想法表达出来,比如和好朋友一起分享哪一本书好看,和好朋友交流怎样玩游戏会更有趣。但他在集体面前不敢大胆表达自己的意见,特别是人多的时候,华华就会显得不够自信。

爱的追随

上次学习了《母鸡萝丝去散步》以后,孩子们分别做了一些头饰,准备表演故事。他们利用课室外面的小舞台,尝试把各种废旧材料当作表演的道具。刚开始的时候,演员们全部都想上台表演,整个舞台一片吵闹声,表演迟迟不能开始,连本来已经坐下准备看表演的观众都纷纷退场不看了。

华华看见这混乱的情况,迟疑了一下,走过去对演员们说:“不如我们先摆好舞台吧,观众已经进场啦!”他让演员们按故事的出场顺序出场,其他暂不需要出场的演员站到舞台后面候场,然后他又到舞台下的观众席安抚观众,说:“请坐下吧,表演很快就开始了!”本来一片混乱的舞台很快变得井然有序。

雅文和敬元戴上头饰准备出场了,华华拿着矿泉水瓶当作麦克风,用鸡蛋托作为节目单，对着台下的观众大声说："女士们，先生们，欢迎来到大六班的表演舞台，我们准备要表演的节目是《母鸡萝丝去散步》！"一些买书的孩子听到华华的声音，都被吸引过来了，梓轩马上也跟着叫道："要看表演的快来买票，我们的票五元一张！"大家纷纷买票入场，看到有观众支持，台上的演员们非常认真地开始了他们的表演。由于这个故事有好几个场景，华华身兼数职，一会儿他是舞台的主持人，一会儿他又化作表演的指导，一会儿他又为舞台摆设道具，演员们都愿意听华华的指挥，有序地出场，表演获得了观众的阵阵掌声。

心的追随

1. 华华，你是个细心观察的“有心人”，你能敏锐地发现舞台上和舞台下观众席出现的问题，主动想办法解决舞台上混乱、舞台下观众离场的问题。虽然面对这么多“演员”和“观众”，但是你能克服以往害怕面对很多人讲话的困难，大胆地向同伴提出你的想法和建议。你和同伴一起重新摆好舞台，尝试调整每个小伙伴的出场顺序，马上让整个舞台表演变得井然有序。你及时解决问题，让表演顺利开始，大家都很快乐。

2. 你善于和别人沟通，先是让演员们按顺序出场，不再拖延故事表演时间，然后你大声宣布表演开始，把观众们吸引过来。在你的分工安排下，小伙伴有的在售票处卖票，有的做好表演的准备，整个表演组都对你非常信任。由于你的合理分工，大家都听从你的安排！

3. 华华，你在整个舞台表演中是一个多才多艺的“导演”。你能充分利用身边的资源，灵活运用各种物品（矿泉水瓶、鸡蛋托），做个优秀的表演主持人。在表演时，你利用大纸筒作为表演道具，帮助演员表演得生动有趣。你担任各种角色——主持人、导演、道具安排人等，你细致敏锐的观察力、善于沟通的表达能力、灵活运用资源的问题解决能力让我非常惊讶，我希望你和其他孩子一起分享你亮眼的表现！

我们的思考

1. 大胆放手，把表演的自主权交给幼儿，最大限度地支持幼儿主动性、创造性和灵活性的发展。

创设自由发挥的空间和机会，让幼儿有更多机会发展自我能力。比如面对混乱的舞台情况，华华通过自己的观察，发挥主观能动性，尝试从不同角度处理问题，包括舞台的道具摆放、演员的分工安排、材料的灵活运用等。在处理问题的过程中，华华获得了发现、探索和解决问题的宝贵经验。教师大胆放手和允许幼儿自己解决问题，是因为相信幼儿是有能力的学习者，能学习独立解决问题。

2. 重视培养幼儿良好的学习品质，尊重幼儿自发的表现和创造。

《指南》中指出："幼儿在活动过程中表现出的积极态度和良好行为倾向是终生学习与发展所必需的宝贵品质。"表演是最灵活和最具创造性的艺术，在这个过程中，我一直观察华华与同伴、周围材料的互动，尊重他自发的表现和创造。华华主动解决问题、善于利用资源和同伴合作游戏，体现了他有着创造性、独立性、主动性等良好的学习品质，他让表演变得有序和顺利。

3. 尊重幼儿发展的个体差异，为幼儿的发展提供支持性策略。

《指南》中提到："要充分理解和尊重幼儿发展进程中的个别差异，支持和引导他们从原有水平向更高水平发展。"作为教师，我观察到华华的积极态度给其他幼儿起到了很好的示范作用，比如梓轩，积极配合华华的宣传，向"观众"售票。因此，我把演员们表演视频和图片分享到电视屏幕上，邀请华华来分享他在游戏中的想法和做法，刚开始华华不是太自信，后来大家对他的表演视频和图片纷纷表示赞赏，华华才大胆地表述自己的做法。

同时我引导幼儿思考和讨论："他们的表演怎么样？好在什么地方？可以怎样改进呢？"幼儿一边看一边思考，后来的讨论认为：如果一直由主持人讲述故事发生到哪个场景，感觉听不清楚。于是他们想到一个好办法，就是把每一幕的场景写下来，到这个场景的时候，可以让主持人出示牌子。还有幼儿认为华华可以把自己的一些角色分给更多同伴，可以让每个人都有工作。最后的结束部分，他们建议所有演员都出场谢幕。

这种“工作—回顾—反思—计划—工作”的活动支持策略，让他们对游戏有自己的想法和计划，于是他们尝试在下一次的自主游戏中把讨论的结果用上。大家各司其职，表演内容丰富多彩，游戏持续了很长时间，同时游戏向更高水平发展。

二十三、运送爆米花

记录对象：梓轩　班级：大班

独特的你

梓轩是家里的老二，由于有家人的照顾和哥哥的谦让，梓轩的性格比较慢热，不是太爱出风头。今年大班时他刚插班进来，开始时和班上的小朋友说话不多，也没有太多的表现。他很喜欢运动，跑步、投沙包、骑车、钻爬都是他的强项，特别擅长打篮球，每次篮球赛，他都是篮球队的主力，在篮球场上获得了很多小朋友的认可。渐渐地很多小朋友愿意和梓轩一起玩游戏、一起分享彼此的快乐。梓轩虽然话不多，性情平和，不是小伙伴里出谋划策的领头人，但有很多小伙伴愿意和他一起玩，和他分享游戏的快乐。

爱的追随

在“欢乐天地”自主游戏中，梓轩已经好几次在滑梯上运送物品，之前他一直用小布袋运送纸球，这次他和涛宁合作，尝试把箱子运送到滑梯上。子茵是餐厅的服务员，看到他们在运送箱子，于是把自己手中的“爆米花”(小塑料管)交给梓轩，让他们运送“爆米花”到滑梯顶端。

梓轩和涛宁把所有“爆米花”都倒进箱子里，当他们准备用以前的方法——用绳子捆住箱子的左右两侧时，箱子侧翻，所有“爆米花”都撒到了地上。梓轩马上改变策略，和涛宁讨论捆箱子的各种办法：“我们试一下把箱子前后、左右都捆起来?”涛宁也在旁边观察和尝试，最后由力气比较大的梓轩来打结。

在梓轩和涛宁的协助下，终于可以把箱子拉到滑梯顶端。运送几次“爆米花”后，梓轩不满足于这种捆箱子的办法，又对涛宁说：“不如我们试试用其他材料拉箱子吧？”刚开始他们找了布条，梓轩说：“布条太碎啦，可能容易断开！”于是他和涛宁选了麻绳做成的拉网。梓轩用拉网把箱子包裹住，然后再用绳子把箱子拉到滑梯顶端，再从滑梯输送到餐厅。游戏继续着，他们不断地用各种材料丰富自己的游戏，让游戏更加精彩！

心的追随

1. 梓轩，在这个运送游戏中你是个坚持专注的孩子，你能把注意力集中于“运送”这一任务中，即使遇到问题，仍能保持对这一任务的关注。从一开始用绳子把小篮子从地上拉到滑梯顶端，再尝试放不同的材料到小篮子里，然后到这次用大纸箱运送“爆米花”。特别是当用绳子左右捆绑箱子的办法不足以稳固箱子，而导致里面的材料倾倒出来时，你们没有放弃，而是能尝试用不同的捆绑方法把箱子固定住，从而把箱子稳当地运送到滑梯顶端。我看到你有着良好的专注力和较强的问题解决能力，非常难能可贵！

2. 每次游戏，你都能和同伴商量交流，一起发现、探索，以寻找最适合你们运送的物品。虽然有时你们会因为用什么方法运送更好，或是为了用什么材料和工具运送更有趣而产生矛盾或争议，但最后你还是和小伙伴尝试用协商、合作、分享等方法友好地解决了你们的游戏冲突。

3. 你能充分利用滑梯的环境、周围的材料资源拓展你们的游戏，让游戏充满欢乐。你运用箱子、绳子和麻绳做的拉网，把材料从一个地方传送到另一个地方，你不断探索新的运输方式，激发了其他小伙伴一同参与的兴趣。

我们的思考

1. 支持幼儿的探究兴趣，帮助幼儿积累科学知识和经验。

幼儿对感兴趣的事物进行探索的热情是无须成人刻意激发的，作为教师，当发现幼儿在探索世界所表现出来的主动性时，更应该帮助幼儿积累更多关于自然和物质世界的经验，比如了解箱子和绳子的特性、滑轮的运送作用、物品从低到高的变化和因果关系等，幼儿有更多更丰富的经验，会更主动、直接地与事物互动，自主地深度学习。

2. 提供多种探索用的工具和材料，支持幼儿以多种方法解决问题。

《指南》中指出："支持和鼓励幼儿在探究的过程中积极动手动脑寻找答案或解决问题。"幼儿不仅对工具和材料感到好奇，而且对工具作为资源帮助他们实现游戏意图和解决问题感到好奇。在运送游戏中，梓轩他们积极发掘各种工具和材料的作用，尝试以多种方式把箱子从低处拉到高处。作为教师除了提供绳子外，还可以提供轮子、滑轮、木条、齿轮、卷尺等工具和小物品，鼓励幼儿思考各种工具的用途，并用以解决他们在游戏中的问题。教师适时介入或退出游戏，给予幼儿独立探索材料的空间和机会，支持幼儿主动性的发展。

3. 引导幼儿用语言表达需要、分享想法和体验，发展语言表达和沟通能力。

语言的首要作用在于人与人之间的交流，幼儿通过语言表达让别人了解自己。梓轩刚插班来时是个话不多的幼儿，但他在与同伴合作游戏过程中，需要探究材料和工具的用法，需要尝试描述并解释他的想法和做法；当彼此之间有意见冲突时，也需要用语言解释。教师可通过进行适当的发言示范、多倾听幼儿的表达、鼓励幼儿互相交谈等日常生活的引导或进行有目的、有计划的小组语言教学活动，帮助幼儿更好地表达自己的需要、描述自己的观察和发现，进一步发展语言表达能力和沟通能力。

4. 肯定幼儿反思、分享、交流探索的过程和结果，鼓励幼儿以多种方式进行分享。

幼儿的主动行为需要自信，也需要成人的信任与肯定！当梓轩和小伙伴通过直接感知、亲身体验和实际操作获得最终的结果时（箱子顺利拉到滑梯顶端），他们很兴奋地把这个过程分享给周围的人。作为教师，我们更应通过多种分享的方式，比如口头语言表达、绘画、文字和符号、现场演示等，认可幼儿在探索活动中的发现和结果。在分享的过程，幼儿能更详细地反思其探索过程，概括自己的结论，其他幼儿也能在分享过程中发展他们的问题解决能力。

二十四、波波池风波

记录对象：森森　班级：大班

独特的你

森森是大班时插班来的孩子，他之前一直因为身体原因没有上过幼儿园，所以对幼儿园的要求不是很清楚，因此经常会收到来自同伴的提醒和关注，这样一来他反而很自卑，更加不愿意表达自己。其实森森是一个很有想法的孩子，他对自己的决定很坚持，不会轻易改变。我一直很关注他的情况，并与他家人保持密切的联系和沟通，经过一段时间的鼓励和帮助，森森逐渐学会与班上的孩子协商，自信心也一天天增强起来。在建构方面，他专门在校外参加了这方面的培训学习。

爱的追随

我们班的"游乐场"主题活动进行得如火如荼，这天，孩子们发现家长带回来的充气波波池漏气了，变得扁扁的，怎么办呢？大家讨论起来，有些孩子觉得重新做很难，修补比较简单，有些孩子觉得修补时间比较长，建议重新做一个新的。可是怎么做才能更加坚固呢？这时森森提出可以用乐高来拼搭，我半信半疑地问："可以吗？那我想和你们一起试试哦！"

在我的鼓励下，森森临时组建了一个波波池修复小组，开始对波波池重新修建。森森先给大家演示了一种叫护锁结构的方法。大家一致认为他的方法不错。他们先绘制建构图，再用报纸量场地，接着一起用护锁结构的方法开始搭建。每天餐后他们就开始搭建，两天过去了，但波波池的围墙只完成了一小半。大家开始怀疑了，提出：这样搭下去会成功吗？森森很坚持，觉得这样搭建是可以的。

到了第三天，森森发现方法有点不对了，于是他组织了第二次讨论。大家决定更换材料。他们尝试用牛奶盒，但还是用护锁结构的方法搭建，把牛奶盒一层一层重叠起来，我是他们委派的协助大家搭建的助手，我负责用封箱胶粘贴牛奶盒、用剪刀剪牛奶盒等比较复杂的工作。很快他们就把波波池的边做出来了，孩子们欢呼起来，并迫不及待地把球放进波波池里。可是放进去一看，球还不到波波池的一半，原来波波池太大了，球的数量不够。

森森并没有放弃，他们继续在课室里找来了各种各样的棉球、毛球、塑料球，可球的数量还是远远不够。有一次我们在户外活动玩自制的报纸球，玩着玩着，森森突然跑过来对我说："老师，这些纸球也可以放到波波池里啊！"我说："不知道呢，我们快试试。"大家找来了很多报纸，孩子们分工合作，有的撕报纸，有的团报纸，还有的捏紧报纸球，我继续负责用封箱胶粘贴牛奶盒使之稳固。在大家的努力下我们的波波池再次投入到游戏中。

心的追随

1. 森森，你从游戏一开始就表现出是一个非常有想法的孩子，你会把自己学过的护锁结构的建构本领运用到新的游戏中，并乐于与同伴分享自己所学的知识，真棒！

2. 老师欣赏你的勇气，你愿意走到小伙伴面前，主动提出负责这次波波池的修复工作，你自信地向同伴介绍自己的想法和做法，老师欣赏你的自信。你从容地和小组员们开会，制订好活动计划，老师欣赏你对同伴的包容和接纳。你有自己的想法和坚持，面对一次又一次的难题，你尝试接受别人的建议，并愿意寻找适合的方式解决问题。

3. 整个波波池的修复活动持续了一周，在这个过程中你碰到了很多困难：同伴对你方法的质疑，同伴对你的不信任，但你遇到困难没有放弃，而是不断地开动脑筋，大胆尝试，勇于挑战。你更换了几种材料，及时根据出现的问题找到解决的方法，老师看到了你的努力和坚持不懈。

我们的思考

1. 重视源于幼儿兴趣和幼儿生活的活动。

我通过观察发现了幼儿的生成性行为，进而挖掘出有价值的活动，并让森森积极参与活动，活动的效果让我们惊喜连连。以快乐游戏为目的，每个幼儿积极、快乐、专注地参与游戏，享受游戏带来的快乐以及与同伴合作的快乐。

2. 及时给予回应与支持。

在活动中，当出现问题的时候，我以有效、开放的策略从材料和环境方面支持幼儿，尊重森森的想法，鼓励他通过观察、操作、实验等各种方法与同伴共同解决问题。

3. 学会倾听和接纳。

《指南》里社会目标中提到，知道自己的想法和别人不一样的时候，要学会倾听和接受别人的意见，不能接受时也能说明理由。森森在活动中学会了接纳别人的意见，学会了与同伴友好相处，更重要的是他学会了如何自信地站在同伴面前，表达自己的想法，并体验努力后获得成功的快乐。森森解决困难的勇气大大增强了，在困难面前能尝试想出各种解决方法，大胆主动探索。另外，个别个性很强的幼儿也逐渐接纳别人的意见并愿意调整自己的行为。

《指南》里还提到，能通过观察、比较和分析发现事物前后的区别，并用一定的方法验证自己的猜测。所以，应支持和鼓励幼儿通过各种方法寻找答案或解决问题。因此，在以后的游戏活动中我还会鼓励幼儿多观察，多找资料及身边的有效资源，最终提升探究、解决问题的能力。

二十五、我的珠链

记录对象：峰峰　班级：大班

独特的你

峰峰是一个由于神经系统曾经受到严重的伤害而导致精细动作和大肌肉动作发展都比较迟缓的孩子，他不能像正常孩子一样顺畅地行走，需要绑着一个沙袋以保持身体的平衡。峰峰平时说话吐字不清晰。所以，峰峰很少参加我们的户外活动，没有和小朋友一起正常地玩游戏。渐渐地他变得很不自信，有时，无论老师怎么引导他都不愿意参加活动。峰峰的父母都很积极配合我们的工作，经过和他们多次沟通，峰峰在大班下学期时状态有了明显改善，自信心大大提高了，也有了很多好朋友，每天都开开心心上幼儿园。

爱的追随

峰峰今天来到了编织室参加活动，开始的时候，峰峰只是观察别人游戏，左看看，右看看。峰峰看见旁边的烨栩小朋友找珠子，他也帮忙一起找，然后把珠子递给烨栩，就这样坐了大概五分钟，他发现烨栩的珠链越穿越长，终于有点按捺不住了，他用手轻轻地拨弄一下小珠子。这时旁边的我对峰峰说："峰峰，我也不会穿，我们一起让烨栩教教我们，好吗？"峰峰犹豫了一下，点了点头，烨栩听见了也狠狠地点头。我把绳子递给峰峰，峰峰拿起绳子小心翼翼地开始尝试着穿珠子，烨栩连忙把自己的经验告诉峰峰，只见他也学着烨栩的样子，把一颗颗珠子穿进绳子里，我故意没给绳子打上结，结果珠子老是掉出来，我问峰峰："峰峰，怎么这么奇怪啊？我穿的珠子老是从绳子后面掉出来?”峰峰马上做起了小老师，笑着说：“哈哈，你的绳子后面要打一个结啊！”我连忙点点头。只见峰峰神气地说：“这个我早就知道了！”接下来，我发现穿珠子对峰峰来说还是有点难度的，由于他的小手肌肉并不是很灵活，拿起的珠子经常掉在桌子上，珠子掉了峰峰就捡起来继续穿，有时绳子穿不过珠子的洞洞，峰峰就瞪大眼睛慢慢地穿，只见珠子穿得越来越长了，他脸上露出了满足的笑容。这时烨栩探过头来对峰峰说：“峰峰，加油啊，你穿得好长啊！”峰峰呼了一口气马上继续穿。不一会儿，峰峰的珠链穿好了，峰峰很开心地跑过来说：“老师，你看！这是我的项链，我的项链！我想拍照给妈妈看。”这时，烨栩走过来了说：“峰峰，给我戴一下好吗?”峰峰将自己的珠链递给了烨栩。他们互相看看作品，非常开心。

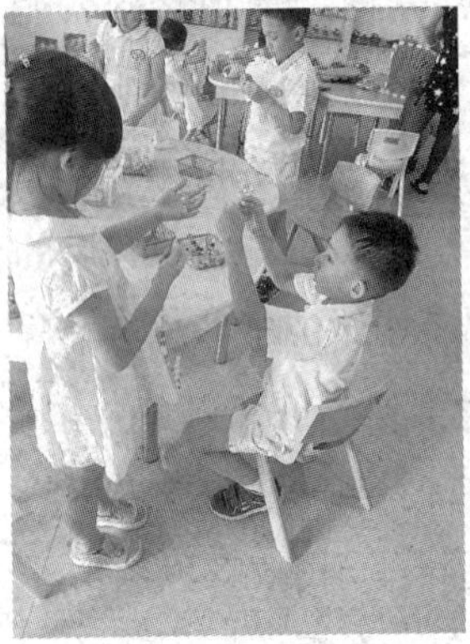

心的追随

1. 峰峰，你开始时因为担心自己做得不够好，一直不愿意动手，后来你克服了内心的恐惧，愿意踏出尝试的一步，勇敢地拿起绳子和珠子尝试参与活动。真棒！老师看到了一个勇敢自信的你。

2. 在参与游戏的过程中你碰到了困难，你也尝到了失败，珠子掉了你捡起来，绳子穿不过珠子，你试了一次又一次，尽管你的手不是很灵活，不能像小伙伴那样自如地穿珠子，但你没有放弃。老师喜欢坚持、不怕困难的你。

3. 你对身边的事物充满兴趣和好奇，在同伴的帮助、鼓励下，你能认真、独立地完成任务，老师看到你坚定的目光，为你感到自豪、高兴。你能相信老师与同伴的帮助，你越来越主动地与同伴分享自己的作品，大方、有爱的你真是越来越棒了！

我们的思考

1. 用平常的眼光接纳有特殊需要的孩子，用平等、尊重的态度看待他们。

教师很神圣，也很普通，我会用平等的眼光去看待每一个孩子，用鼓励的语言去激励孩子成长，也许这对他们的改变微乎其微，但是我会坚持下去。我还会用爱带动身边的人一起理解、包容、帮助他，仔细地观察他在游戏中的点滴，接纳他的失败，接纳他的不完美。对他每一次的失败，我总是报以鼓励的眼神和微笑，以增强他的自信心。为他每次的成功而激动，让他从我的眼睛里找到勇气。

2. 提供探索体验的机会，耐心地寻找机会帮助孩子。

教师作为引导者，介入的时机、方法很重要，出发点是孩子自己的内在需要，而不是教师出于教育的意图，所以要减少不必要的干预。孩子的探索行为随时都可以发生,通过观察给予孩子适时隐性的帮助,所以教师应有足够的耐心"等待"着孩子在活动中主动学习。在游戏的过程中,我耐心地给予了峰峰足够的时间,提供了探索体验的机会,让峰峰在心理足够安全的情况下进行探索尝试,最终获得了成功!

3. 适时后退,将活动的自主权交给孩子。

我的"一退",峰峰的"一进",进退之间就产生了无限的发展空间。在整个活动中我并没有出现太多的"教授",更多的是放手和"退位",退在孩子之后。如何将"退"与"进"更好地衔接好?一个简单的"退位"能折射出许多教学中的问题,也能反映出一个教师的教学理念。在实践探究的过程中教师应该扮演积极的支持者和平等的合作者的角色。为此,教师要通过给孩子提供探索、实践的机会,为孩子创造学习的条件。教师也是师幼关系的领导者。教师要坚持理解、宽容、平等,让师幼双方在平等的对话中相互学习,共同发展。

二十六、不一样的“立体心”

记录对象：晓琪 班级：大班

独特的你

晓琪是个性格活泼开朗的小女孩，平时在班上勤劳能干，在活动中喜爱动手实践。在游戏时晓琪特别专注，遇到困难时能够积极动脑筋思考解决策略，或是积极寻求同伴的合作和老师的帮助，主动交流、共同完成任务，并体验到游戏成功的喜悦。通过和家长沟通后了解到，晓琪在家中也十分愿意分享自己在幼儿园的收获和故事；晓琪在家中能独立更换衣服、进餐等，具有比较好的生活习惯，在遇到问题时能主动想办法，而不轻易向家人求助。

最近晓琪迷上了美工区各式各样的手工材料，区域活动时她积极进区运用材料动手制作自己喜欢的手工作品，她的动手操作能力也得到了很大的提高，更重要的是，在操作中她能够独立思考和尝试，总能给我们带来不一样的惊喜。

爱的追随

今天的区域自选活动，晓琪选择制作名为立体心的手工作品。平时的立体心是用三张纸来完成的，和往常不同，这次晓琪拿着四张彩纸开始了制作立体心的尝试。

她对纸张进行对折、勾勒心形、裁剪等一系列前提步骤后，进入了粘贴这一关键环节。起初，晓琪还是按照原先三张纸的方法来粘贴立体心，粘着粘着就见晓琪皱起了眉头，她的手上不停地摆弄着心形纸，可是不管如何拼接还是凑不到四张，晓琪遇到了拼贴方面的难题了！手上的纸已经烂掉了。

虽然第一次操作失败了，但晓琪没有灰心。她再次从容不迫地拿了四张纸从头开始制作，只见她不停地坚持尝试，不断地调整着纸张的方向，每调整一次都可以看到她紧锁的眉心慢慢展开，她越来越有信心了。经过了三次尝试后，最终成功拼出了用四张彩纸制作的立体心。

晓琪开心地拿着立体心向我展示："欧老师，快看我做的立体心！跟之前的不一样哦。"我认真地观察她的作品，感觉眼前一亮，很惊喜，我拿起她的立体心说："是哦！老师发现这个立体心是用四张彩纸做的，难度也比以前的大，你的创意很棒，给我们带来了新玩法，等下和我们一起分享好吗？"她开心地点了点头，露出心满意足的笑容。

心的追随

1.《指南》科学领域指出，大班幼儿对自己感兴趣的问题总是刨根问底，能够感知形状特征，用常见的图形有创意地拼搭出造型。晓琪，你在制作立体心的过程中提出了运用四张彩纸制作立体心的新想法，基于过去通过拼贴三张纸来制作立体心的经验，最终一步一步地将立体心拼贴成形，真有创意，你是小朋友们学习的好榜样。

2. 你在动手制作四面立体心时善于观察，遇到困难时不放弃，动脑筋思考，积极地对裁剪出来的纸张形状进行对比和观察，不断地调整纸张的方向，坚持不懈地找到了解决问题的方法，做出了一个崭新的立体心，老师为你自豪。

3. 制作立体心的整个过程持续了十五分钟左右，你在遇到问题时积极思考，勇于挑战，并且独立地进行尝试，老师看到了你显著的进步，继续加油。

我们的思考

1. 自由游戏，鼓励幼儿创新玩法、自主探索。

《指南》指出，大班幼儿已拥有了丰富的游戏经验和较强的动手能力，语言表达能力增强。教师要鼓励幼儿在游戏中主动交往，发展幼儿的合作能力和自主学习的能力，要支持幼儿自发的、自主选择的探索游戏，培养幼儿的探索意识，提高幼儿解决问题的能力，提高幼儿的想象力、创造力及动手操作能力等。晓琪在参考三张彩纸制作立体心作品的基础上，自主选择材料，创新玩法，尝试用四张彩纸制作立体心并成功了，这正是自主探索、创新创造的表现。

2. 整合探究路径，促进幼儿发展。

幼儿在对事物的探究中，通过观察、比较、操作等方法，学习发现问题、分析问题和解决问题，不仅能够获得丰富的感性经验，充分发展形象思维，而且能通过尝试判断、推理等方式逐步发展逻辑思维能力。晓琪在拼贴新的立体心时遇到了困难，通过对纸张的方向进行不断地调整找到了解决方法。在制作过程中晓琪积极地对裁剪出来的纸张形状进行仔细的对比和观察，这个过程也是整合经验、发展逻辑思维能力的过程。

3. 大胆放手，信任并支持幼儿自主探索。

《纲要》指出，教师应成为幼儿学习活动的支持者、合作者、引导者。大班幼儿已拥有较为丰富的游戏经验，建立了基本的常规，掌握了基本技能，在游戏中教师可以给予幼儿更多信任，大胆放手，支持幼儿自主探索。教师要摆脱权威者的视角，让幼儿有机会独立地思考并解决问题。

总之，做一名有准备的教师，要创设丰富的游戏环境，提供多样的材料促进幼儿的学习与发展。一方面，从幼儿学习与发展的视角创设有教育价值的环境，为幼儿探索学习提供有利条件；另一方面，教师要在游戏过程中积极观察、分析与引导，成为幼儿学习活动的合作者与支持者。

二十七、水上乐园

记录对象：小博　班级：大班

特别的你

小博，你性格活泼、好胜心强、爱思考、思维活跃、动手能力强，遇到事情喜欢与人争论，有时候还会与小伙伴争得面红耳赤。思维活跃的你在同伴眼中是一本“百科全书”，大家都叫你“小博士”。虽然你平时不太说话，但你喜欢观察细节，善于发现问题。在游戏中，你常常投入探索，十分专注。爸爸妈妈也时常对我们说：“小博在家里喜欢摆弄各种机械类玩具，他的房间仿佛就是一个科学实验室。”这样的你，怎么能不让人喜欢呢？

爱的追随

在生态园玩水区，我和孩子们讨论游戏主题，孩子们表示他们想要建造水上乐园。这一次，他们搬来了各种坚硬的材料：竹片、木头、水管、石头、沙包、瓶子等。怎样才能将这些水上设施建造好呢？

辰辰拿起一些石头说：“我们用这些石头来建吧，石头最坚固。”于是孩子们把一些鹅卵石堆在一起，然后又找来其他一些材料往上搭，可是总往下掉，搭不稳。小博急了，对着其他小伙伴说：“我们不能用石头做底部，它们大小不一样，又很滑！”小博提议：“要不我们用木头吧！”他们拿来了一些大小一样的木头，把木头整齐搭好，又将一些竹片拼接起来。小博拿着一瓶水倒下去，水漏了一地。孩子们瞬间沮丧了。我走过去对他们说：“哟，水上滑梯可不能漏水。你们看看水是从哪里漏出来的？”小博指着那些弧形竹片说：“水是从竹片与竹片间漏出来的！”我又提问：“为什么水会从竹片与竹片间漏出来?怎样才能让水不漏出来?”辰辰和小博把竹片拆下来,重新摆弄起来。只见他们一会儿用两片同等大小的竹片连接,一会儿用一大一小的竹片连接,一会儿尝试不同的套嵌方式,中间经常漏水,弄得有点狼狈。就这样他们俩用不同的连接方法一直反复做实验。过了一会儿,只见几个孩子兴奋地拉着我过去看他们的设施,小博说:“老师,你看,这次我们的滑梯不漏水了!”只见他们将装好的一瓶水从高处倒下去,水顺着他们拼好的竹片流了下来,哗哗哗流入水池中。孩子们开心地拍起了手。我好奇地问道:“为什么这一次你们成功了呢?你们是怎样做到的?”小博指着那些竹片说:“我和辰辰合作做了好几次实验,原来那些竹片的连接是要认真去研究的,我们之前连接的时候有缝,要把大竹片放在小竹片下面,这样水才不会漏出去!”我高兴地竖起大拇指:“你们帮助大家解决了一个难题,真不错!”小博和辰辰合作,一起解决了一个难题:运水的设施如何做到由高到低排列,如何让竹片连接起来且不漏水。

有了这次成功的案例,孩子们接连建造出各种水上设施,模拟水上乐园的滑梯,并让水从建好的设施上从高处往低处流。他们以木头、石头等坚固的材料为底,把弧形竹片拼接起来,将水从高处运到低处,感受水从高处往低处流动的特性。孩子们兴奋地在水上乐园上游戏,一个个玩得“乐不思蜀”。

心的追随

1. 小博，你在游戏中愿意尝试用各种材料构建水上滑梯，这说明你的思维非常活跃，勇于尝试不同的事物。当发现某种材料不适合时，你也能灵活选择其他的材料。在玩游戏的时候你非常善于用小眼睛去观察，发现了“竹片连接的滑梯会漏水”这一问题。

2. 与此同时，你遇到困难时没有轻言放弃，而是开动脑筋想办法克服困难。你善于与同伴合作，和辰辰两个人一起反复试验竹片与竹片的连接方法，最后终于发现了最佳的连接方法，解决了漏水问题。老师为你的探究精神和动手操作能力点赞！

我们的思考

1. 孩子自主制订游戏主题，养成有计划、有目的的探索习惯。

自主、自发探索并不意味着漫无目的地玩。相反，孩子们带着商量好的主题去玩游戏，能够更好地深入探索，进行深度学习。孩子们商量好的主题“水上乐园”一直贯穿着游戏的始终，孩子一直兴趣盎然。

2. 提供多种材料支持孩子自主观察。

依据对《指南》的科学领域目标“在探究中认识周围事物和现象”的理解，教师应该提供多种低结构、原始材料，支持孩子自发的观察，通过提问等方式引导孩子思考并对事物进行比较观察。我在活动中提供了石头、沙包、竹片、水管等材料，让孩子自发观察与探索，从而发现问题、解决问题。

3. 重过程与体验感知，轻结果与对错，真诚地接纳、多方面支持和鼓励孩子的探索行为。

小博通过观察发现问题，并尝试用各种方法解决问题。在这个过程中，他和小伙伴感知了如何用工具接水的方法，学习经验得到了提升。有了这次成功的经验，相信孩子以后在遇到问题的时候，会发挥探究精神，锲而不舍地解决问题！

二十八、西西的双层床

记录对象：西西　班级：大班

独特的你

西西是一个性格稳重、拥有温暖笑容的小女孩。小伙伴们都喜欢和她做好朋友。平时的她讲话总是轻声细语的，给人的感觉很温柔。她的观察能力很强，总是能发现一些别人没注意到的细节；她的思维很敏捷，对周围发生的事情反应很快，她的外表和性格有一点小反差。她的爸爸妈妈对我们反映：在家时西西会自己的事情自己做；她的记性特别好，经常提醒爸爸妈妈别落东西，是一个贴心的姐姐。不过西西不太擅长在大家面前表达自己的想法。

爱的追随

在“家具大制作”活动中，西西和她的好朋友制作了一张双层床。他们利用牛奶箱、纸皮、卷纸筒等材料制作了上铺和下铺，非常好地呈现了双层床的特点。孩子们在制作梯子这一环节遇到了困难，尝试了很多种材料，如棍子、吸管等都没有成功。

正当大家一筹莫展时，我对西西说：“是不是只有长条形的材料才能做梯子呢？”这时，只见西西转动着小眼睛，忽然眼睛就定格在牛奶的瓶盖上。“嘿，我想到办法了，我们可以试试用瓶盖来制作！”她把牛奶瓶盖用透明胶拼接成一部梯子，并用透明胶固定住了两头。一架“瓶盖梯子”赫然出现在眼前，他们终于完成了任务。

分享作品的时候，西西向其他孩子介绍他们制作作品的材料、方法和过程。其他组的孩子提出了疑问："你们的梯子摇摇晃晃的，我觉得不够稳固。"西西听到这里，满脸通红，有些不知所措。于是我说："别急，我们听听西西她们有什么想法！"只见西西努力平复自己的情绪，小声地说："我们现在做的是模型，用来玩游戏，又不是真的用来爬的。"洋洋说："那玩几下就坏了怎么办？"我用鼓励的眼神看着她，西西慢慢地说："我们可以找老师帮忙用胶带来加固，这样就不会掉。"嘉嘉说："你那个梯子那么晃，宝宝上床会不会有危险？"西西大胆地反驳他："我们在大花园攀爬墙玩的那个梯子也是摇摇晃晃的，只要两头固定好就不用怕，这样还可以锻炼身体。"其他孩子笑了，很显然，西西说服了大家，小伙伴们都欣然接受了她的观点。大家都很喜欢西西她们做的双层床，争先和西西玩游戏。西西脸上露出了自信的笑容。

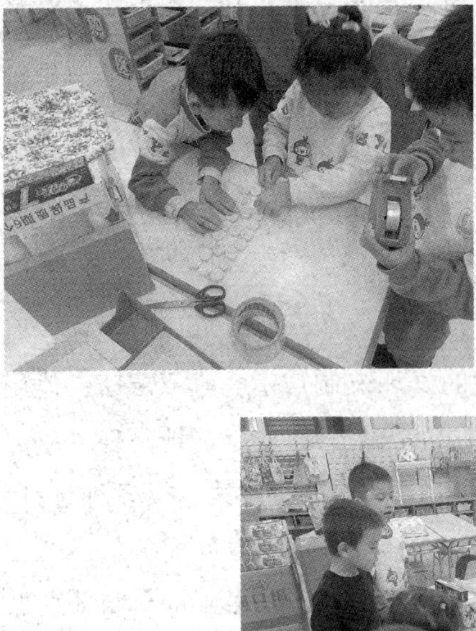

心的追随

1. 西西，你通过自己的努力完成了作品。在制作过程中，你能够发现问题——双层床没有梯子，思考与尝试——利用各种材料制作梯子，解决问题——运用瓶盖制作并固定梯子。在这个探究过程中，你能够持续深入地进行研究和尝试，最后获得了成功。

2. 西西，你和同伴分享了你们观察、思考、设计、失败、再尝试、获得成功的过程。在分享环节，你的作品一度受到了质疑，但在老师的鼓励下，你坚持阐述自己的观点，并用充分的理由说服了其他小朋友。你能够顶住压力，不怕质疑，勇敢地阐述自己的观点，而且在讲述的过程中克服了胆怯，你的思维清晰、语言完整连贯，展现了很强的思维能力和语言表达能力，你真的很棒！

我们的思考

1. 提供宽松、自主的环境给孩子自由探索。

在活动中孩子需要各种材料进行探索，我尽可能地提供不同材质的材料，帮助孩子展开想象、主动探究。我在孩子制作过程中以观察者的角色存在，尽量不干扰孩子的自主尝试与学习。这就是我提供给孩子的宽松、自主的学习环境。

2. 关注孩子探索过程中遇到的问题，给予适当的引导。

《指南》中提出，通过提问等方式引导幼儿思考并对事物进行比较与观察。当孩子遇到问题停滞不前的时候，教师可以适时给予一定的引导。西西尝试了很多种长条形材料做梯子都失败了，这时，我从另一个角度给予孩子启发，不让固定思维模式限制了孩子的发展。于是西西转而尝试新的材料。

3. 给孩子提供自由讨论与分享的机会，并给予鼓励。

组织有效的交流分享活动是教师观察游戏并指导的重要环节。选取适量的交流内容,采用适宜的分享方法,帮助孩子提升经验与认识,从而对他们的行为产生直接影响,最大限度地实现教育环境的价值。在以后的分享环节我还要继续挖掘孩子们的探究兴趣点,引导他们进行更深层次的探索,而不要停留在只是解决问题、讨论结果的层面上,相信这样能更好地促进孩子的发展。

二十九、面条价格的改革

——面条店系列故事之一

记录对象：桐桐、豆豆、叮叮、思淇　班级：大班

独特的你们

桐桐是个勇敢的行动者，她知道如何尝试使用各种材料进行创新，能物尽其用，能根据游戏需要调整策略，有困难时能大胆寻求帮助。桐桐，你坚持原则、分工明确、有责心、考虑周到、灵活、会创新，是能解决问题的独立的孩子！在日常生活和学习活动中你是大家喜欢又信任的合作伙伴！爸爸妈妈说在家里桐桐也是能自主学习、做事专注又有条理的孩子。

豆豆机灵细心，是一个善于观察、善于发现问题、解决问题的孩子。豆豆是敢于表达又有耐心的"小管家"，爸爸说豆豆总爱"管闲事"，而且敢说敢做。

叮叮的行动力、执行力非常强，叮叮思维敏捷，能将所思所想付诸行动，并努力实现自己的目标。妈妈说叮叮在家做事很干脆，从不拖拉。

思淇对面条店有着浓厚的兴趣，你在游戏中会参与、会表达、会合作、会协商，你还会积极尝试解决游戏中出现的问题。面条店的故事里以桐桐为代表的好奇、创新、合作、投入、自主、考虑周到、思维活跃的"面条店的员工们"，你们每个人都有独特的兴趣和良好的学习品质。从创新面条品种、更新餐具、提供送餐服务、添置货架、扩大店面、调整场地，到与饰品店串联起来推出新品、应客人需求及时增加饮料及调味料的服务，再到面条价格的改革，有时你们的一个小小"举措"，却总能给小伙伴们提供好的效仿榜样。

爱的追随

两个多月了,孩子们对面条店游戏依然很感兴趣。午点(下午点心餐)时间,几个孩子还在讨论面条店的事情,“鱼面太贵了,要 15 块钱。”叮叮说,“早上我去买蝴蝶面,豆豆说是 5 块钱,付钱的时候思淇又说 8 块钱。”叮叮接着又说。“是啊,每次说的价钱都不一样。”豆豆附和着。“我们面条店没有定好价钱。”店长桐桐有点歉意,认真地对大家说。这时教师过来了。

教师:哟,这么热闹,在讨论什么呢?

桐桐:老师,我们想给各种面条定个价钱。

教师:那你们觉得什么价钱合适呢?

思淇:不能太贵也不能太便宜。

教师:很好,但不知道小伙伴们有什么建议呢?

豆豆:我们去问问大家吧(调查)。

教师:哦,你们是想做个市场调查,可这么多(人),记得住吗?

桐桐:我们带着笔和纸,先把面条的形状画下来,后面记录价钱。

叮叮:我们每个人去问(调查)5 个人,再记下来。

教师:这个办法太棒了,谁去调查呢?

桐桐、豆豆、思淇、叮叮齐刷刷举起了手。

桐桐和三个小伙伴组成四人团调查小组分头行动,深入群众进行市场调查,四人团挨个征询小伙伴的意见并认真做好记录,被调查的小伙伴纷纷发表自己的意见和想法。

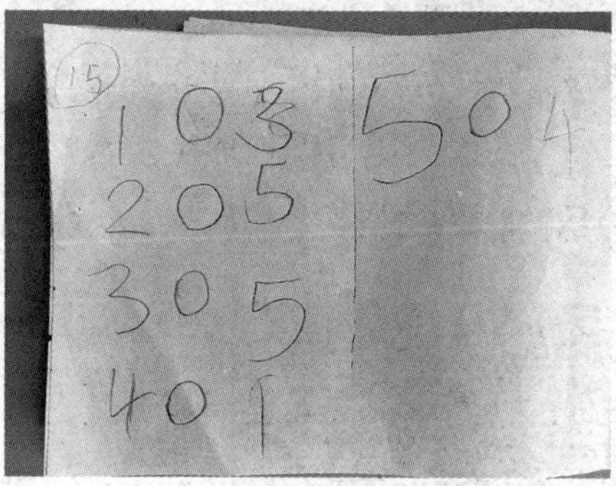

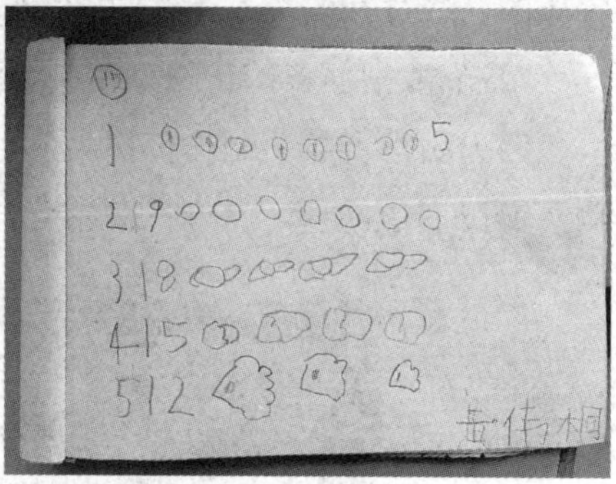

十五分钟后，调查结果出来了，大家的意见分歧很大。

“怎么办呢？”

“大家投票决定吧！”桐桐提出了让大家举手表决的建议。

“少数服从多数。”叮叮补充道。最后大家一致同意只要票数过半就通过。

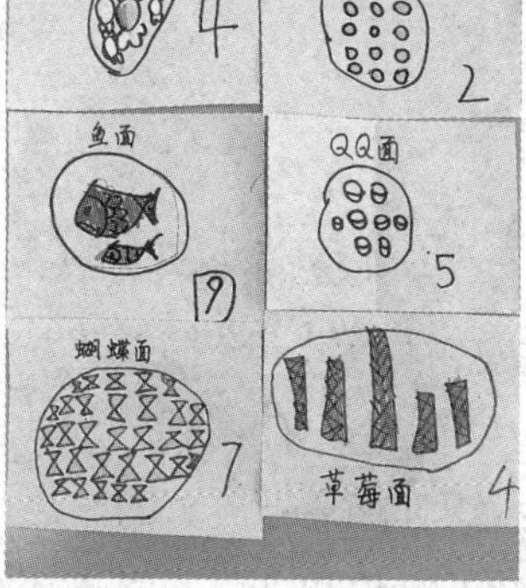

我主持了孩子们第一次“公开、公平、公正”的投票活动,我先利用投影仪把所有的调查结果通过大屏幕展示给大家,桐桐和叮叮负责数人数,我负责在票数过半的面条价格处打“√”。投票过程中又出现一点小状况,关于鱼面的价格,一半人说 6 块(元),一半人说 12 块(元),僵持不下之时桐桐说出自己的想法:“6 元便宜了点,12 元又有点贵,最好不要超过 10 元,但鱼面是在饰品店卖的,应该是面条中最贵的。”经桐桐这么一提,最后鱼面以 9 元的价格获得全票通过。这一切都是在大家的“监督”下通过投影仪完成的。经过六轮的举手表决,终于定出了六种面条的价格。

“我们要把面条的价格贴出来,顾客来了一看就清楚了。”思淇提议。

四人团马上着手制作价格表(菜单),店长桐桐还记得把价格表粘贴在购买窗口上,方便客人核对价钱。游戏还在继续。

心的追随

1. 面条店自开张以来,吸引了越来越多的小伙伴参与到游戏中一起探究。能看出来你们的游戏是有目标的。虽然你们每个人的想法不同,玩的方法也不一样,但每个人都能玩出新花样,给人惊喜,而且在不断的探究过程中你们会形成新的想法,再设定游戏的新目标。我看到了你们每个人独特的兴趣和良好的学习品质,你们一直在想着、做着,没有停歇。你们的游戏为全班小朋友的自主游戏起到了示范的作用！

2. 这场“面条价格大调查”又一次把游戏推向高潮，带动全班孩子都参与进来了。严谨、细心、行动力强的叮叮发现面条店价格不合理，思淇、豆豆也发现面条价格的“乱象”，店长桐桐满带歉意地提出了规范面条价格的想法，获得大家一致赞同。于是桐桐带着团队深入到大伙中进行价格调查，由于大伙的意见分歧较大，在桐桐的建议下进行现场投票表决，最后确定价格并制作价格表。这一系列的举措一气呵成，老师惊叹于你们能发现问题，进而沟通协商、分工合作，并立即行动解决问题。你们具有独立思考的能力和自主意识，能积极计划、安排自己的活动，并在行动中灵活调整计划、改变方法，你们是具有较强执行力的行动者。你们让面条店的游戏富有真实感、生活化，你们的学习是一个不断更新经验的过程。

3. 你们对游戏很执着，你们的学习引起了大伙的共鸣。因为你们对学习的热情，我也开心地加入到你们的游戏中，并受邀主持了你们的投票表决活动。我会把你们制作的价格表用塑胶片封好，在游戏时你们就可以方便、快捷地张贴出来，方便客人核对价格。我估计在你们的带动下其他店里的小伙伴们也会刮起一阵“价格改革风”。请记住，当你们是“勇敢的行动者”时，我就是个支持者；当你们是“会思考的学习者”时，我是个观察者；当你们是“爱表现的创造者”时，我应该是个合作者，当你们智慧的大玩伴。

我们的思考

1. 呼应式的主题产生，既关注个体学习和群体反应，又重视共同发展。

由个别孩子发起的面条店游戏引发了伙伴们的效仿，激发了全班孩子的兴趣，进而产生了一系列时间长、有创意、方法多的探究学习活动，把游戏推向了高潮，于是，本班衍生出了一个个追随孩子兴趣和需要的以“面”为探究内容的小型主题课程，这些主题以面条店为轴线实现几个小主题的联动。这样的小主题和过去老师预设开展的主题活动最大的不同，就是小而灵活,更强调生成性,更贴近孩子们的真实生活。在生成性主题背景下,孩子与老师的位置互换,孩子们走到了前面,他们成为探索过程中的主角,他们的问题、想法、发现转化生成一个又一个有意思的相互连接的活动,老师则为孩子提供他们需要的支持与帮助。这是师幼共同建构促进多领域得到发展的学习过程,这个过程既关注个性探究又重视共同学习。

2. 关注兴趣、领域、学科的发展,体现整合式的学习。

《指南》指出,关注幼儿学习与发展的整体性。孩子的发展是一个整体,要注重领域之间、目标之间的相互渗透和整合,促进孩子身心全面协调发展。在面条店里孩子可以跟同伴交流,互相出主意,每个人的主意都是一份贡献,都会得到尊重和理解。在三个月的时间里,孩子们不断创新,影响着越来越多的孩子。在孩子们热情、专注的探究过程中,五大领域的学习就自然而然地实现了:社会领域的分工合作、谦让、接纳;语言领域的表达、交流;艺术领域的制作、创造;健康领域的搬、抬、推、挪、摆的动作发展;科学领域的空间布局、调查统计、钱币的找赎关系……持续的游戏兴趣和不断拓展的游戏内容,支持着孩子们不断去学习和探究,促进着孩子们在多个领域的发展。

3. 挖掘孩子的学习线索,提供一切学习的机会及可能性。

"一切的活动都能让幼儿学习"和《纲要》《指南》提倡的学习观是一致的。桐桐以及他的伙伴们为了面条店,将近三个月的时间乐此不疲!孩子们为了把自己的想法变成现实不断付出努力,他们的努力也激起了全班孩子的兴趣,吸引了他们的参与,这对本班的老师和孩子来说都是一份珍贵的礼物!我很高兴在这个过程中一直陪伴着孩子们,并帮助大家记录下整个游戏活动的发展过程。这也让我重新认识了孩子们,发现了他们的奇思妙想和他们的多个神奇角色:探索者、执行者、学习者、组织者、陪伴者、助人者、宣传者、创新者、协调者、美工者和分享者。孩子们一步步丰富游戏内容,在游戏过程中不断发挥自己的巨大力量,这些都是老师期望看到的。

4. 相信孩子有能力建构自己的课程。

当孩子们根据自己的兴趣玩游戏,为了实现自己的想法自然而然地行动，寻找可以帮助自己实现梦想的一切人、事、物，并不断地尝试、努力、思考、调整、改变、想象、创造，这样的一群孩子怎能不让老师惊叹不已呢？在这个过程中我感触最深的就是小主题活动的生成与发展一定要追随孩子的脚步，因为只有来源于孩子的活动，才能真正调动他们学习和探究的兴趣；只有老师与孩子之间产生了积极有效的互动，孩子们在得到有效的帮助信息后衍生出了更有创造性的游戏内容，才能更好地促进孩子的发展。同时，我们还要理解并相信每个孩子都有自己的学习能力，要多倾听孩子内心的声音，这样才会有更多的精彩时刻呈现在我们的面前！

三十、摩天轮的秘密

记录对象:恬风　班级:大班

独特的你

恬风是个心思细腻、规则意识强、逻辑思维严谨、爱钻牛角尖、动手能力强、乐于与人交往、极有耐心的孩子。他在家里也事事要与爸爸妈妈讲道理、刨根问底,有时虽然有点小固执,但也愿意接受别人的建议,并尝试改变。恬风平时喜欢待在建构区里拼砌、拆装,对形状特别又不常用的特殊材料情有独钟。他在建构区丝毫不受别人的影响,执着于自己的探究,还会边做边与旁边的小伙伴分享自己的想法。

爱的追随

在收拾整理游戏材料的时候,恬风一直在摆弄一个透明的上端为半圆形的积木,恬风:"老师,这是什么?"

"是哦,这么特别又少见的材料用来干什么呢?"我故作惊讶地说。

恬风一边摆弄一边自言自语:"这好像跟轮子有关的,是装齿轮的外壳吧。"

"这个肯定可以和轮子、十字轴、把手连起来用。"接着恬风很笃定地说。

"我先试试是怎么装的。"动作利落的他找来齿轮、十字轴、带齿的空心轴承、把手,再利用透明的积木材料拼装成一个既能固定摆放又能转动的、类似于滑轮的作品。

"老师,像不像摩天轮啊?"恬风兴奋地说。"我们把这个材料叫作齿轮座吧!”恬风不忘给积木材料起名字。“嗯,就这么定了。”大家很有默契地拍手叫好。名字虽然定了,但是恬风刚刚拼装的摩天轮吸引了小伙伴们,他们轮流拿在手上慢慢地摇动把手,恬风于是对转动的摩天轮产生了一连串的疑问:“为什么把手一转上面的轮子就会转动起来呢?为什么大轮子、小轮子都会转起来呢?蓝色大轴承上的齿和轮子上的齿好像是错位的?”

“大轴承像是反复地左右转动,大轮子好像一直都是向同一个方向转动,大轮子和小轮子都是同一个方向转动的吗?”

恬风的探究游戏影响了其他孩子,有几个小伙伴成了恬风的小助手,他们找材料、拼装,还边装边议论着:“大轮子和小轮子转的速度是不是一样的?我装了三个轮子,有点重,都能转起来吗?”

于是柜子上又多了大大小小的几个摩天轮,有的简单,有的复杂,一场关于大轮子、小轮子、轴承、摩天轮的探究活动开始了。恬风一直在和他的小伙伴讨论速度和重量的问题。

每天恬风都会趴在桌子上围着小摩天轮拆了又装:“我想拆了再重装,看看到底是什么原理让轴承和轮一起转动。”恬风的话又激起了大家来围观和讨论,老师仔细倾听着孩子们的议论,小小的积木作品和简单的话语透出深奥的科学知识。恬风还在爸爸的帮助下收集了“轴承”的相关资料,并给大家“上课”,小伙伴们带着羡慕和信任的眼光,纷纷表示要加入摩天轮的研究中。

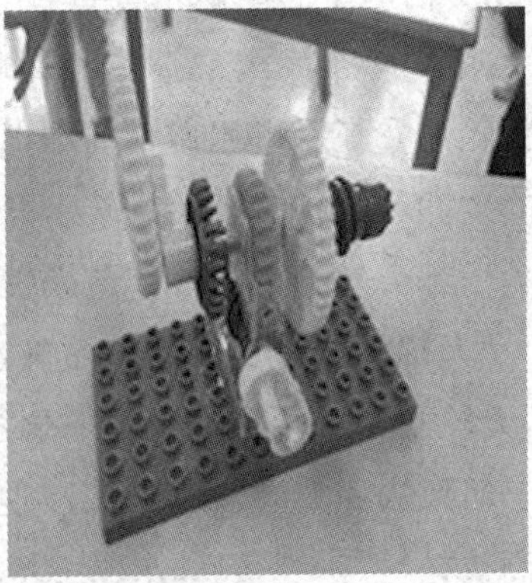

心的追随

1. 恬风，你对事物有强烈的兴趣和探索欲望，爱探究各种问题，在整个建构游戏中，你爱挑战、敢思考、有想法、会合作，在不断地拆装、研究摩天轮的秘密时，运用了“重量、带动、速度、力度、原理”等科学词汇，你是在用语言和小创作表现自己对科学知识的理解，并把自己的经验不断进行整合。

2. 在整个探究过程中，老师看到了你的热情和执着，发现新目标寻求帮助、增添材料等问题都被你一一解决。你为积木材料命名、与同伴合作拼装摩天轮，你问老师、收集资料、咨询家长，你对其他孩子的影响越来越大。你给大家“上课”，有着严谨的逻辑思维，俨然一位“轴承专家”（爸爸的帮助发挥了很大的作用），你像模像样的“讲座”引起了小朋友们的兴趣。在“咱们更多地把轴承的动力原理运用到我们的建构创作中吧”的激励下，在“轴承专家”恬风的指引下，大家边探索边建构。这是一个你和小伙伴集体学习、共同成长的过程。

3. 你在建构游戏中注重应用技巧，追求形象生动，你善于解决问题和挑战困难。你的想法和采用的事物都是在为搭建服务，所有的问题、难点，都能被你发现和解决。老师决定再次向你提出挑战：“既然我们了解了轴承带动齿轮转动的原理和它们的特殊作用，我们组建的救援队需要设计建构各种各样的交通运输工具，那我们能把这个原理用到拼搭各种交通工具中吗？”你和你的小团队都高高举起了手，争当“设计师”或“机械工程师”，但也有些孩子没举手，老师鼓励你们邀请他们给“工程师”们当助手，于是大家纷纷结伴，你带领着救援队队员们开展了“大规模”的创造、建构活动。

我们的思考

1. 读懂孩子的需求，挖掘孩子的学习潜能。

《指南》指出，大班的孩子对事物有强烈的兴趣和理解欲望，爱问各种问题，认知水平有了很大提高，逻辑思维已开始萌芽，可以掌握一些抽象概念。大班孩子表现出爱挑战、敢思考、有想法、会合作，所以老师应该做个会发问、爱观察、能倾听、善沟通的大伙伴。在建构摩天轮的探索活动中，随着游戏的推进，很显然孩子们的兴趣点已不在那个已有名字的、特别的积木材料上，他们关注的目标已转移到轮子转动和轴承之间的关系上了。当孩子们所热爱的探究活动遇到瓶颈时，我和孩子们一起讨论，一起上网查资料，一起到童书馆找资料，为孩子们的深入探究提供支持。

2. 梳理经验，提出挑战。

华爱华教授提出，游戏反映发展，因为游戏是儿童已有经验的表现活动；游戏巩固发展，因为游戏中有大量的自发练习性行为；游戏促进发展，因为游戏中有大量的自主性探索行为。救援队队员设计、创造、建构的警车、消防车、急救车、轮船、装甲车纷纷展示出来了，孩子们把自己的认知、感兴趣的事物用不一样的方式表现出来。孩子们的创意建构和华教授提出的观点是相吻合的，也印证了心理学家皮亚杰“儿童就是科学家”的观点。

3. 信任孩子，做孩子的大玩伴。

在配合孩子学习、建构的过程中，老师一直陪伴着他们，拍摄、记录、汇编成孩子们的学习故事。孩子们可以看看自己的作品，听听自己的故事并感到满足，欣赏别人的作品并发现不同。孩子们可以想想还能怎么拼搭，问问自己还敢不敢继续尝试，回忆一下自己还知道哪些关于建构的科学知识等等。我想，以后孩子们进行一系列的探究就不成问题了。

4. 为孩子的学习故事起名字。

在陪伴孩子的探究过程中，我把孩子的探究活动通过拍摄、记录，汇编成孩子的学习故事。在这个过程中，老师捕捉到了孩子的兴趣和需要，通过梳理活动让自己的儿童观更加清晰、正确。因此，写完故事再起名字，知道起什么样的名字能体现老师的观察视角，体现老师对孩子游戏的理解，体现老师对孩子最近发展区的准确认识。

三十一、干裂的泥土

记录对象：吉吉　班级：大班

独特的你

吉吉是个性格开朗的中英混血的小男孩，因为有着比较出众的外貌，大家都喜欢他，包容他。他做每一件事都有自己的主见，而且很善于表达自己。他平时活泼好动，思想活跃，能说会道，但自制能力差，高兴、伤心、激动、平静都会立即表现出来。吉吉好奇心很强，喜欢新奇的事物，爱玩爱游戏爱探索。吉吉的爸爸在外语教育机构工作，妈妈在电视台工作，平时工作很忙。吉吉大多数时间与外公外婆在一起，吉吉有时候比较任性和不讲道理。

爱的追随

今天下午我们去生态园观察刚种植不久的荷兰豆和生菜，小朋友们意外发现在我们菜地旁边有池子里的泥土干干的，大家一下子都围了过去。珊珊说："我看到裂缝里有小草长出来了。"轩轩说："干干的泥土里会有什么呢？"馨予说："这么干的泥，蚯蚓也搬家了吧。"吉吉马上说："我是今天的值日生，我去拿个工具挖开看看。"大家都很赞同。他非常兴奋地在工具区找到了不同的工具，想挖开泥土看里面的秘密。但是泥土很干，怎么挖都挖不动。

这时，吉吉又在工具区找到一个浇花器，只见他飞快地跑到水池那里接满水，气喘吁吁地对大家说："我们给泥土浇浇水吧，泥土都干裂了，所以挖不动。"他边浇水边让身边的小伙伴去拿浇花器和他一起浇水。很快，小朋友们都纷纷去拿浇花器装水倒在干裂的泥土里。吉吉对彤彤说："你这样浇水容易弄湿自己，你看我这样浇水就比较好。"吉吉还当起小老师帮助其他小朋友，并且承担起小小男子汉的责任：帮助班里的女孩子把水灌满浇花器。

小朋友们给泥土浇了很多水，可是泥土就像个喝水怪兽，全都吸进去了，接着小朋友又倒了很多水进去。大家决定还是先照顾好菜地，于是浇水、拔草、松土、观察……过了十几分钟，吉吉发现干裂的泥土看上去已经变软了，于是马上召唤大家来看。这时，郑洋用小铲子翻动泥土，他说："我终于能挖起一块泥，但还是很硬。"话还没说完，泥水溅到了自己的身上。好几个女孩子连忙说不要挖了，郑洋不解地问我："罗老师，泥土喝了那么多水怎么还那么硬？"这时旁边干活的园艺叔叔笑着回应我们："这泥土几个月没浇过水了，你们刚刚浇了很多水，但它没那么快吸收，现在挖泥是挖不动的，过两天你们再来吧，你们肯定会有新发现的。"听了叔叔的话，吉吉说："罗老师，我们好想知道泥土里藏着什么秘密啊！"我笑着说："老师也很期待，我们过两天再来探索泥土的秘密吧。不过老师想跟你提个要求。"吉吉疑惑地仰起头问："是什么呢？"我说："你如果平时做事情也像今天这么认真、专注和负责，肯定会有更大的进步。"吉吉微笑着说："好的，我会的。"

心的追随

1. 让孩子亲近自然、探索问题。生态园活动强调的是真实和体验，能提高孩子的观察能力和动手操作能力，从而促进孩子整体素质的提高。吉吉，你对身边的环境有很大的探索欲望，动手能力也很棒。

2.《指南》中指出，大班的孩子活动时能与同伴分工合作，遇到困难能一起克服。在干裂的泥土事件里，我看到了孩子们一起想办法解决问题、互相帮助的优秀品质。

3. 吉吉，你是个善于观察的孩子，考虑得也很周到，值日生工作能帮助你树立自信，养成良好的劳动习惯，还能增强你的集体意识，培养你的交往能力、社会责任感、动手实践能力，老师看到你的进步真开心！

我们的思考

1. 生活中的学习与发展。

我国教育家陈鹤琴先生说："凡是孩子自己能做的事，让他自己去做。"

《指南》也明确提出应“为幼儿提供活动和表现能力的机会与条件”。那么这样的机会和条件从哪里来?值日生工作能有效地帮助幼儿树立自信、培养良好的劳动习惯、增强集体意识、培养社会交往能力、提高社会责任感、发展动手实践能力,让幼儿在生活中得到学习与发展。

2. 养成良好的学习品质。

《指南》中明确提出应重视幼儿的学习品质培养,帮助幼儿逐步养成积极主动、认真专注、不怕困难、敢于探究和尝试、乐于想象和创造等良好的学习品质。大班幼儿即将踏入小学,应准备接受小学学习模式,认真专注的学习品质会为他们将来的学习生活奠定坚实的基础。观察和探索活动,不仅可以让幼儿专注于自己感兴趣的事物,而且能让幼儿利用身边的事物和现象作为科学探索的对象,不断地积累科学常识和经验。

3. 萌发保护环境的态度。

幼儿在围绕主题进行的一系列活动中自然而然地养成专注的学习品质,并促进自己能力的提高。通过生态园活动,幼儿可以掌握科学探究的技能和方法,他们对植物生长现象的好奇、提问、探究、调查、讨论、反思能帮助他们形成自己的科学观点和看法。在接触自然、探索自然的基础上,幼儿能萌发热爱大自然的情感,培养尊重生命、保护环境的态度。

4. 积累成功的经验。

针对幼儿自制力差的问题,教师运用有效提醒,及时采取有效的措施,在尊重幼儿自由选择的基础,给予适当的引导,帮助幼儿积累成功的经验,让他们充满成就感。

三十二、坚强的椅子

记录对象：朱朱　班级：大班

独特的你

朱朱是一个动手能力很强的孩子，他很喜欢玩建构。如果遇上自己喜欢的建构，他可以耐心地玩上半天。在家里朱朱也是一个心灵手巧的孩子，喜欢摆弄手工艺品，朱朱的爸爸妈妈也很支持朱朱，家里很多手工艺品和玩具都是朱朱和爸爸妈妈一起合作完成的，比如小赛车、花园房子、手工沙画等，由于在家习惯了与爸爸妈妈合作，朱朱在幼儿园和小伙伴们也相处得很融洽，很多活动中都能看见朱朱与其他小朋友快乐的身影。由于建构经验比较丰富，很多小朋友一玩建构时，总是会叫上朱朱，朱朱简直就是一个活泼的“智多星”。

爱的追随

区域活动中，朱朱和小龙商量决定建构一把可以坐人的椅子。只见朱朱和小龙把积木块排排好，把蓝色的长条积木竖起来搭成椅子的腿，椅子面用短积木来搭。整个建构过程，他们思路清晰，建构布局合理。短短几分钟，椅子已经有了初步的雏形。

朱朱调皮地想上去坐坐，小龙连忙摆摆手：“不要不要，你这个样子会把椅子坐塌下来的。”果然，朱朱刚坐上去一动椅子就歪了。我赶紧上去解围：“你们有没有发现这个椅子和其他椅子有什么不同？”朱朱看了看幼儿园常用的小椅子说：“好像少了两条腿。”于是，他们又找了几块新积木，给椅子加了两条腿，两条腿变成了四条腿，椅子果然稳固多了，这回朱朱安心地坐上去了。

小龙邀请我也上去做坐坐，我摆摆手："不不不，这个椅子看起来有点单薄，我比你们重多了，可能会把椅子坐塌，除非你们能把椅子再加固一下。"两个小朋友开始想办法，起先，他们想把椅子拆掉，再把整个椅子安装得紧密一点，结果发现用力坐下去椅子就会变形，然后他们尝试在每条腿的拐角处系上绳子，结果发现绳子没有办法系得很紧，依然没有很好地固定椅子。

最后，朱朱拿出了一块新积木，将相邻的两条腿连接起来，小龙坐上去试了试，又坐在上面用力地扭了几下，果然椅子不再乱动了。"我们成功了！"两个小朋友开心地欢呼起来，小龙还开心地再次邀请我去坐，一再表示绝对没有问题，这个小小的要求，我当然要满足啦。我将完成的椅子在班上展示、分享。

心的追随

1. 朱朱，你在区域活动中和小伙伴共同完成椅子制作，不仅让老师看到了你较强的创造能力，也让老师看到了你身上的挑战精神。你是一个遇到困难不轻易放弃、敢于挑战的好孩子。当操作过程中遇到困难时，你会主动想解决的办法并寻求他人的帮助，老师对你的表现感到欣慰。

2. 你和小龙在没有老师的提醒下，自主结成玩伴，互相配合，建构着你们想要的作品。整个建构过程，你们通力合作，面对困难不急不躁，不断思考，提出解决方法，并一次次实验，你们都是让老师骄傲的孩子。

3. 整个椅子构建过程，老师发现你能够有计划、有目标地完成各项任务，老师看到了你的成长。你和小龙在建构游戏当中制订了建构计划，计划的内容非常清晰。在建构游戏当中遇到过麻烦和困难，但是你们总能够顺利、巧妙地解决。通过有挑战性的搭建，你们爱惜搭建的作品，体验到了胜利带来的愉悦和满足。

我们的思考

1. 创设环境，激发孩子的创造力。

《纲要》中要求："把培养幼儿的创造力作为幼儿园美工教学的主要任务和认知目标之一。"老师在组织区域活动时，可以结合孩子的兴趣爱好，让他们自主选择合作的对象，通过取长补短的方式培养合作意识。朱朱和小龙的"智多星"组合就是很好的例子。此外，朱朱在构建椅子过程中遇到了一些问题，这时老师要及时对他的提问进行回答和引导，充分调动他的学习积极性。

2. 珍视体验，丰富主题活动。

《指南》指出："珍视游戏和生活的独特价值，最大限度地支持和满足幼儿通过感知、实际操作和亲身体验获取经验的需要。"通过区域手工类主题活动，朱朱和同伴的表现充分说明，幼儿的学习和动手能力非常强。因此，教师需要根据幼儿的成长需要，有目的、有计划地设计相应主题区域活动，有针对性地选择和投放材料，供幼儿探索，以满足幼儿的活动需要；及时更新操作材料，增加难度和趣味性；尽量多提供低结构材料，引导幼儿进行再创造。

3. 注重引导，强调兴趣培养。

每个幼儿有自己独特的发展水平，《指南》中也提出“要承认和关注幼儿的个体差异，注重保护幼儿的自尊心和自信心”。当幼儿对一件事或一个东西感兴趣时，我们作为教师，不可以阻挡他们，而应该在最佳时期提供条件去引导、鼓励他们。例如，引导朱朱观察幼儿园的椅子跟他的椅子有什么不一样，引导朱朱思考怎样才能把椅子加固。这些适当的引导将会成为幼儿创造力的突破口，同时继续鼓励幼儿去尝试挑战，让幼儿从成功的喜悦中获得自信。

三十三、栅栏立起来啦

记录对象：馨馨　班级：大班

独特的你

馨馨是一个开朗、热情，可爱，很有礼貌的小女孩，会和人主动拥抱。她拥有较强的沟通能力和组织能力，常常能够与其他小朋友相处得很好。在课上她积极主动，她的想象力和迁移能力很好。但是她在做事情的时候不够专注，会被其他东西所吸引，还有点小粗心。通过与馨馨家长交流后，了解到她在家里做事情也不够专注。

爱的追随

馨馨、苗苗和熙熙为了建设自己的基地，三个好朋友合作组成了一个建筑小队。她们搬来了好几根细长的木条放在自己的基地，我注意到，很长一段时间里，孩子们并没有很好地利用这些搬来的长木条。

于是，我对孩子们说道："你们建的房子可真漂亮，要是再有一个栅栏就更棒了！""好主意，我们可以用木条给房子加一个栅栏。"馨馨主动拿起木条比画着，尝试让两根木条的凹槽彼此镶嵌好，说："快来呀，我们就像这样子，两个木条拼在一起就可以了，我先尝试一下，咦？怎么放不进去呀？"苗苗听后，连忙拿来中空的木桩，按照馨馨刚刚的方法小心翼翼地把每一根竖立的长木条分别插入木桩洞里，得意地向同伴说道："看，这样慢慢地放进去就可以啦！我们还可以给栅栏加一个底座。"熙熙："我也要做。"馨馨看见苗苗小心翼翼地放进去就可以将长木条分别插入木桩洞里，她也学习慢慢地、仔细地将长木条对准木桩洞后，再把它插进去。"我成功了！成功了！太棒了。”馨馨激动地说。

在三个孩子的齐心协力下，第一根、第二根长木条顺利横架在三根竖立的长木条上，孩子们还不忘拿来小方块穿插在长木条上给栅栏做装饰。当馨馨和熙熙想把第三根长木条横架起来的时候，困难出现了，由于长木条仅仅是插在木桩洞里，稍稍的触碰都

容易导致长木条移位松脱。馨馨有点失落地说：“怎么这么容易松脱，我们还是不要弄了，这样就可以了。”熙熙说：“这怎么可以呢，我们可以想办法的，慢慢来。”

随后，建筑小队决定放手一试。他们全神贯注地盯着长木条的凹槽处，馨馨说道：“你负责那边，我负责这边。”苗苗说：“哎——等一下，慢一点，还没对准呢！”小手托着长木条小心翼翼地横架到竖立的长木条上。尽管如此，刚刚对接好的长木条“哗哗哗”地倒下了。馨馨懊恼地蹲在地上，安静地看着散落一地的长木条，一言不发。于是我对孩子说：“你们觉得木条为什么会不牢固呢？”“因为我们弄得太高了。”“因为木条太松了。”馨馨说：“我觉得是因为木条太轻所以不牢固，我们要让它重一点。”她边说边在材料区取来了更多的长木条插入木桩洞里。

然而，变重以后的木条变得更难立起来了。我："老师觉得你们的想法都很棒，要不我们试试看只用木条，让木条轻一点，看看能不能立起来？"馨馨扶起倒下的框架，扶着木条关键的交接点，慢慢地，孩子们又重新投入活动，其他孩子纷纷围了过来。越来越多的小朋友加入栅栏的搭建中，有了之前失败的经验，孩子们在横搭木条的时候更加小心地对准位置，看到有木条松垮了，及时用小手轻轻地调整。经过孩子们的努力，木条终于立起来了，我们紧张又忐忑地松开了手，紧紧盯着搭建起来的木条，像是在等待奇迹的发生，"栅栏立起来啦，耶！"孩子们脸上露出了开心的笑容，心里充满成就感。

心的跟随

馨馨，你是一个善于与他人沟通、做事细致的小女孩，你自身沟通能力较好，能组织小朋友们组成一个建筑小队，更好地完成建构栅栏这个任务，你是主动的、敢于表现自己的好孩子。

在今天的建构栅栏活动中，虽然最初你没有成功地将木条插入木桩洞里，但在朋友的鼓励下，你没有放弃，还不断地观察其他小朋友的做法，最后和小朋友一起想办法将栅栏做好了。遇到困难时一定不要轻易放弃，和其他小朋友一起动脑筋，大胆尝试，突破自己，再加上专注，一定会找到解决问题的办法。

我们的思考

1. 仔细观察，捕捉幼儿的闪光点。

要有爱，要仔细观察幼儿，看到幼儿的闪光点，发现幼儿的成长时刻。馨馨从最开始遇到困难想要放弃，到最后和小伙伴们一起认真努力想办法完成任务，我看到了她一点点的进步。《纲要》中明确指出，教师在活动中应有目的、有计划地引导幼儿主动活动，并成为幼儿的支持者、合作者、引导者。所以在整个活动过程中,我遵守以幼儿为主体,教师为主导的原则,适当提醒,引导他们发现问题,并用鼓励的言语让幼儿心理得到满足,从而促使他们不断地尝试,并从中增强幼儿的自信。

2. 倾听幼儿心声,抓住幼儿兴趣点。

要用心激发幼儿的兴趣。幼儿在探究自己感兴趣的问题时,兴趣会更加浓厚,会更积极地想办法来解决自己发现的问题。在此过程中,幼儿可能需要同伴的支持,教师也不仅只提供幼儿感兴趣的材料,还要跟随幼儿经验的发展,发现幼儿的需要,以促进幼儿经验的建构,培养幼儿主动解决问题的能力,提高幼儿的动手操作能力和专注力。

3. 尊重幼儿,促进幼儿完成自主学习。

幼儿有自主学习的能力,在这个过程中,每个幼儿都有自己的想法,也会改变和调整自己的想法,以便更好地满足自己的探索需求。馨馨与其他幼儿一起探索、尝试建构栅栏。他们挖掘自身的潜能,通过合作、沟通,最终将栅栏立起来了。动手活动为幼儿创造了一个能够自主发现问题、解决问题的平台和机会。这个活动既提高了馨馨的组织、领导能力,同时也逐渐培养了馨馨做事时的专注力。

三十四、抱抱好人数

记录对象：雅琪　班级：大班

独特的你

雅琪聪明、活泼、懂礼貌、好奇心强，无论做什么活动都能体现出自己的创新精神，能大胆表达自己的想法、感受，是个自信、勇敢的孩子。雅琪经常受到老师的称赞和表扬。雅琪与同伴相处得也很好，雅琪生活自理能力强，会经常帮助有需要的小伙伴，因而很受大家欢迎。

爱的追随

戏剧游戏活动又开始了！今天有个好玩的新游戏，名字叫“抱抱好人数”。老师手上的铃鼓摇动时，孩子们在活动室内自由穿行，当老师的铃鼓停下来并敲击几下，孩子们听到后拥抱与敲击数相对应的人数完成任务。刚开始我只是从简单的2个人开始，接着到后来的3个人、4个人……孩子们都能较快地完成任务，一直到8个人的时候，卓贤忽然从其他组加入到苗苗和雅琪组来了，可是雅琪的组这时候刚刚好是8个人，如果再加上卓贤的话就超出该有的人数了，看到这样的情形苗苗着急了，她对着卓贤吼：“我们这里人已经够了，你进来的话我们就会被淘汰的，你赶紧离开！”说着还不停地将卓贤往外推。而正当苗苗对卓贤吼叫时，雅琪正悄悄地对杏灵说：“杏灵，我们这一组现在多了一个人，如果谁也不离开的话我们组就会被淘汰了，你看看其他组是否还需要人，只有这样我们才不会被淘汰。”听了雅琪的话，杏灵思考了一下，接着她对雅琪悄悄地说：“好吧，我去其他组看看，你们加油！”杏灵就这样安静地离开了雅琪和苗苗这一组，还在吼着卓贤的苗苗并没有发觉。

最后卓贤还是坚持要留下,见说不动卓贤,苗苗心想人数已经超过,所以她决定自己离开,她没有想到,如果这时候她走的话,她们组就少一个人了。见苗苗要离去,雅琪马上拉着她说:“苗苗,你别走呀!你走了我们组就少一个人了。杏灵刚刚走了,我们组现在刚刚好 8 个人。”苗苗还是不相信,坚持要走,雅琪马上接着说:“你不信的话,我数数给你看。”说着便数给苗苗看,在经过一番确认后,苗苗终于留下来。最后老师验证时,他们组顺利完成挑战,大家开心地欢呼、庆祝。

心的追随

1. 雅琪,你是个善于思考的孩子。你思维灵活,遇到问题时能主动寻求解决方法。你在活动中专注的身影让我很感动。游戏中你能通过主动向同伴提出自己的观点、迁移已有经验、探索新方法等方式来解决问题,并获得成长,真为你感到高兴!

2. 你乐于把自己的好方法与同伴分享。在解决问题的时候你像一个小领袖一样,你能用验证的方式把结果呈现给你的组员,从而使全组的成员一起获得成功完成挑战的宝贵体验。相信你的同伴一定非常喜欢和你一起玩戏剧游戏。

我们的思考

1. 营造宽松、自由、平等的氛围,让幼儿主动发展。

我们给幼儿足够的自由空间,这一点在戏剧游戏"抱抱好人数"中就可以感受到,他们在游戏活动中可以自主选择、自由组合、自由发挥,根据自己的意愿进行戏剧游戏。雅琪他们在合作、探索中尝试解决问题,敢于表达与表现自己。幼儿在遇到问题时能学会不断调整、交流,不仅提升了他们的社会协调能力,而且在一次次的经验积累中,增强了他们的自信心,提高了他们的主动性。

2. 遵循《纲要》精神,注重幼儿群体合作。

《纲要》中指出,幼儿园"应为幼儿提供人际间相互交往和共同活动的机会和条件,并加以指导"。幼儿在与同伴的交往中调动已有的经验,运用交往技能去解决实际问题。如在戏剧游戏"抱抱好人数"中,幼儿每一次的意见冲突和解决问题的过程其实就是一个交往的过程。在这个过程中,双方都会根据对方的态度和行为选择交往的策略,调整与他人沟通的方式,以达到自己的目的，并使游戏更加顺利地进行。

3. 尊重幼儿的“最近发展区”，激活幼儿的联想与创意。

珍视幼儿独特的学习特点，在戏剧游戏后半部分，教师在幼儿已有经验的基础上引入新的情境，如从“抱抱好人数”延伸至“超级变变变”（一定的人数用身体搭建、变换、组合成场景中需要的物品等），通过合作探究、情感交流，引领幼儿从个体优秀走向群体优秀。

三十五、有趣的凳子

记录对象：欣颖　班级：大班

独特的你

欣颖是个性格开朗活泼、思维活跃、个性要强、喜欢表现自己的孩子。她的自我管理能力较弱，懒散易走神，在和同伴交往时喜欢处于主导地位，容易与同伴发生冲突。跟家长沟通发现，欣颖家庭条件优越，又是独生子女，家长对她百依百顺，因此她有点以自我为中心。

爱的追随

户外体育游戏时间到了，我："今天你们想怎么玩呢？"大家思考着，欣颖也开动脑筋想着，过了一会儿她开口说话了："老师，我们一起玩'去森林做客'的游戏吧，我们可以用小凳子搭路，然后一个接一个地通过'凳子小路'，还有我觉得大家能用自己喜欢的办法过小路，不需要用一样的办法。"其他的小伙伴听了欣颖的建议，都纷纷举手同意，于是他们有序地排着凳子，在我的提醒下他们能注意间隔好凳子之间的安全距离。摆好后他们很快进入游戏，小伙伴们一个个像欣颖说的那样都开始在凳子搭的路上走起来。

玩了好一会儿后，欣颖在一旁思考着什么，接着她和身边的几个小伙伴轻声商量起来，原来她想尝试新的玩法：在凳子之间加上不同的障碍(拱门)，小伙伴可以一个一个从拱门上跨过去，谁挑战成功就可以去小动物家做客。听了她的新建议，大家一致同意，于是他们一个接一个地跨走。

看小朋友们玩得这么开心，我拿来了更多的材料让他们使用，欣颖一看见扭扭棒做的“蔬菜”，聪明的小脑袋又有了新的想法，她又跟小伙伴提议：给小动物送“蔬菜”，两个人一组把“蔬菜”运送过去，运的过程“蔬菜”不许掉下来，否则任务就算失败。小伙伴们觉得她说的这个玩法很有挑战性，个个都想去尝试、挑战，就这样“运蔬菜”游戏开始了，欣颖和小伙伴两人一组，通过“凳子小路”小心翼翼地把“蔬菜”运给小动物。这个游戏似乎比前两个游戏的挑战难度更大，但他们依然玩得很开心很认真。就这样不断地增加游戏难度，游戏持续进行着……

心的追随

1. 欣颖，通过今天的户外体育活动，老师很高兴看到了你的变化，你从一个不爱动脑筋的“小懒惰虫”变成了一个专注、爱思考的“运动小健将”。在游戏的每个环节，你都能积极主动开动脑筋，特别是刚开始游戏时，你能发挥自己的创意，想出好玩的方法，让小伙伴和你一起很快进入游戏，老师喜欢你这么专心投入的样子。

2. 接着你让我惊喜的是，你能和小伙伴们商量新的游戏玩法，老师在你身上看到了谦虚与友好。你已经慢慢懂得在活动中怎么与小伙伴们一起学习，一起商量，一起动脑筋玩游戏。也正是如此小伙伴们也就更愿意接受你每次提出的游戏玩法和建议。

3. 欣颖，敢于创新和愿意想办法解决问题的孩子会变得更优秀哦！你在游戏中积极思考，学会了和同伴分工合作完成新任务、新挑战，老师希望你以后也一直保持这良好的品质，从而获得更大的收获！

我们的思考

1. 良好学习品质的培养从适合他们的游戏开始。

在与凳子玩游戏时，不断提升难度的游戏引起了欣颖的探索欲望，幼儿从一开始的随意玩耍到有意识地创造玩法，从游戏时的混乱到游戏的有序组织，从胆怯到大胆玩耍，老师看到了他们一点一滴的进步。凳子是幼儿生活中最平常的物品之一，他们之前只是把它们当成生活必需品，在幼儿游戏兴趣的基础上，加上老师的引导，现在的凳子成了陪伴他们成长的玩具。另外，在游戏中，幼儿能自己设计游戏玩法，制订游戏规则，这是幼儿游戏水平的一次大的飞跃。

2. 想象力和创造力的提升从投放适宜的材料开始。

在凳子游戏中，老师注重提供适宜的材料以满足幼儿的游戏需求，并挖掘每一种材料的多样玩法，吸引幼儿参与游戏。在欣颖每一次提出游戏玩法建议时，老师都投放满足幼儿游戏需求的材料，及时肯定她的建议并鼓励他们去尝试。

3. 好的身体素质从体育锻炼中来。

“幼儿园必须把保护幼儿的生命和促进幼儿的健康放在工作的首位。”在幼儿园特定的环境里，老师和幼儿一起精力充沛地进行体育锻炼，同时促进幼儿心理健康和身体健康。在接下来的日子里，老师与幼儿一起对现有的游戏进行组合，并按照《指南》健康领域的内容，创造出更多新的、适合他们的游戏。

三十六、蚯蚓

记录对象:磊磊　班级:大班

独特的你

磊磊是一位求知欲强,爱学习的孩子。他善于思考,自尊心强,兴趣广泛,注意力集中,做事时能坚持到底。他做事较有条理、耐心、认真。在生活中他的独立性较强,有自己的主见和想法,不会人云亦云。他喜欢和其他小朋友一起玩,能与他们友好相处。虽然平时他的话不多,但较擅长于把自己的愿望与集体的相结合。

爱的追随

今天的户外体育区域活动进行到一半时,有一群孩子蹲着围在了一起,原来,他们发现了一直心心念念的蚯蚓。

最先发现蚯蚓的是磊磊:"喂,大家快来看呀!有蚯蚓。"他举起手召唤着旁边的同伴。

"对呀,哇,好大一条!"

"这条蚯蚓好长啊,应该有10米吧!"

磊磊用手比画着,说:"这哪有10米,10米已经好长好长了。"

"那有1米吗?"

"不知道,应该没有吧!"磊磊说。

其他班的一个孩子说:"用尺子量一下不就知道啦!"

磊磊接着说:"现在哪有尺子?"

磊磊想了想，他从旁边捡了片枯叶，放到蚯蚓身边比了一下。也许是发现了哪里不对劲，他的手缩回来后就把两边的叶片撕下来，只剩下叶脉，然后又拿着叶脉凑到蚯蚓身边比对起来。“哦，原来这条蚯蚓差不多有这根叶脉这么长。”

“那到底是多长？”旁边的小朋友追问着。

“拿这根叶脉回去用尺子量一量不就知道咯。”磊磊说。

有个小朋友又说：“它爬得好快啊，它是怎么爬的呢？”

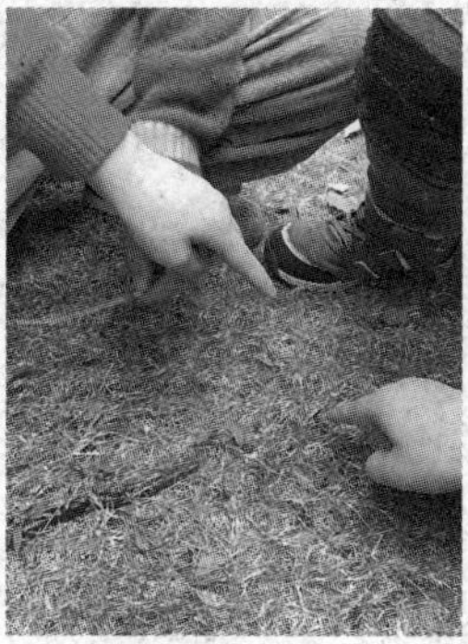

磊磊：“你看一下就知道啦。哦，原来它是一伸一缩地爬。没想到，这样也能爬得这么快！”磊磊指着蚯蚓：“你们看，它缩起来的时候（身体）会变短，然后又会变长。”

“我想摸一下它。”

磊磊：“不行，这样你会伤害到它的。”

“它要爬去哪里呢？”

磊磊：“前面这里好像有个洞，它是不是要爬回家呢？”磊磊接着说：“你们让开一点吧，别挡着它回家的路。”

最后，蚯蚓在大家的目送下，安全地“回家”了，但孩子们依依不舍，久久不愿离去，还在回味着、讨论着刚刚发生的一切。

心的追随

1. 磊磊，你对身边的一切事物都充满了好奇，而且善于探究。当你很想知道蚯蚓有多长但又没有尺子的情况下，你能自己想办法解决问题，尝试找到一种较合适的测量替代物，并懂得如何通过替代物最终获得准确的测量的数据。

2. 在观察蚯蚓的过程中，你专注、细致，通过细心的观察、比较与分析，发现蚯蚓的特征和爬行时的前后变化，把蚯蚓的一举一动都记下来，并能用语言表述出来，与他人交流分享。

3. 面对同伴们提出的问题和追问，你沉着回应，不断地思考解决问题的方法，在对自然事物的探究中尝试运用数学解决实际问题，发现替代物与事物之间的联系。在这个过程中，你不仅获得了丰富的感性经验，而且初步尝试了测量、判断、推理。

4. 你也很有爱心，懂得关心爱护小动物，提醒同伴不要伤害蚯蚓和阻挡它“回家”的路，直至“护送”蚯蚓安全“回家”。

我们的思考

1. 接触自然，让幼儿在大自然中寻找乐趣。

《指南》里大班幼儿科学领域目标中提到，教师应该支持幼儿在接触自然、生活事物和现象中积累有益的直接经验和感性认识。我们经常纠结于寻找什么样的内容进行科学教育活动，但其实有时候应该创造更多的机会让幼儿走进大自然，关注自然界中的事物，让科学探索在幼儿的好奇中发生，让幼儿在玩中学，在做中尝试并得到发展。在本案例中，幼儿偶然与蚯蚓相遇，于是产生了对蚯蚓观察、研究的兴趣，科学探索活动自然而然地生成了，这远比教师主导的学习更容易让幼儿喜欢和接受。

2. 尊重幼儿，让幼儿成为活动的真正主人。

《纲要》和《指南》指出，要尊重幼儿的兴趣，认为他们才是活动的主体，而教师要扮演的是观察者、辅助者等角色。在幼儿自发产生的活动中，我们所要做的是保护幼儿的好奇心，绝不轻易“打扰”甚至是“打断”他们的探索。本案例中教师设计的活动是户外体育区域游戏，但是幼儿的兴趣点在发现蚯蚓之后产生了变化。作为教师，应该尊重幼儿的兴趣，灵活地调整教育策略，给予他们充分的探索空间，支持他们的探索游戏。

3. 支持幼儿，为幼儿提供相应的学习支持。

作为教师，除了观察之外，我们应该思考如何更好地引导和支持幼儿进一步的探索，引导他们深入学习。所以，在活动中要有目的地观察，在发现幼儿“闪光点”的同时，要充分挖掘有意义的教育内容，生成下一步的教育计划。在本案例中，幼儿提出了许多关于蚯蚓的问题，对“测量”产生了初步的兴趣，那么我们应该趁热打铁，抓住教育的契机，提供更多的材料和机会，让幼儿通过各种游戏，进一步尝试测量，积累相关的有益经验，这样才能更好地促进幼儿的发展。

三十七、幸福的感觉

记录对象:东东、欣欣　班级:大班

独特的你

东东是个小帅哥,从小班的时候我们就发现他的与众不同。经过和家长的沟通和专业的诊断,发现东东有轻度的阿斯伯格综合征:有明显的刻板行为,喜欢独自玩耍,不参与集体活动,没有要好的小伙伴,语言能力一般,会无缘无故地攻击同伴。经过协商,东东一直在参加专业的个别化训练,同时从中班开始聘请助教陪读。我们一直陪伴并支持东东,看着他一步一步地成长。

欣欣是个温柔、安静的小女孩,中班才插班进来的,但她很快就融入了集体。说话和做事都有条不紊,她的话不多但有自己的想法,她对同伴十分友好,身边总有许多好朋友一起游戏。

爱的追随

自主游戏开始了。东东今天又开店了,不同的是今天东东的身边多了个小美女做伴。游戏一开始,东东像往常一样开始准备自己开店的材料,他搬来了两张桌子和几把椅子,取来了开店的门面,用一个小盒子装了些零散的钱,再用牛奶罐装了一罐小蛋糕,一样一样分别放在两张面对面摆放的桌子上,十分整齐。

欣欣跟在东东旁边,小声问:"东东,你开店吗?"

"是啊。"

"那我们一起玩好不好?"

“好，我今天要卖蛋糕的。”

两个人开始准备游戏需要的材料了。

这次桌子的摆放与之前有点不一样，两张桌子是面对面摆放的，桌子两边还各放了两把椅子，东东在每把椅子上都坐了坐，最后笑着选了靠店面的一把椅子坐。穿着围裙的欣欣坐在对面。

客人来了，“你要什么？我们这里有蛋糕。”东东说。

“我要一个蛋糕吧，多少钱？”

“五块。”说着欣欣已经开始准备蛋糕了，

“那就给钱吧！”东东看了看欣欣。

“我有十块，你找我五块吧。”

“好的。”东东在钱盒子里找零钱，欣欣把蛋糕递给客人，然后对东东说：“就是这张，我们要找他五块钱。”东东听了马上把钱盒子里的五块钱给客人。就这样一来一往，蛋糕卖出了不少。

大家把吃完的蛋糕还过来的时候，东东和欣欣马上接过来，并把材料分类放好，蛋糕放在一起，碟子重新叠好，勺子放在一起。东东仔细地分着。

过了一会，有人给欣欣送来了一盒外卖面条，欣欣打开吃起来，然后对东东说：“该吃午饭了，我先吃，一会你吃，我们要轮流休息、吃饭。”“好的。”东东回应道。很快，外卖又送来了，欣欣说：“这是你的午饭，轮到你吃饭了。”东东接过快餐。一开始，快餐的盖子怎么也打不开，欣欣看到了说：“我来开吧！”欣欣帮东东打开了，东东拿着筷子津津有味地吃午餐。在东东吃午餐的时候欣欣独自完成准备和售卖工作，东东一边吃一边看着，很快，他就收拾好自己的快餐，继续投入工作了。

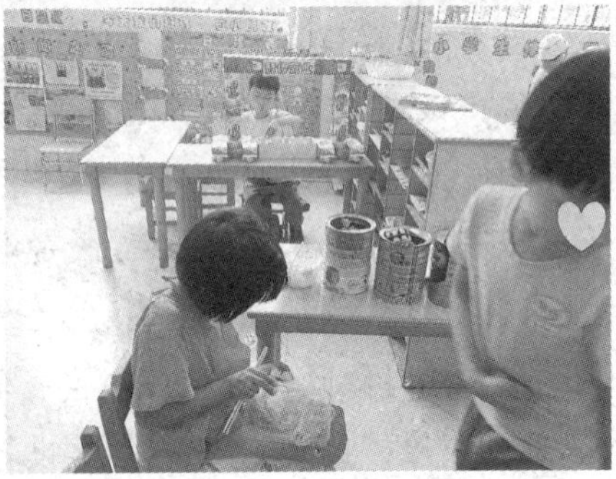

心的追随

1. 在一旁陪伴你们的我,有种幸福的感觉,和小伙伴一起经营自己喜欢的蛋糕店,该休息了就轮流进餐,还能得到小伙伴的帮助和照顾,温馨、和谐说的就是这样吧。欣欣真是个温柔的孩子，每次和东东交流都是那么温柔，你还有很好的表达能力，每次表达都很清晰，并能顾及他人的需求，和你搭档是件十分愉快的事情。

2. 条理性和坚持性依然是东东你最大的优势，因为有你的配合，店面整齐、干净，买卖有秩序。你愿意接受别人的建议，同时能接受同伴的假想游戏——吃午餐，配合整个游戏过程。游戏中的你和小伙伴愉快和谐地合作，这是你第一次和小伙伴合作游戏并坚持到了游戏的最后，老师越来越喜欢陪伴你玩游戏了。

我们的思考

1. “尊重幼儿发展的个体差异”。

《指南》指出，“尊重幼儿发展的个体差异，既要准确把握幼儿发展的阶段性特征，又要充分尊重幼儿发展连续性进程上的个别差异，支持和引导每个幼儿从原有水平向更高水平发展，按照自身的速度和方式到达。”

对于有特殊需要的幼儿，我们必须给予更多的空间、时间和支持。东东是有轻度孤独症的幼儿，社会交往是他的核心障碍。在发展的过程中，我们发现他的每一个进步都需要更多的支持和帮助。经过持续的专业训练和长久的支持，我们看到他已经可以和同伴一起玩游戏了，可以在同伴的游戏当中模仿和配合了。这个进步的过程是在专业的干预和众多的支持当中不断成长起来的，对于普通的幼儿来说这可能是很简单的要求，但是对东东自己来说却是一大进步。可喜可贺！

2. 支持与榜样的作用。

“幼儿园为幼儿提供自由交往和游戏的机会，鼓励他们自主选择、自由结伴开展活动。”老师应当让班级对于有特殊需要的幼儿来说有接纳的氛围，即对东东的行为逐步接纳，使同伴之间的交往更加顺畅。在自主游戏的过程中，东东获得了更多自主选择和自主结伴的活动机会。游戏中我们能看到幼儿自主的选择和交往，同伴的接纳给予了东东最大的支持和提供了榜样的作用,同伴在展现自己生活经验时,东东有了模仿和学习的对象,于是东东积累了更多间接的经验。这正好说明了“幼儿社会性是在日常生活和游戏中通过观察和模仿学习发展起来的”。

3. 把幼儿的“特点”变成“闪光点”。

我们都知道要“关注幼儿的感受,保护其自尊心和自信心,关注幼儿的活动和表现,善于发现其优点和长处并给予肯定和表扬,同时表扬一定要有针对性,要具体。不要拿幼儿的不足与其他幼儿的优点做简单比较”。“必须要把东西摆放整齐有序的刻板行为”是东东的特点,但是在游戏中我们看到东东的这个“特点”变成了东东的“闪光点”,在游戏当中他的有序和整齐让游戏更加顺利,同伴也更加喜欢他。

4. 接纳幼儿,让幼儿用自己的“步伐”发展。

《指南》指出,要“以欣赏的态度对待幼儿,注意发现幼儿的优点,接纳他们的个体差异,不与同伴做横向比较”。在这里我们看到大班的东东可能处于中小班幼儿的社会交往水平。我们知道,有特殊需要的幼儿在核心障碍的这一部分要发展起来,是有很大困难的,他需要我们更多的支持和鼓励。东东通过观察和模仿学习,他懂得了在游戏中轮换、假装点外卖、吃外卖……这都是在一次又一次的游戏中不断累积经验而发展起来的。接纳有特殊需要的幼儿,不仅仅是指我们让他存在于我们的集体当中,而是要学会欣赏他们、发现他们的优点,让他们在集体中用自己的“步伐”发展。这样的陪伴和成长都是幸福的。

三十八、我是小警察

记录对象：小培　班级：大班

独特的你

刚插班来的小培由于认识很多汉字，能独立阅读，特别喜欢看书讲故事。相比其他同龄幼儿，小培懂得更多“上至天文下至地理”的知识，班上的小朋友遇到不懂的问题都爱向他请教，他是我们公认的“小博士”，知识渊博。但小培也是班上的管事大王，无论班上发生大事、小事，小培都爱插手管一管。他的同理心发展较弱，一管起事来，小嘴巴更是滔滔不绝，有点得理不饶人，不把犯错的孩子说得掉眼泪他绝不罢休。班上的孩子都有点怕他了，于是跟小培慢慢地生疏了起来，小培身边的朋友变得越来越少，他的性格也变得急躁了。

爱的追随

每天吃早餐前，孩子们习惯性地为餐后即将开展的自主游戏做准备和计划。今天，我和小培立下一个小约定：“现在我想请你当一名小警察，希望你能在小朋友们真正遇到困难的时候给予及时的帮助。”这时，思妤小朋友发现游戏小钱包里的钱都不见了，银行卡也不知所踪，小朋友们都围了过来，七嘴八舌地说：“是不是有小偷呀？”思妤委屈难过地哭了起来。作为小警察的小培一直在旁边观察，在得到老师的允许后，他走过去问思妤小朋友：“你有什么需要我帮忙的？”思妤哭诉着说：“呜……我的钱丢了！”“别急！别急！我帮你去找找吧！”小培说完便开始带着思妤在课室的每个角落仔细地寻找。银行卡找到了，思妤激动地抱住了小培，连声说：“谢谢你！

警察哥哥!”一直在旁边观察的我,急忙拿相机拍下了小培这一个精彩的瞬间。

在餐后自主游戏开始前,我把照片放在大电视里跟大家分享,也让思好小朋友到前面来说说她当时的心情和想法。小培被思好夸得都不好意思了,他摸着通红的小耳朵,小脸也红了。这时,我顺势肯定他的表现:“小培,你真是一个称职的小警察,在小朋友遇到困难时细心观察、耐心等待,及时热心地帮助了她。老师相信你以后也能够像今天这样帮助每一个小朋友的!”

心的追随

1.《指南》中指出,培养孩子的同理心,是学前教育的必修课。小培,通过“我是小警察”角色游戏,可以看出,你是一个有同理心的孩子,能认真听他人的诉求,坚持等所有同伴把话说完再出手帮忙,能自觉遵守和老师的约定,对同伴充满爱心和耐心,老师看到了你的转变,真替你感到高兴。

2. 通过“我是小警察”角色游戏,我惊喜地发现,小培是一个善于观察,乐于助人,有责任心和同情心的好孩子。在看到思好小朋友因为丢了玩具小钱包和银行卡哭泣的时候,小培你能够主动站出来履行“小警察”的职责，通过细心观察帮助思妤找到丢失的物品，你充分发挥自己的优点，帮助了更多的朋友，老师期待你有更好的表现，加油！

我们的思考

1. 充分关注、了解孩子，发现其闪光点。

因为小培之前爱管事的行为，班上的孩子已经对他有了一种类似于社会刻板印象的评价，这种评价有的好有的差，就是我们所说的“贴标签”，其实这对小培的负面作用非常大。这种负面作用会影响、束缚孩子的发展，还可能让孩子习惯性无助。所以教师要帮助小培去掉这些“标签”，应当关注其个性特征，及时了解他心理的微妙变化，给予更多的关注，创设更多的生活场景，帮助其更好地融入班集体，不被他人排斥或嫌弃。

2. 重视特长教育和培养，让孩子在鼓励中成长。

《指南》中明确要求，教师要充分尊重孩子的个性，用爱和尊重陪伴其成长。针对小培这种个性突出的孩子，教师要充分发挥其特长。通过本次事件，在同伴与其沟通过程中，让他懂得，在集体中每个人都有犯错的时候，都有不足的一面，我们不能总是放大别人的缺点，而忽视别人的优点。之后，我让小培通过亲身经历感受、体验到同伴再次肯定他的优点时的那种喜悦感和成就感，从而让小培增强自身的同理心，懂得如何更好地向同伴表达自己，懂得如何更好地与他人友好交往。

3. 家园共育，营造良好的成长环境。

《纲要》中指出，家庭是幼儿园重要的合作伙伴。教师和家长首先要以身作则，当孩子有自我肯定行为时，家长应及时给予鼓励，通过家长的言语强化，让孩子懂得怎样做是对的，怎样做是不受欢迎的；作为教师，我们应将培养孩子的交往行为，贯穿于日常生活中，遇到问题及时引导，及时解决。针对小培“爱管闲事”的特点，引导他并让他懂得如果正确帮助他人能有效促进自己成长，反之则会让人厌烦。因此，家长和教师需要共同努力，为孩子营造一个良好的成长环境。

三十九、我是“小叮当”

记录对象:小培　班级:大班

独特的你

小培是插班生,刚来到班级时是一个性格非常活泼的小男孩。经过一段时间观察,我发现小培很聪明也很爱表现自己,他在游戏和玩具方面的学习能力很强。他喜欢通过制造特殊举动获取他人关注,在遇到困难时他显得非常脆弱,具有“畏难心理”,害怕得不到认可和肯定,情绪波动大。通过家访了解到,小培的家庭成长环境存在一定问题,父母因工作忙,没有时间陪伴他,小培大多数时间都是由保姆照顾,所以小培在情感上非常匮乏,有时候很难控制自己的情绪,虽然平时他非常热情、活跃,但同时也容易因情绪控制不当与老师、小朋友发生矛盾冲突。经过老师的正确引导,现在的小培是一个可以自己战胜困难的“小叮当”。

爱的追随

一次玩“创意弯弯乐”时,小培因为两个器具拼不到一起而向我求助:“老师,这两个我插不上,请你帮帮我吧!”我对他说:“你仔细看,对准了再插就可以了。”结果他屡试屡败,于是不断抬头看着我,同时露出垂头丧气的表情。过了一会儿他终于按捺不住得出了结论:“老师,这两个一定有问题,永远不可能插在一起,我不插了,我要换一个。”经过我的调整,两个玩具很容易就插上了。但小培因为我在教他的过程中把其他几个玩具都拆开了而立刻表现出烦躁和不高兴。小培对我大发脾气,又哭又闹,质问我为什么要拆他的玩具。于是,我带他到角落坐下,耐心解释:“老师教你正确的方法,把玩具拆了是希望你能够重新用正确的方法拼上,这样你以后就可以独立完成了。"我还鼓励他重新尝试。

一开始,他仍然办不到,就抬头看我,我微笑地看着他,用坚定的眼神给予他鼓励。几次尝试后,他终于插上了。"老师,我插上了,我真的很棒!"他的脸上洋溢着喜悦和满满的成就感,看到小培能够正视困难,勇敢地尝试,我也为他高兴:"你看,一开始失败了你也没放弃,通过几次尝试,你最后也和老师一样成功地把弯弯乐插在一起了。老师喜欢你敢于面对困难的勇气,喜欢你的坚持不懈!"小培点点头笑了。

心的追随

1.《指南》中指出,幼儿健康领域的目标之一是情绪安定愉快。小培,虽然你遇到困难时情绪波动大,但是在老师的耐心解释和鼓励下,你能及时调整自己的情绪,懂得吸取老师的游戏经验,细致地观察材料的多样性,并坚持不懈地尝试操作,屡试屡败也不放弃,最终完成了你心仪的作品,老师为你的进步感到无比高兴。

2. 通过游戏,老师发现你是一个非常聪明的孩子,你能够听取他人的意见,能够认识到自己的错误,通过行动改变自己,从而不断进步。老师相信你一定能很好地控制自己的情绪,并且与更多小朋友分享自己玩玩具的心得,能收获更多知心的朋友。

我们的思考

1. 有效观察,发挥榜样作用。

“畏难心理”在幼儿中很常见,教师需要抓住教育的契机,充当参与者和引导者的角色,帮助幼儿克服畏难心理。班杜拉强调,观察学习中的榜样作用,是克服困难的有效途径。当发现了小培的畏难心理后,教师以一个“有效互动者”角色,主动地加入到他的游戏中,充分发挥了榜样支持作用。在游戏中,小培因为遇到困难而对教师大发脾气,这时教师一定要分析原因,以身作则,通过正确的心理调节,让小培恢复平静,然后耐心解释,细心讲解,最终帮助他战胜困难,并克服“畏难心理”。

2. 正确引导,建立信任关系。

面对小培这样的插班生,教师应当关注其个性特征,及时了解其心理的微妙变化,给予更多的关注,帮助其顺利融入班集体。通过“创意弯弯乐”游戏,小培在遇到困难时能够及时向教师求助,情绪爆发后在教师的正确引导下,顺利完成玩具拼接,这让教师看到了他的自我调整能力和成长。教师只有与幼儿建立信任关系,才能获得幼儿的认可。在这次事件中,小培之所以能够顺利完成玩具作品,重拾信心,正是由于教师的正确引导,帮助他认识到自己是可以的。久而久之,遇到类似的困难,他就可以通过自我调节顺利克服。

3. 通过鼓励,给予幼儿自我成长的时间和空间。

《指南》中指出,鼓励式教育是一种“爱的教育”,是一种在宽松、和谐、愉快的气氛中,使幼儿以自信、自强、进取的态度去完成学习任务的教育方式。经过玩具事件,在教师的激励策略下,小培渐渐发生了许多转变。例如,在体育活动遇到高难度挑战时,他表现得更加勇敢,愿意主动尝试、坚持不懈地克服困难，教师和其他幼儿都很喜欢他！

随着年龄的增长，幼儿的大脑结构及其心理特点都会发生相应的变化，注意力和自控能力都会慢慢改善。放慢脚步，耐心等待，以支持者的身份与幼儿一起探索，给予他尝试的机会，让他学会享受过程性的快乐，幼儿将受益终身。